故宫博物院 編

故宫博物院藏殷墟甲骨文

馬衡卷〔叁〕附編 國學門甲骨刻辭拓本 下

中華書局

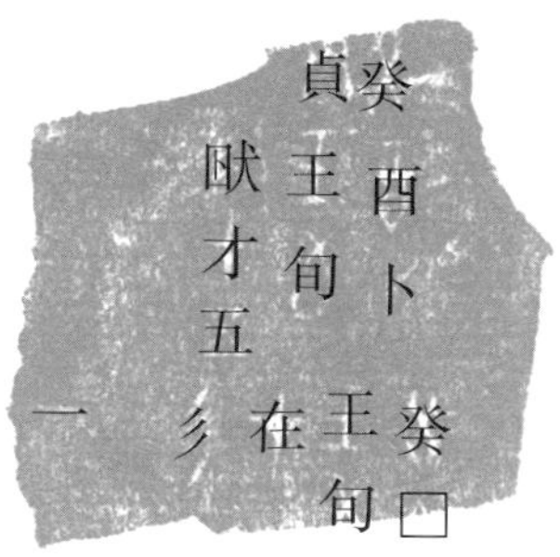

一八〇　五月癸酉等日卜貞王旬亡𡆥事

本甲正面存辭二條。反面無字。

（一）癸□〼王［旬］〼才（在）〼彡〼

一

（二）癸酉卜，貞：王旬〼𡆥[一]。才（在）五〼[二]

【簡釋】

［一］「𡆥」或比定作「禍」「咎」「憂」等字。

［二］本甲可綴《合》三五八九二，即《合補》一〇九六二。綴合後釋文可補爲「癸丑卜，貞：王旬亡𡆥。才（在）五月甲寅彡日大甲。　一」。詳見許進雄綴，《綴彙》第六七七組。

【備注】

組類：黄組

材質：龜腹甲

著録：《續》六·一·一〇、《合》三八八二七四、《國考》二·一二·三、《合補》一〇九六二上半、《北珍》一四〇七

來源：馬衡捐贈北大

原拓號：三·一二·三

一八一　癸亥癸未癸卯等日卜貞王旬亡𡆥事

本甲正面存辭四條。反面無字。

（一）癸亥卜，貞：王旬亡𡆥〔一〕。　三

（二）癸未卜。　三

（三）癸卯卜，貞：王旬亡𡆥。

（四）癸亥卜，貞：王旬亡𡆥。　三

【簡釋】

〔一〕「𡆥」或比定作「禍」「咎」「憂」等字。下同。

【備注】

組類：黃組

材質：龜腹甲

著録：《續》六・四・一（不全）、《國考》二・一二・四、《合補》一二八一八（不全）

來源：馬衡捐贈北大

原拓號：三・一二・四

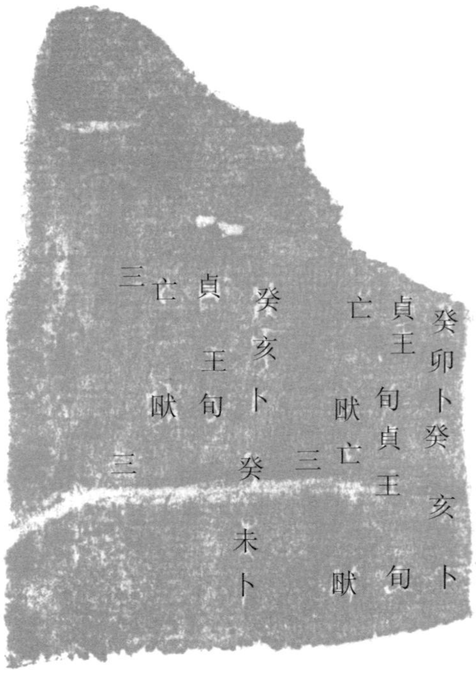

一八二　己酉卜⿺辶必于⿱臣𡈼往來亡災等事

本骨正面存辭二條。反面無字。

（一）己酉［卜］☐⿱臣𡈼，［㞢（往）］☐　一

（二）☐戌卜，貞☐⿺辶必于☐㞢（往）來☐𢦏（災）。

【備注】

組類：黄組

材質：牛肩胛骨

著録：《續》三・二一・七（不全）、《合》三六六七〇、《國考》二・一三・一、《北珍》九一二

來源：馬衡捐贈北大

原拓號：三・一三・一

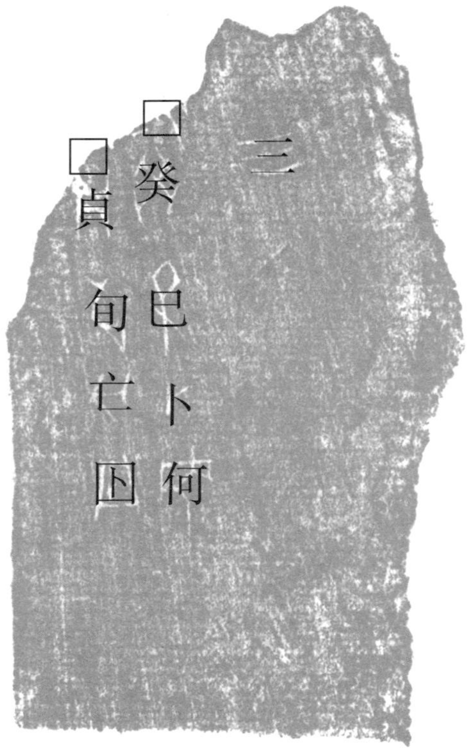

一八三　癸巳卜何貞旬亡囚等事

本骨正面存辭二條。反面無字。

（一）癸巳卜，何貞：旬亡囚〔一〕。　三

（二）⧄□⧄□⧄

【簡釋】

〔一〕「囚」或比定作「禍」「咎」「憂」等字。

【備注】

組類：何組

材質：牛肩胛骨

著録：《續》四・四八・一〇（不全）、《合》三一三二〇、《國考》二・一三・二、《北珍》一二二六

來源：馬衡捐贈北大

原拓號：三・一三・二

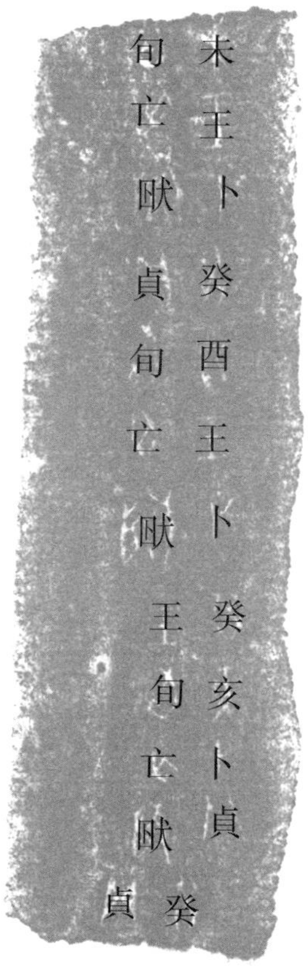

一八四　癸亥卜貞王旬亡畎與癸酉癸未等日王卜貞旬亡畎事

本骨正面存辭四條。反面無字。

（一）癸〼貞〼

（二）癸亥卜，貞：王旬亡畎〔一〕。

（三）癸酉王卜，貞：旬亡畎。

（四）〼未王卜〼［旬］亡畎。〔二〕

【簡釋】

〔一〕「畎」或比定作「禍」「咎」「憂」等字。下同。

〔二〕本骨可綴《宫國學》三二，綴合後釋文可補爲「癸未王卜，貞：旬亡畎。二」詳見蔡哲茂綴，《綴續》第四六一組。

【備注】

組類：黄組

材質：牛肩胛骨

著録：《續》六・五・三（不全）、《合》三九二六三、《國考》二・一三・三、《北珍》一三四九

來源：馬衡捐贈北大

原拓號：三・一三・三

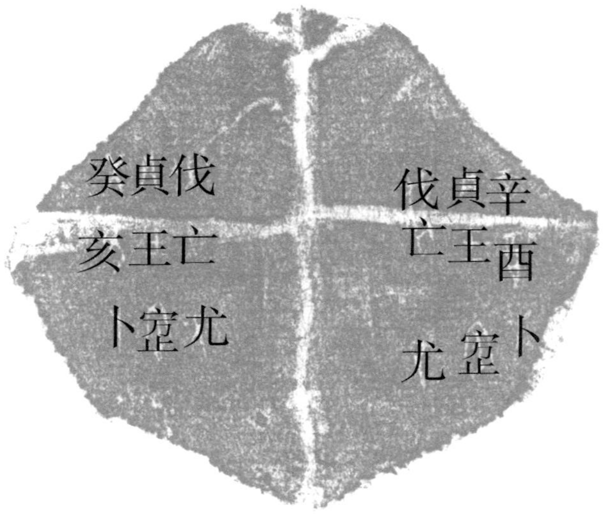

一八五　辛酉癸亥等日卜貞王儐伐亡尤事

本甲正面存辭二條。反面無字。

（一）辛酉卜，貞：王窋（儐）伐，亡尤。

（二）癸亥卜，貞：王窋（儐）伐，亡尤。

【備注】

組類：黄組

材質：龜腹甲

著録：《續》二·五·五（不全）、《佚》一八二、《合》三五三七六、《國考》二·一三·四、《北珍》五二五

來源：馬衡捐贈北大

原拓號：三·一三·四

一八六　辛酉卜貞王迍于㽙往來亡災等事

本骨正面存辭二條。反面無字。

（一）己未☐迍☐□☐

（二）辛酉卜，貞：王迍于㽙，坒（往）來亡𡿧（災）。

【備注】

組類：黄組

材質：牛肩胛骨

著録：《續》三・二一・六、《合》三六六六五三、《國考》二・一四・一、《北珍》九〇八

來源：馬衡捐贈北大

原拓號：三・一四・一

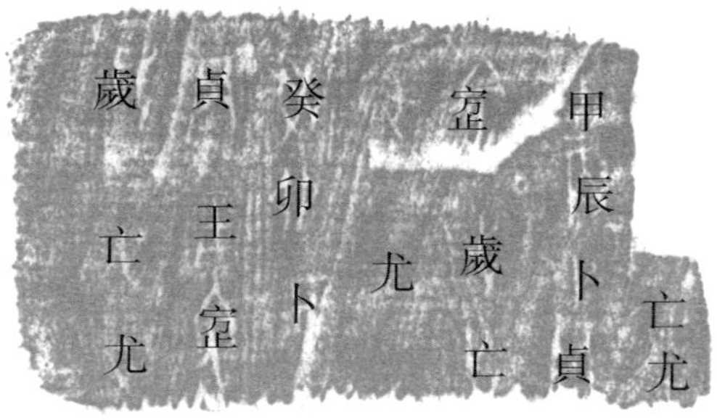

一八七　癸卯甲辰等日卜貞王儐歲亡尤事

本甲正面存辭三條。反面無字。

（一）▨亡尤。

（二）癸卯卜，貞：王［宔（儐）］歲，亡尤。

（三）甲辰卜，貞：宔（儐）歲，亡尤。

【備注】

組類：黄組

材質：龜背甲

著録：《續》二・四・二（不全）、《合》三八五七六、《國考》二・一四・二、《北珍》五三四

來源：馬衡捐贈北大

原拓號：三・一四・二

一八八　癸卯癸丑等日卜貞王旬亡猷事

本骨正面存辭二條。反面無字。

（一）癸卯囗王旬［亡］囗　二

（二）癸丑卜，貞：王旬亡猷〔一〕。

【簡釋】

〔一〕「猷」或比定作「禍」「咎」「憂」等字。

【備注】

組類：黃組

材質：牛肩胛骨

著録：《國考》二・一四・三、《北珍》一三四二

來源：馬衡捐贈北大

原拓號：三・一四・三

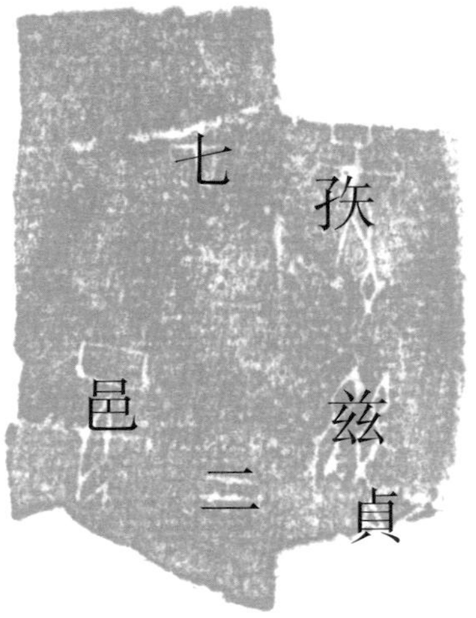

一八九　某日問孜兹邑等事

本甲正面存辭二條。反面無字。

（一）［貞］☐　二

（二）☐孜兹邑。　七〔一〕

【簡釋】

〔一〕本甲可遥綴《合》一四二一七正。詳見林宏明綴，《甲骨新綴第五〇一至五〇四例》第五〇三例。

【備注】

組類：賓組

材質：龜腹甲

著録：《合》一四二一三、《國考》二·一四·四、《北珍》一〇九四

來源：馬衡捐贈北大

原拓號：三·一四·四

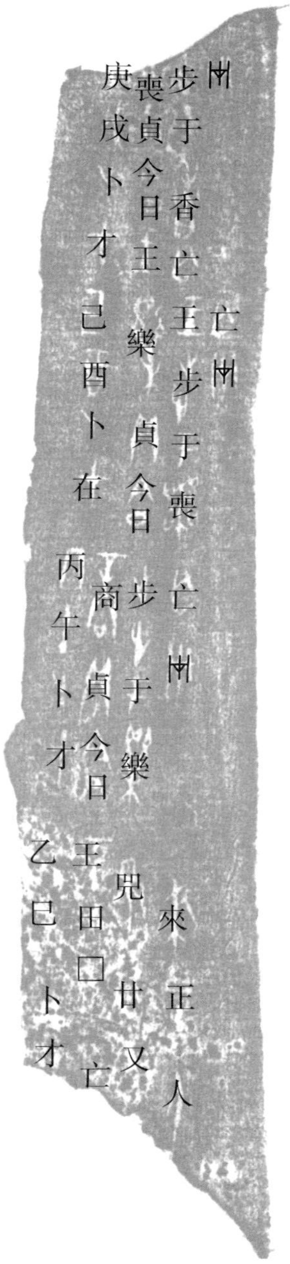

一九〇　乙巳卜王田某來征人方與丙午己酉庚戌卜步于樂喪香等地亡災事

本骨正面存辭四條。反面無字。

（一）乙巳卜，才（在）☐王田☐，亡☐兕廿又（有）☐來正（征）人☐

（二）丙午卜，才（在）商貞：今日步于樂，亡𢆶（災）。

（三）己酉卜，才（在）樂貞：今日王步于喪，亡𢆶（災）。

（四）［庚］戌卜，才（在）［喪］貞：今日王步于香，亡𢆶（災）。［一］

【簡釋】

［一］本骨可綴《合》三六七五二，綴合後釋文可補爲「庚戌卜，才（在）喪貞：今日王步于香，亡𢆶（災）」。詳見蔡哲茂綴，《綴續》第三七九組。可續綴《合》三七四一〇、《合》三六七七二，詳見門藝綴，《綴彙》第六八七組。

【備注】

組類：黄組

材質：牛肩胛骨

著録：《續》三・二八・五（不全）、《合》三六五〇一、《國考》二一・一五・一、《北珍》八七五

來源：馬衡捐贈北大

原拓號：三・一五・一

一九一　戊辰己巳等日卜貞王逊于𩫖𨔝往來亡災事

本骨正面存辭三條。反面無字。

（一）戊辰卜，［貞］☐𩫖，［㞢（往）］☐

一

（二）己巳卜，貞：王逊于𨔝，㞢（往）來亡𡿧（災）。一

（三）☐［卜］，貞：王☐［𩫖］☐亡𡿧（災）。

【備注】

組類：黄組

材質：牛肩胛骨

著録：《續》三・二三・四（不全）、《佚》一八四、《合》三六五六一、《國考》二・一五・二、《北珍》八九九

來源：馬衡捐贈北大

原拓號：三・一五・二

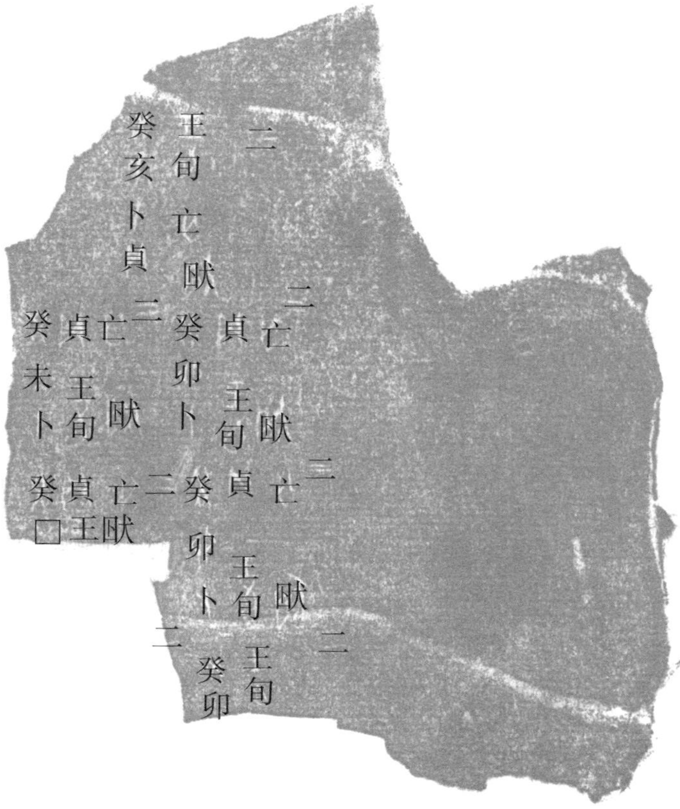

一九二　癸卯癸未癸亥等日卜貞王旬亡猷事

本甲正面存辭七條。反面無字。

（一）　二

（二）　癸卯⧄王旬⧄　二

（三）　癸☐⧄貞：［王］⧄亡［猷］〔一〕。　二

（四）　癸卯卜，貞：王旬亡猷。　二

（五）　癸未卜，貞：王旬亡猷。　二

（六）　癸卯卜，貞：王旬亡猷。　二

（七）　癸亥卜，貞：王旬亡猷。　二

【簡釋】

〔一〕「猷」或比定作「禍」「咎」「憂」等字。下同。

【備注】

組類：黄組

材質：龜腹甲

著録：《續》六・二・五（不全）、《合》三九〇四三（不全）、《國考》二・一五・三

來源：馬衡捐贈北大

原拓號：三・一五・三

一九三　某日問酉日正又等事

本甲正面存辭二條。反面無字。

（一）〼酉正〼又〼

（二）〼卜〼

【備注】

組類：黄組

材質：龜腹甲

著録：《國考》二・一六・一、《北珍》二八八五

來源：馬衡捐贈北大

原拓號：三・一六・一

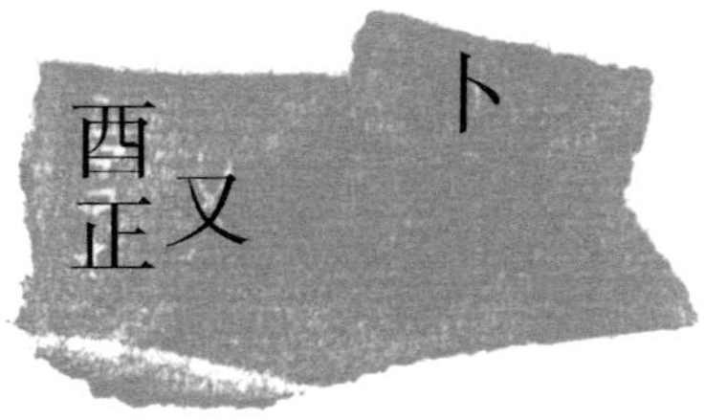

一九四　某日貞王于生七月入商等事

本骨正面存辭二條。反面無字。

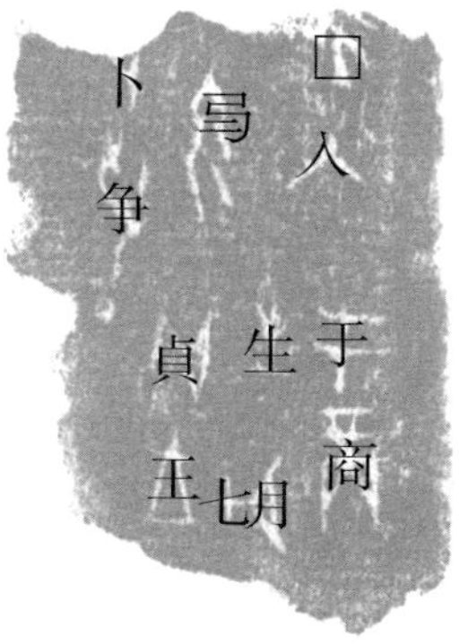

（一）貞：王☐生七月〔一〕☐于商。

（二）☐［卜］，争☐弓（勿）☐☐入。

【簡釋】

〔一〕「七月」爲合文。

【備注】

組類：賓組

材質：牛肩胛骨

著録：《續》三・一四・五（不全）、《國考》二・一六・二、《合》七七八三、《北珍》一一四二

來源：馬衡捐贈北大

原拓號：三・一六・二

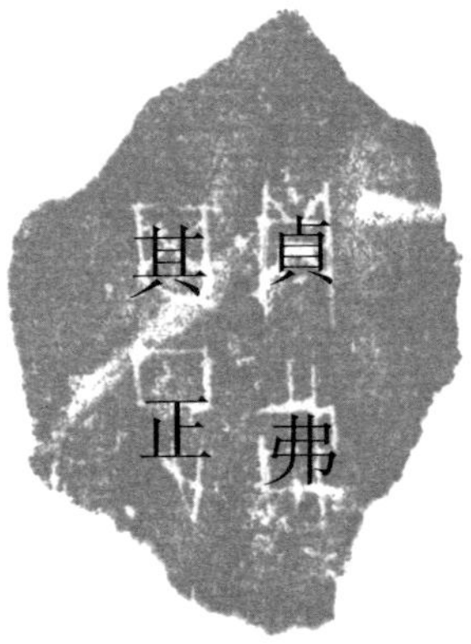

一九五　某日貞弗其征事

本甲正面存辭一條。反面未録。

（一）　貞：弗其正（征）。

【備注】

組類：賓組

材質：龜腹甲

著録：《合》一六二六一正、《國考》二·一六·三、《北珍》八二六

來源：馬衡捐贈北大

原拓號：三·一六·三

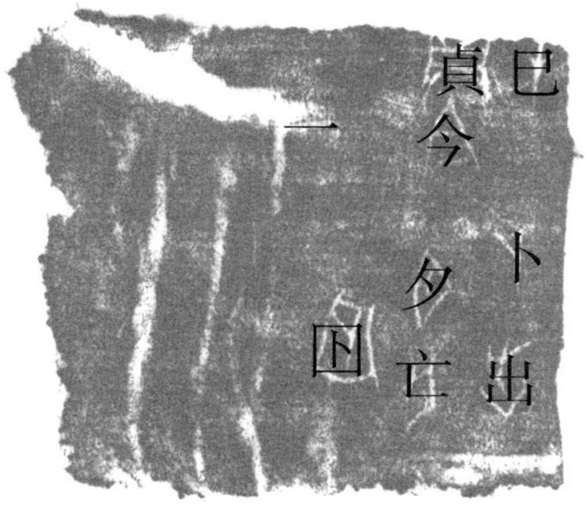

一九六　巳日卜出貞今夕亡囚事

本甲正面存辭一條。反面無字。

（一）☐［巳］卜，出貞：今夕亡囚［一］。

一

【簡釋】

［一］「囚」或比定作「禍」「咎」「憂」等字。

【備注】

組類：出組

材質：龜背甲

著録：《續》三・三五・四（不全）、《國考》二・一六・四、《北珍》一一七四

來源：馬衡捐贈北大

原拓號：三・一六・四

一九七　午日卜争問舌方等事

本甲正面存辭二條，有界劃綫。反面無字。

（一）乙☒貞☒㞢☒☐☒☐☒

（二）☒[午]卜，争☒舌方☒馬☒于唐。

【備注】

組類：賓組

材質：龜腹甲

著録：《續》三・八・七（不全）、《合》八五八八（不全）、《國考》二・一七・一、《北珍》八〇一（不全）

來源：馬衡捐贈北大

原拓號：三・一七・一

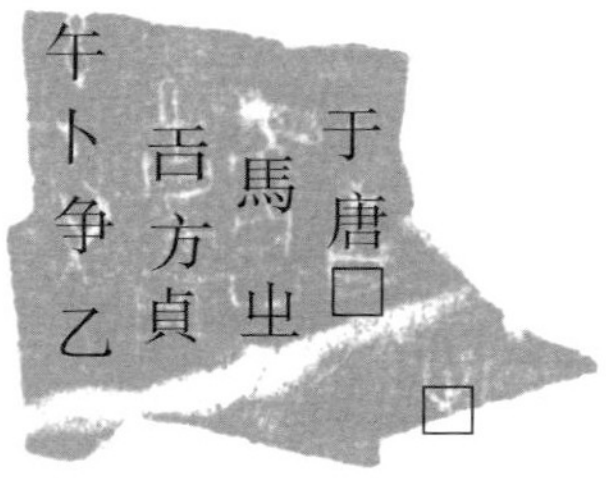

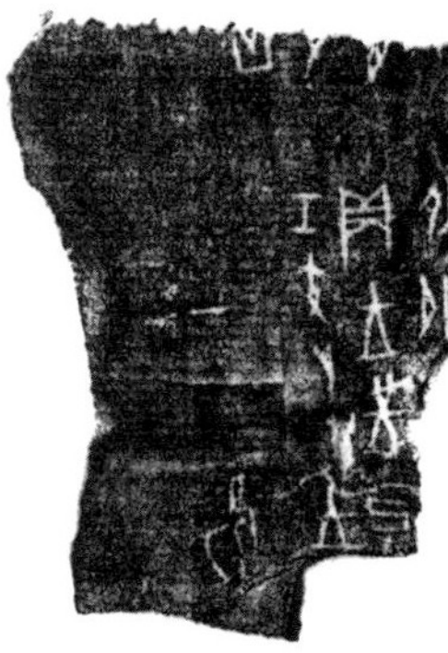

一九八　己日問王狩兕與十月壬寅在胥卜祝貞王往休等事

本甲正面存辭三條，有界劃綫。反面無字。

（一）己☐王☐兕☐

（二）壬寅卜，祝貞：王坐(往)休。十月[一]。才(在)胥。　一

（三）☐出☐☐☐☐☐☐

【簡釋】

〔一〕「十月」爲合文。

【備注】

組類：出組

材質：龜腹甲

著録：《續》三・二七・二(不全)、《合》二四三九七、《國考》二一一七・二、《北珍》一一二九

來源：馬衡捐贈北大

原拓號：三・一七・二

一九九　未等日卜貞王迖于雝𡔲等地往來亡災事

本甲正面存辭二條。反面無字。

（一）☐未卜，貞：［王］［迖］于雝，㞢（往）來亡［𡆥（災）］。

（二）［貞：王］☐［𡔲］☐來☐𡆥（災）。〔一〕

【簡釋】

〔一〕本甲可綴《宮國學》一六〇，詳見李愛輝綴，《拼續》第五二五則。可綴《合》三六五九一，綴合後釋文可補爲「乙丑卜，貞：王迖雝，㞢（往）來亡𡆥（災）。戊辰卜，貞：王迖𡔲，㞢（往）來亡𡆥（災）。壬申卜，貞：王迖于𡔲，㞢（往）來亡𡆥（災）」。詳見劉影綴，《拼集》第九六則。可續綴《北珍》二九一九，綴合後釋文可補爲「丁巳卜，貞：王迖于［雝］，㞢（往）來亡𡆥（災）」。詳見張宇衛綴，《綴興集》第八五則。

【備注】

組類：黄組

材質：龜腹甲

著録：《續》三・二二・九、《合》三六六〇〇、《國考》二・一七・三、《北珍》九一一、

來源：馬衡捐贈北大

原拓號：三・一七・三

二〇〇　唯王來征人方五月癸卯癸丑等日卜貞王旬亡畎在𡆥次事

本甲正面存辭二條。反面無字。

（一）癸卯卜，貞：王旬亡畎〔一〕。才（在）五月。才（在）𦎫（𡆥）師（次）。隹（唯）王來正（征）人方。

（二）癸丑卜，貞：王旬亡畎。才（在）五月。才（在）𡆥師（次）。　一

【簡釋】

〔一〕「畎」或比定作「禍」「咎」「憂」等字。下同。

【備注】

組類：黄組

材質：龜腹甲

著録：《續》三·一八·四（不全）、《國考》二·一七·四、《合》三六四九五（不全）

來源：馬衡捐贈北大

原拓號：三·一七·四

二〇一　唯来征某四月丁卯王卜今日涉于某事

本甲正面存辭一條。反面無字。

（一）丁卯王卜☐今日涉于□☐才（在）三（四）月。隹（唯）來正（征）☐

【備注】

組類：黄組

材質：龜腹甲

著録：《續》五・一五・二、《合》三六五三九、《國考》二・一八・一、《北珍》八七八

來源：馬衡捐贈北大

原拓號：三・一八・一

二〇二　庚寅卜在巽與辰日卜在〓貞王步于仳等地亡災事

本甲正面存辭二條。反面無字。

（一）庚寅卜，才（在）巽貞：王步于仳，亡〓（災）。

（二）〼辰卜，才（在）〓〼步于〼亡〓（災）。

【備注】

組類：黄組

材質：龜腹甲

著録：《續》三·三〇·六、《合》三六九五六、《國考》二·一八·二、《北珍》九一九

來源：馬衡捐贈北大

原拓號：三·一八·二

二〇三 某日問于十祀廼征不𢀛𢦏等事

本骨正面存辭二條。反面無字。

（一）弗𢦏[一]。

（二）☐[于]十祀☐廼[正(征)，受]☐不𢀛𢦏。☐[𠧩(占)]曰：吉。[二]

【簡釋】

[一]「𢦏」或比定作「捷」「翦」等字。下同。

[二]本骨可綴《合》三七八五四，綴後釋文可補爲「其于十祀又[一]廼正(征)，受祐，不𢀛𢦏。王[𠧩(占)]曰：吉。」詳見李學勤綴，《帝辛征夷方卜辭的擴大》第十六頁；蔣玉斌綴，《黄類甲骨新綴四組附一組》之「附一組」。

【備注】

組類：黄組

材質：牛肩胛骨

著録：《續》六・七・六、《合》三七八五七、《國考》二一・一八・三、《北珍》一八八六

來源：馬衡捐贈北大

原拓號：三・一八・三

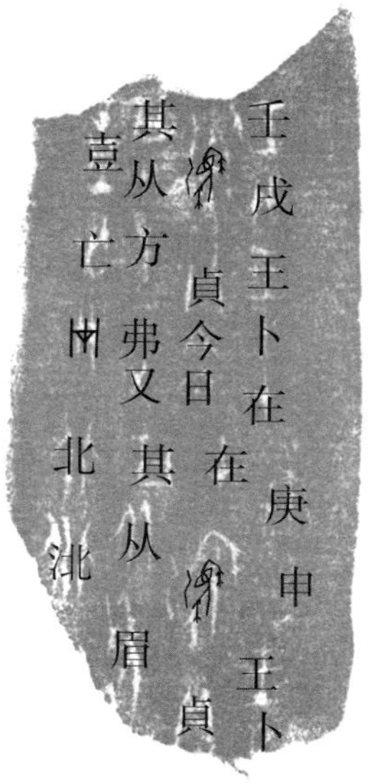

二〇四　庚申壬戌等日王卜在□貞其从眉北沘與今日其从方弗有壴事

本骨正面存辭二條。反面無字。

（一）庚申王卜，才（在）□貞：其从眉北沘[一]〼

（二）壬戌王卜，才（在）□貞：今日其从方，弗又（有）壴，亡𡆥（災）。

【簡釋】

[一]「沘」或比定爲「兆」字。

【備注】

組類：黃組

材質：牛肩胛骨

著録：《續》三・三〇・五、《合》三六七五八、《國考》二・一八・四、《北珍》二四七五

來源：馬衡捐贈北大

原拓號：三・一八・四

二〇五　甲子卜貞武乙升礽其牢等事

本甲正面存辭二條。反面無字。

（一）丙辰〼康〼其〼

（二）甲子卜，貞：武乙升礽其牢。茲用。

【備注】

組類：黄組

材質：龜腹甲

著録：《考埴》三七四、《合》三六一〇一、《國考》二·一九·一、《北珍》六六四

來源：馬衡捐贈北大

原拓號：三·一九·一

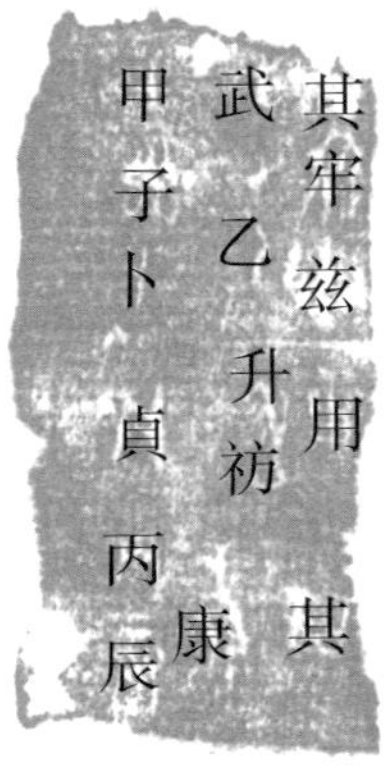

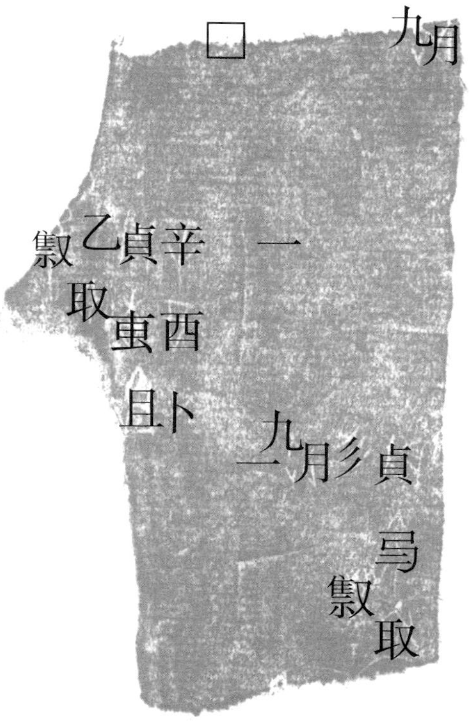

二〇六　九月辛酉卜貞叀祖乙取㲋等事

本甲正面存辭三條，有界劃綫。反面無字。

（一）辛酉卜，貞：叀且（祖）乙取［㲋］。

一

（二）貞：弜（勿）取彡［㲋］。九月〔一〕。

一

（三）⍁□⍁［九］月。〔二〕

【簡釋】

〔一〕「九月」爲合文。下同。

〔二〕本甲可綴《合》一九一五二正，綴合後釋文可補爲「貞⍁□⍁九月」。詳見何會綴，《拼四》第九一一則。

【備注】

組類：賓組

材質：龜腹甲

著録：《續》一・一四・三、《合》一五九〇、《國考》二・一九・二、《北珍》二六〇

來源：馬衡捐贈北大

原拓號：三・一九・二

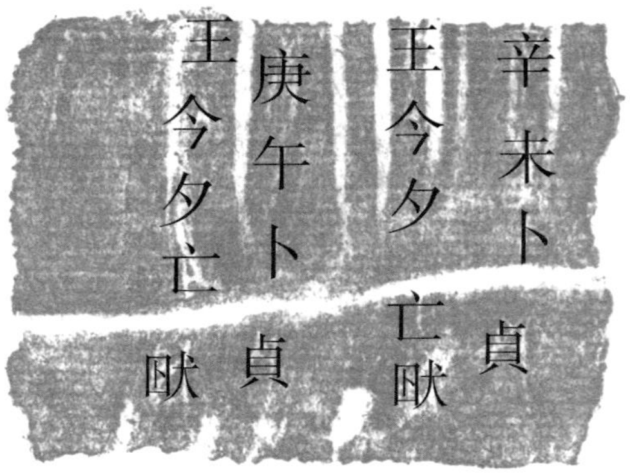

二〇七　庚午辛未等日卜貞王今夕亡畎事

本甲正面存辭二條。反面無字。

（一）庚午卜，貞：王今夕亡畎[一]。

（二）辛未卜，貞：王今夕亡畎。

【簡釋】

[一]「畎」或比定作「禍」「咎」「憂」等字。下同。

【備注】

組類：黄組

材質：龜背甲

著録：《南師》二·二六〇、《合》四一九〇二、《國考》二·一九·三

來源：馬衡捐贈北大

原拓號：三·一九·三

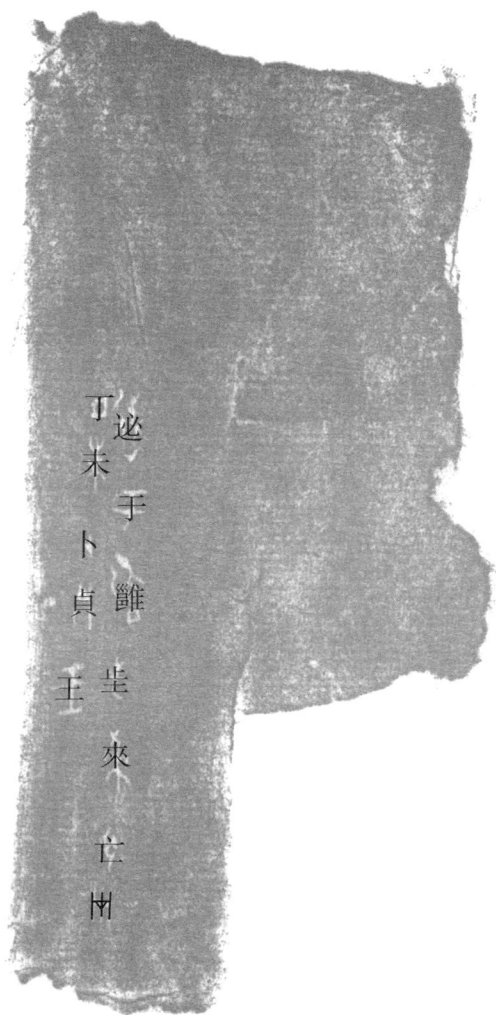

二〇八　丁未卜貞王逊于雝往來亡災事

本骨正面存辭一條。反面無字。

（一）丁未卜，貞：王逊于雝，㞢（往）來亡𡿧（災）。

【備注】

組類：黄組

材質：牛肩胛骨

著録：《續》三・二二・七（不全）、《合》三六五九六、《國考》二一・一九・四、《北珍》八九八

來源：馬衡捐贈北大

原拓號：三・一九・四

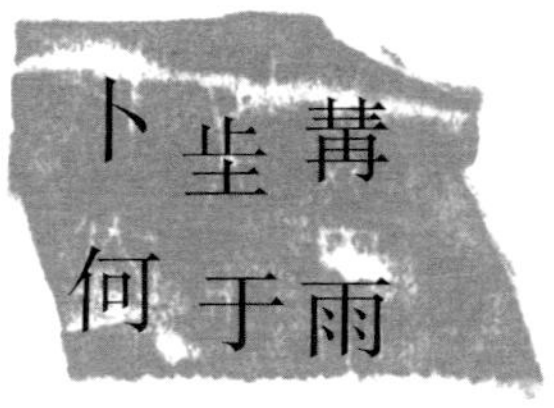

二〇九　某日卜何問往于某遘雨事

本甲正面存辭一條。反面無字。

（一）☑卜，何☑㞢（往）于☑冓（遘）雨。

【備注】

組類：何組

材質：龜腹甲

著録：《續》三・三九・四、《合》二七八七三、《國考》二・二〇・一、《北珍》一六二〇

來源：馬衡捐贈北大

原拓號：三・二〇・一

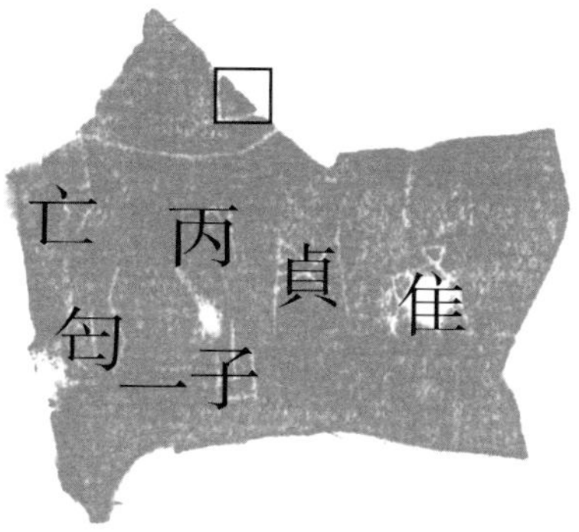

甲

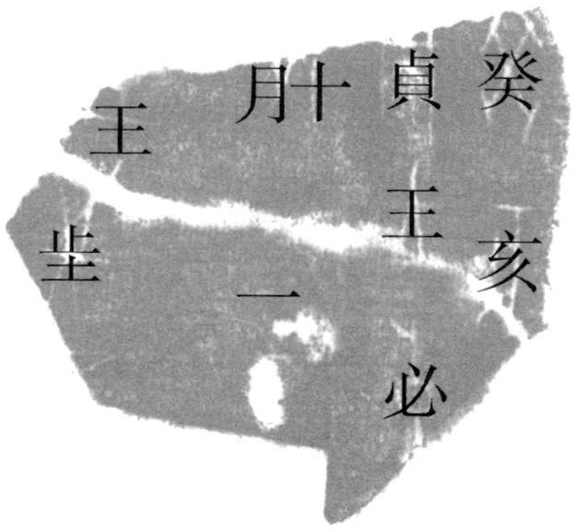

乙

二一〇　丙子貞與十三月癸亥貞王𨒪等事

本甲正面存辭五條，有界劃綫。反面無字。

〔甲〕

（一）〼亡匄

（二）丙子〼貞〼隹〼　一

（三）〼□〼

〔乙〕

（四）癸亥〼［貞］：王必（𨒪）〼［十三月］〔一〕。　一

（五）〼王㞢（往）〼〔二〕

【簡釋】

〔一〕「十三月」據綴合後補出，本甲僅可見「十」「月」殘筆。「十三月」爲合文。

〔二〕本甲自綴（詳見林宏明綴，《醉古集》第一九二例）後，可續綴《合》九五七二，綴合後釋文可補爲「癸亥〼王必（𨒪）〼十三月。　一／戊子卜，㝑貞：王往逐[illegible]于沚，亡災。之日王往逐[illegible]于沚，允亡災，獲[illegible]八。　一」。詳見林宏明綴，《契合集》第八四例。可續綴《宫國學》三四七、《合》一七四六四，綴合後釋文可補爲「癸亥卜，㝑貞：王必（𨒪），若。十三月。　一／丙子卜，㝑貞：夢隹（唯）孽。　一」。

甲

乙

二一八

詳見何會綴，《拼續》第四五九則。又可續綴《合》九五八三，詳見蔣玉斌綴，《蔣玉斌綴合總表》第二八七組。

【備注】

組類：賓組

材質：龜腹甲

著録：〔甲〕《合》一七三三一、《國考》二一·二〇·二、《北珍》一一五九；〔乙〕《合》五〇八〇、《國考》二一·二〇·三、《北珍》二三一八

來源：馬衡捐贈北大

原拓號：〔甲〕三·二〇·二、〔乙〕三·二〇·三

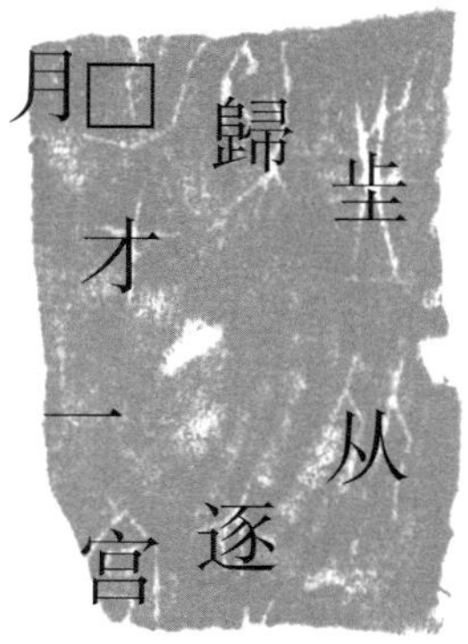

二二一　某日問某往从歸逐在宮等事

本甲正面存辭二條，有界劃綫。反面無字。

（一）☐㞢（往）从☐歸［逐］☐才（在）［宮］。　一

（二）☐☐☐月。

【備注】

組類：賓出

材質：龜背甲

著録：《續》三・一六・六、《合》一〇九八七、《國考》二・二〇・四、《北珍》七九

來源：馬衡捐贈北大

原拓號：三・二〇・四

二一二　某日貞翌丁巳呼婦姘往于某等事

本骨正面存辭二條，有界劃綫。反面無字。

（一）貞：翌丁［巳］乎（呼）帚（婦）姘坒（往）于☐。

（二）☐令。〔一〕

【簡釋】

〔一〕本骨可綴《合》二六五八，詳見林宏明綴，《契合集》第二三例。可續綴《合》八〇二八，詳見李愛輝綴，《甲骨拼合第四四一至四四五則》第四四一則。

【備注】

組類：賓組

材質：牛肩胛骨

著録：《續》三·三九·二、《合》二六四二、《國考》二·二〇·五、《北珍》一一〇六

來源：馬衡捐贈北大

原拓號：三·二〇·五

二一三　某日問呼冓逐鹿于喪與允獲鹿等事

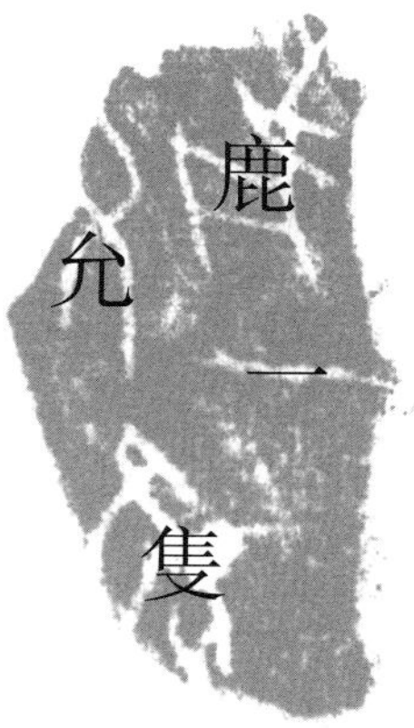

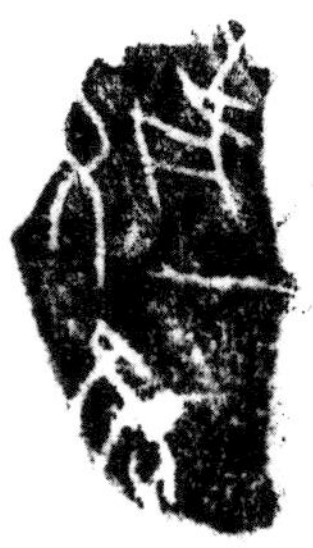

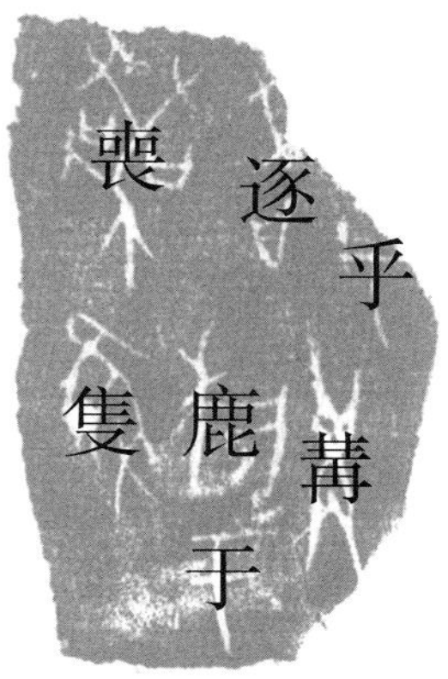

本甲正反面各存辭一條。

〔正面〕

（一）［乎（呼）］冓［逐］鹿于喪，隻（獲）。

〔反面〕

（一）允隻（獲）［鹿］。　一

【備注】

組類：賓組

材質：龜腹甲

著録：〔正〕《續》三・四五・三、《國考》二・二一・二；〔反〕《續研》三・四五・三、《國考》二・二一・一；〔正反〕《合》一〇九二七、《北珍》七八

來源：馬衡捐贈北大

原拓號：〔正〕三・二一・二、〔反〕三・二一・一

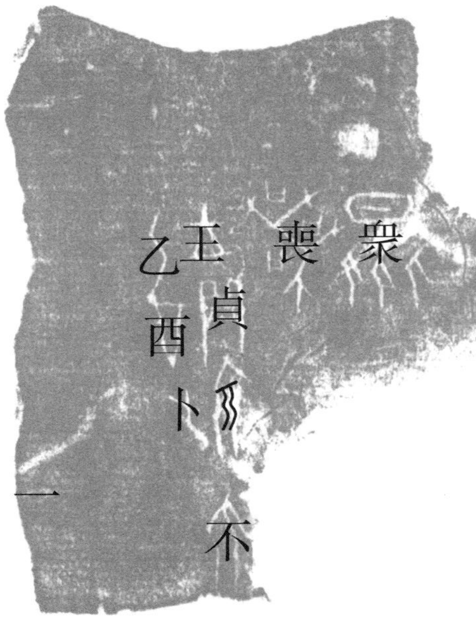

二一四　乙酉卜王貞𡿧不喪衆事

本甲正面存辭一條。反面無字。

（一）　乙酉卜，王貞：𡿧不喪衆。　一

【備注】

組類：𠂤組

材質：龜腹甲

著録：《南師》二・一〇三、《文捃》九三五、《合》五四、《國考》二・二一・三、《北珍》一一五八

來源：馬衡捐贈北大

原拓號：三・二一・三

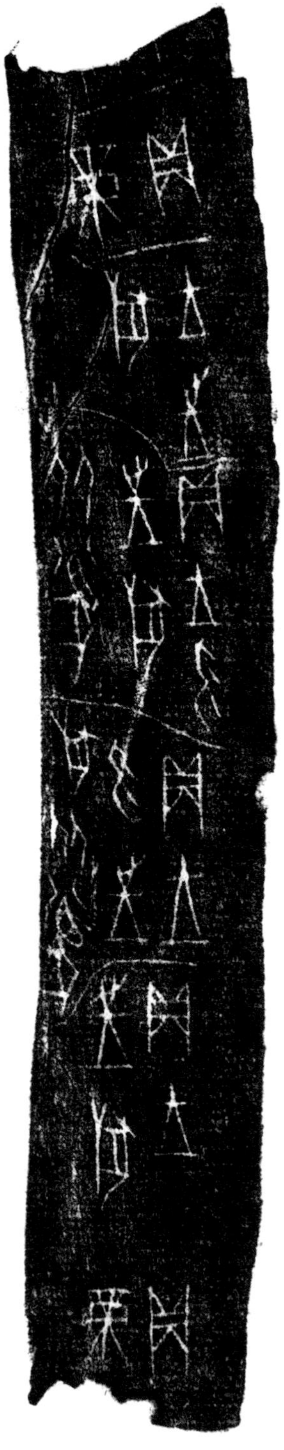

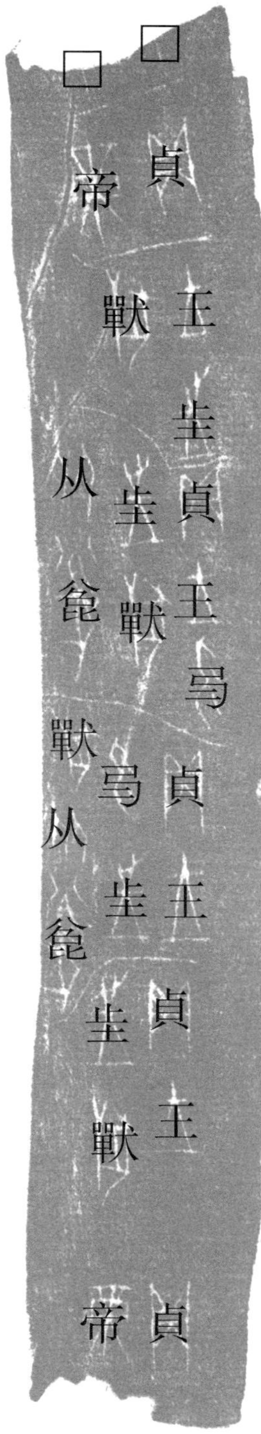

二一五　某日貞禘與王勿往狩从麄等事

本骨正面存辭七條，有界劃綫。反面無字。

（一）貞：帝（禘）。

（二）貞：王圭（往）獸（狩）。

（三）貞：王弓（勿）圭（往）獸（狩）从麄。

（四）王圭（往）獸（狩）。

（五）貞：王弓（勿）圭（往）獸（狩）从麄。

（六）貞：帝（禘）。

（七）⧄□⧄□⧄

【備注】

組類：賓組

材質：牛肩胛骨

著録：《續》三・四〇・一、《合》一〇九三九、《國考》二・二一・四、《北珍》七四

來源：馬衡捐贈北大

原拓號：三・二一・四

二一六　某日貞子㝐不其獲事

本甲正面存辭一條。反面無字。

（一）　**貞：子㝐不其［隻（獲）］。**

【備注】

組類：賓組

材質：龜腹甲

著録：《京》二〇八三、《南師》二・一〇六、《合》三一五九、《國考》二・二三一・一、《北珍》五六

來源：馬衡捐贈北大

原拓號：三・二二一・一

二一七　癸丑卜王萑不鬥罘刃與某日卜婦鼠辛巳夕㚸等事

本甲正面存辭二條，有界劃綫。反面無字。

（一）癸丑卜，王：萑［不］鬥罘刃。

（二）☐卜☐鼠☐辛巳☐夕☐㚸。

【備注】

組類：自賓

材質：龜腹甲

著録：《南師》二·一四四、《合》四七二六、《國考》二·二二·二、《北珍》一一〇七

來源：馬衡捐贈北大

原拓號：三·二二·二

二一八　九月某日貞勿降等事

本甲正面存辭二條。反面未録。

（一）貞：弓（勿）☐

（二）貞：弓（勿）降。九月。

【備注】

組類：賓組

材質：龜腹甲

著録：《續》三・三九・六（不全）、《合》一六四八〇正、《國考》二・二一・三、《北珍》二三六五

來源：馬衡捐贈北大

原拓號：三・二二・三

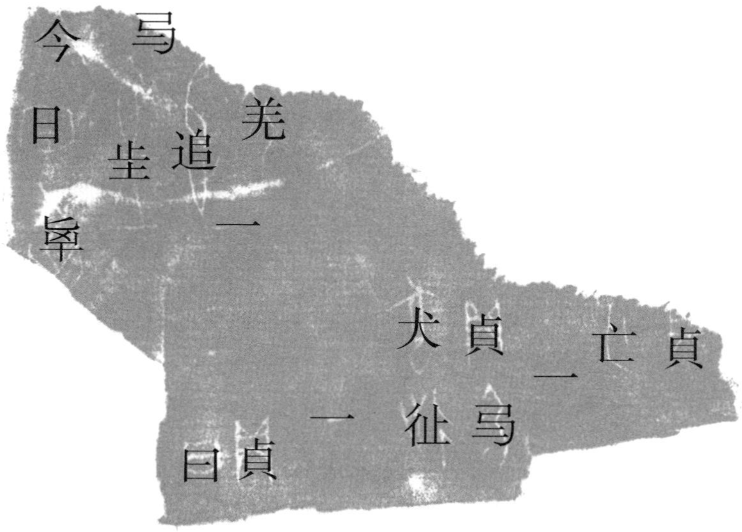

二一九　某日問今日𡆥勿往追羌與某日貞犬延等事

本甲正面存辭四條，有界劃綫。反面無字。

（一）今日［𡆥弓（勿）］㞢（往）追［羌］。　一

（二）貞☐亡☐　一

（三）貞：弓（勿）☐犬祉（延）☐　一

（四）貞☐曰☐[一]

【簡釋】

［一］本甲可綴《宫國學》一五四，可遥綴《中歷藏》四五四，詳見李延彦綴，《拼三》第七七九則。又可遥綴《存補》五・二六六・一、《合》一八九九七、《合》四〇一四，詳見張珊《甲骨拼合第一則》、李愛輝《甲骨拼合第四一二至四二〇則》第四二〇則。

【備注】

組類：賓組

材質：龜腹甲

著録：《南師》二・九五、《合》四九二二、《國考》二・二三一・四、《北珍》八六八

來源：馬衡捐贈北大

原拓號：三・二三・四

甲

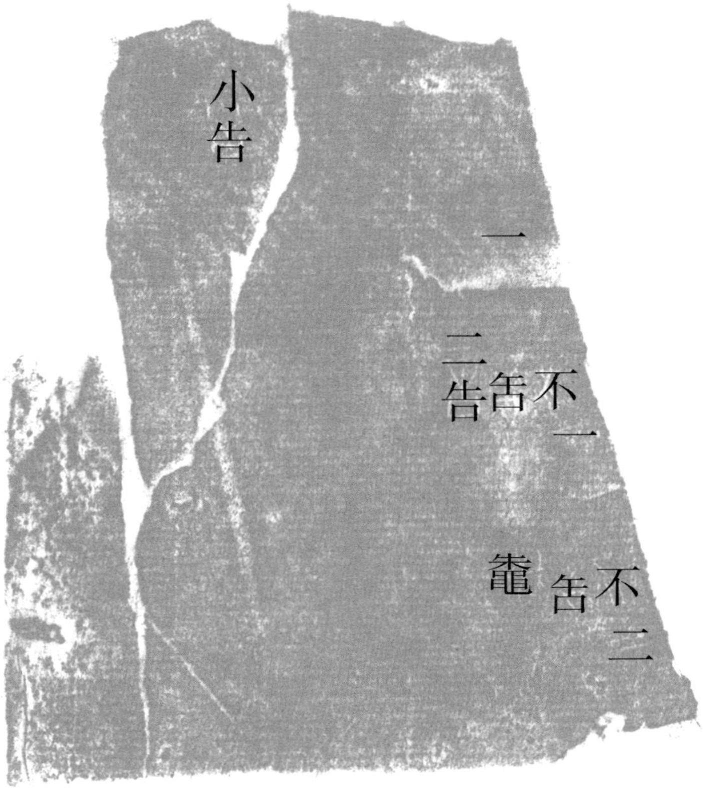

二二〇 丁亥卜㱿貞省至于亩等事

本骨正面存辭四條。反面無字。

〔甲〕

（一） 一 不舌黿 二

（二） 一 不舌 二告

（三） 小告〔一〕

〔乙〕

（四） 丁亥卜，㱿貞：省至于亩。

【簡釋】

〔一〕〔甲〕、〔乙〕爲同一拓本所裁。

【備注】

組類：賓組

材質：牛肩胛骨

著録：〔甲〕《佚》五三二（全）、《國考》二·二三·一；〔乙〕《續》三·一四·二（不全）、《國考》二·二三·二；〔甲乙〕《合補》二二九九（不全）、《北珍》八八六（全）

來源：馬衡捐贈北大

原拓號：〔甲〕三·二三·一、〔乙〕三·二

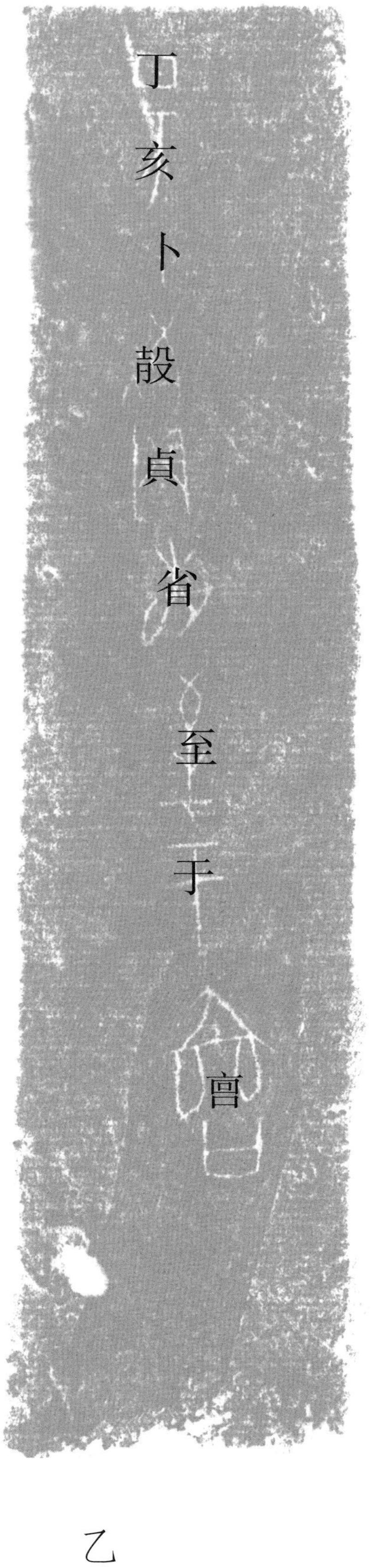

乙

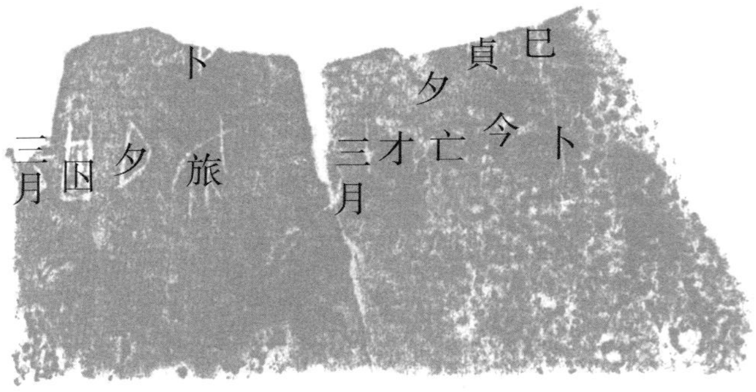

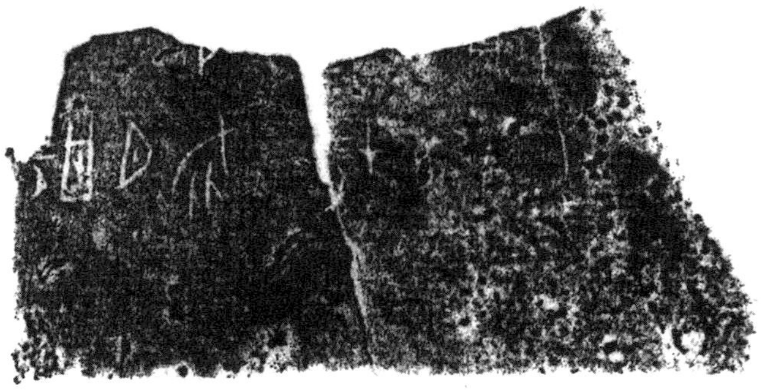

二二一　三月某日旅貞今夕亡𡆥等事

本甲正面存辭二條。反面無字。

（一）□卜，旅□夕□𡆥〔一〕。□［三］月。

（二）□巳卜□貞：今［夕］亡□才（在）三月。〔二〕

【簡釋】

〔一〕「𡆥」或比定作「禍」「咎」「憂」等字。

〔二〕本甲可綴《合》二六三二一，綴合後釋文可補爲「乙巳卜，旅貞：今夕亡𡆥。在三月」。詳見齊航福綴，《拼集》第一八八則。

【備注】

組類：出組

材質：龜腹甲

著録：《國考》二·二四·一、《北珍》一一七二（全）

來源：馬衡捐贈北大

原拓號：三·二四·一

二三三一　某日在某次貞王逐亡災事

本骨正面存辭一條。反面無字。

（一）☐師（次），貞：王☐逐，亡𡆥（災）。

【備注】

組類：黄組

材質：牛肩胛骨

著録：《南師》二・二五三（不全）、《合》三七五三一、《國考》二・二四・二、《北珍》一〇三

來源：馬衡捐贈北大

原拓號：三・二四・二

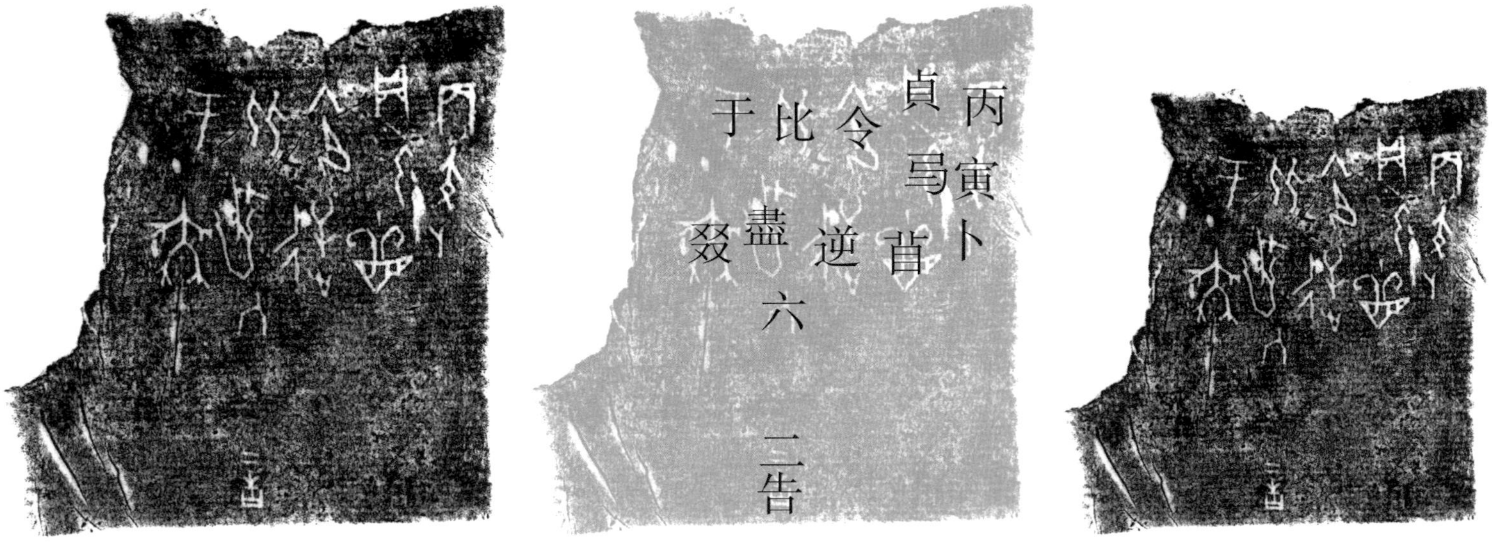

甲

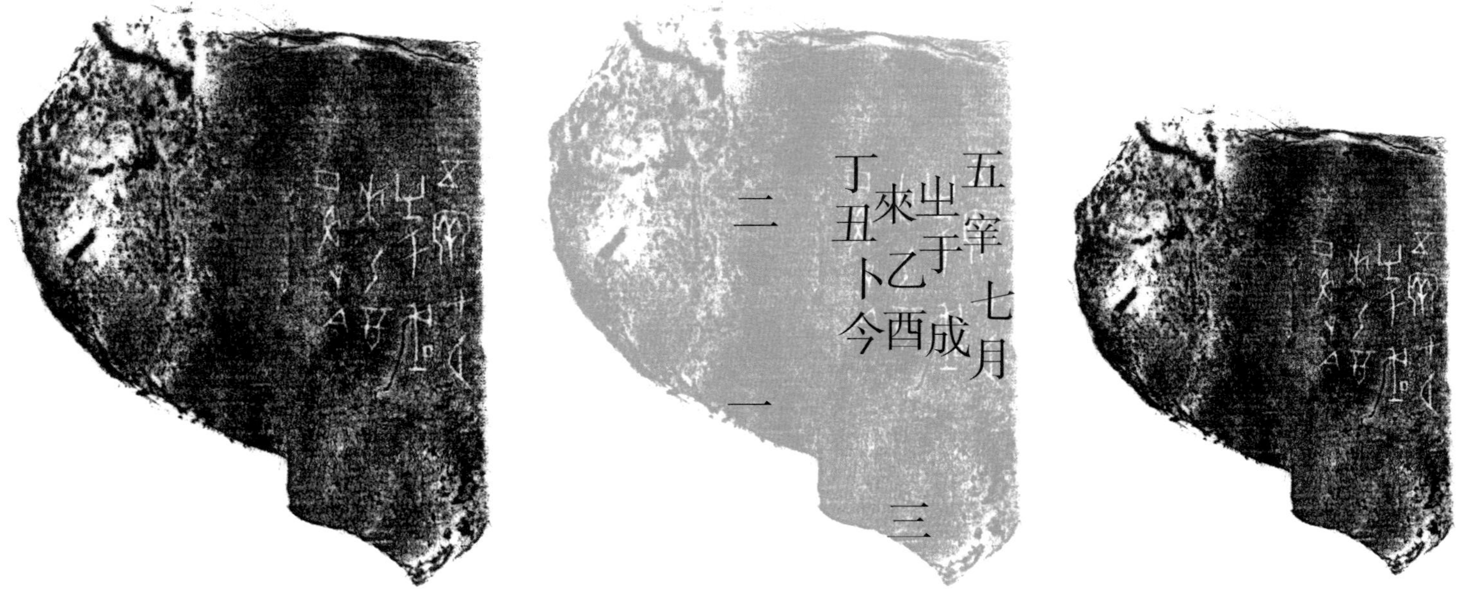

乙

二三三 丙寅卜貞勿茴令逆比盡于叒與七月丁丑卜來乙酉侑于成五宰等事

本骨正面存辭三條。反面無字。

〔甲〕

（一） 丙寅卜，貞：弖（勿）茴令逆比盡于叒。 六 二告

〔乙〕

（二） 丁丑卜：今來乙酉㞢（侑）于成五宰。七月。 一 二

（三） 三☒〔二〕

【簡釋】

〔一〕〔甲〕、〔乙〕爲同一拓本所裁。

【備注】

組類：賓組

材質：牛肩胛骨

著録：〔甲〕《南師》二·九九、《國考》二·二四·三；〔乙〕《續》一·四八·三（不全）、《國考》二·二四·四；〔甲乙〕《合》四九一七（全）、《北珍》一四二一（全）

來源：馬衡捐贈北大

原拓號：〔甲〕三·二四·三、〔乙〕三·二四·四

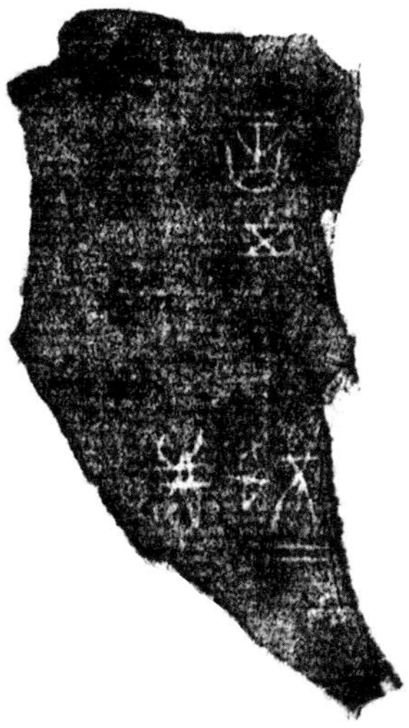

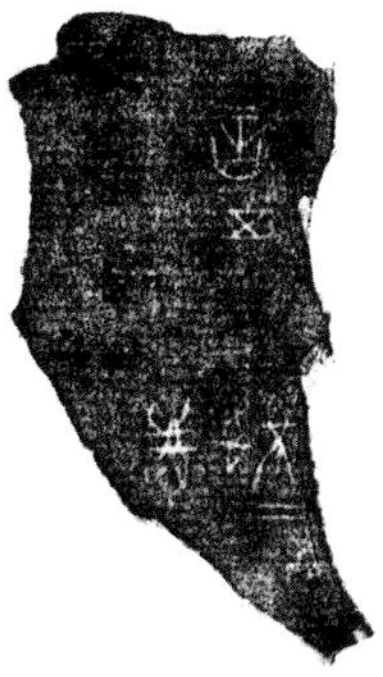

二二四　二告五不吿鼄等殘辭

本骨正面存辭三條。反面無字。

（一）二

（二）五　不吿鼄

（三）二告

【備注】

組類：黃組

材質：牛肩胛骨

著録：《合》一七七六〇、《國考》二・二五・一、《北珍》一九〇九

來源：馬衡捐贈北大

原拓號：三・二五・一

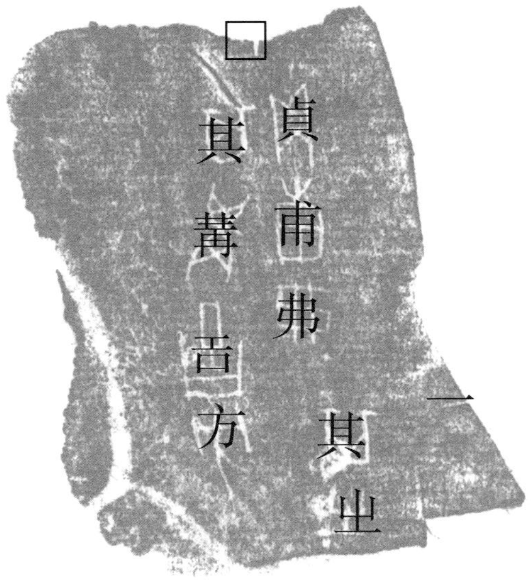

二三五　某日貞甫弗其遘𢀛方等事

本甲正面存辭三條。反面無字。

（一）其㞢☐　一

（二）貞：甫弗其冓（遘）𢀛方。

（三）☐□☐

【備注】

組類：賓組

材質：龜腹甲

著録：《續》三·七·二（不全）、《佚》一三、《合》六一九六、《國考》二·二五·二、《北珍》七九二

來源：馬衡捐贈北大

原拓號：三·二五·二

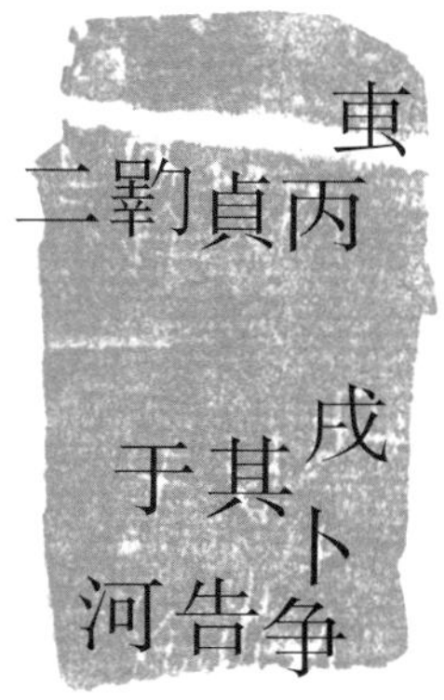

二三六　**丙戌卜争貞其告鞫于河等事**

本甲正面存辭二條。反面無字。

（一）丙戌卜，［争］貞：其［告］劉（鞫）于河。二

（二）叀☐

【備注】

組類：賓組

材質：龜腹甲

著録：《續》一・三六・三、《合》八〇五、《國考》二・二五・三、《北珍》二二五

來源：馬衡捐贈北大

原拓號：三・二五・三

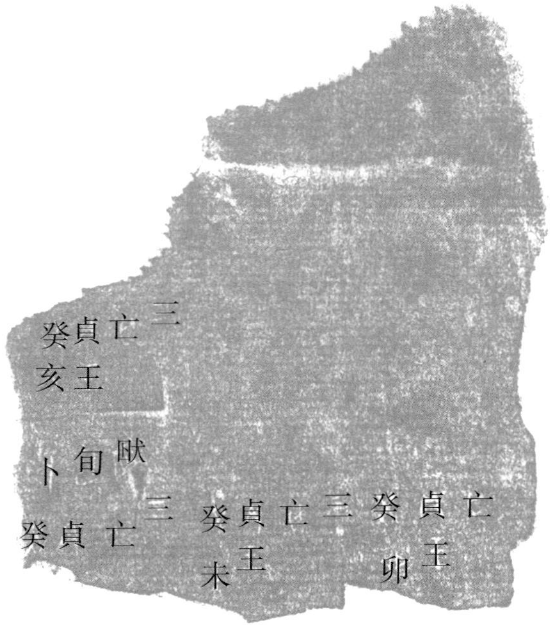

一二七　癸未癸卯癸亥等日卜貞王旬亡畎事

本甲正面存辭四條。反面無字。

（一）癸☐貞☐亡☐　三

（二）癸未☐貞：王☐亡☐　三

（三）癸卯☐貞：王☐亡☐

（四）癸亥卜，貞：王旬亡畎[一]。　三

【簡釋】

[一]「畎」或比定作「禍」「咎」「憂」等字。

【備注】

組類：黄組

材質：龜腹甲

著録：《續》六・三・一、《國考》二一・二五・四、《北珍》一三三〇

來源：馬衡捐贈北大

原拓號：三・二五・四

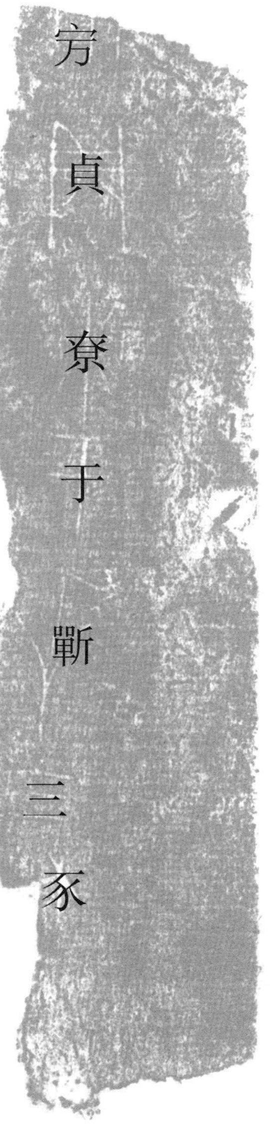

二三八　某日㝊貞燎于斲三豕事

本骨正面存辭一條。反面未録。

（一）　☐［㝊］貞：尞（燎）于斲三豕。〔一〕

【簡釋】

〔一〕本骨可綴《宮國學》一三二，綴後即《合》七九一九、《北珍》一八三，釋文可補爲「乙亥卜，㝊貞：尞（燎）于斲三豕」。

【備注】

組類：賓組

材質：牛肩胛骨

著録：《續》一·五二·三（不全）、《合》七九一九正下半（全）、《國考》二一·二六·一、《北珍》一八三下半（全）

來源：馬衡捐贈北大

原拓號：三·二六·一

二三九　寅日卜㝑貞令多馬羌禦方事

本骨正面存辭一條。反面無字。

（一）☐[寅]卜，㝑貞：令多馬羌𠨘（禦）方☐　二告

【備注】

組類：賓組

材質：牛肩胛骨

著録：《續》五·二五·九（不全）、《合》六七六一（全）、《國考》二·二六·二、《北珍》七六七（全）

來源：馬衡捐贈北大

原拓號：三·二六·二

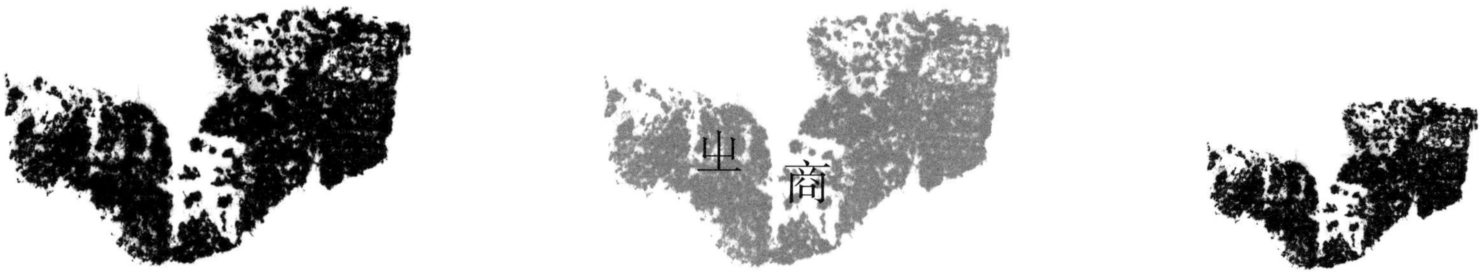

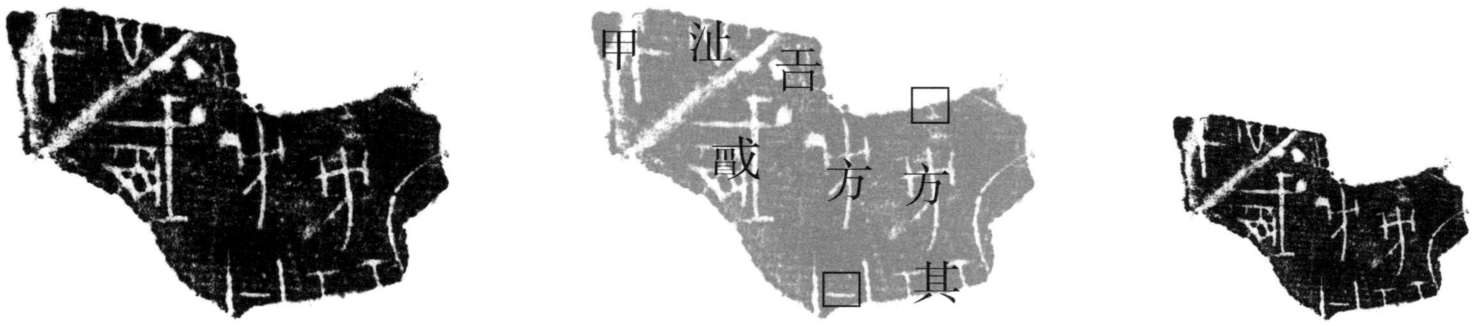

二二三〇　某日問沚戓伐𢀛方等事

本甲正面存辭一條，有界劃綫。反面存辭一條。

〔正面〕

（一）☐甲☐［沚］戓☐［𢀛］方☐☐☐方［其］☐

〔反面〕

（一）☐商☐㞢☐〔一〕

【簡釋】

〔一〕本甲可綴《合》八五六三，綴合後釋文可補爲「☐甲☐沚戓☐𢀛方☐☐眔土方［其］☐卒［今］☐」。詳見何會綴，《拼續》第四三六則。

【備注】

組類：賓組

材質：龜腹甲

著録：〔正〕《續》六·一三·五、《南師》二·八八、《國考》二·二七·一、《合補》二〇三九、《北珍》八四二；〔反〕《南師》二·八七、《續研》六·一三·五、《國考》二·二七·二

來源：馬衡捐贈北大

原拓號：〔正〕三·二七·二、〔反〕三·二七·一

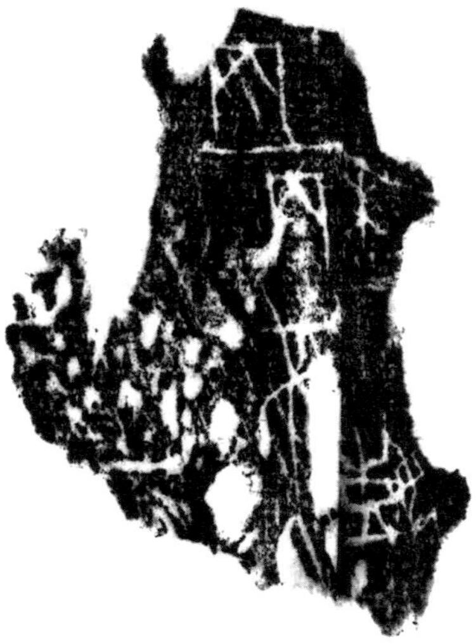

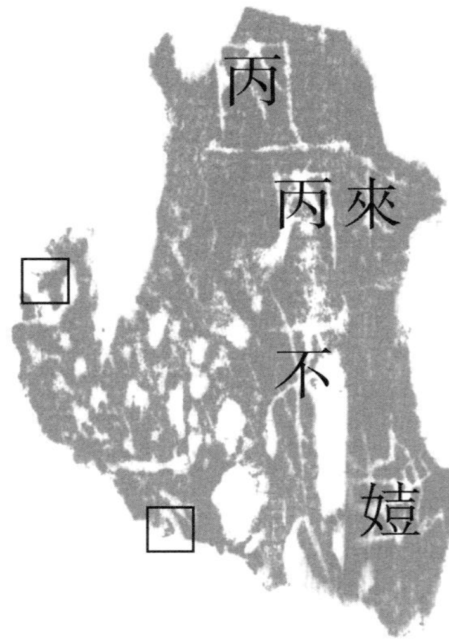

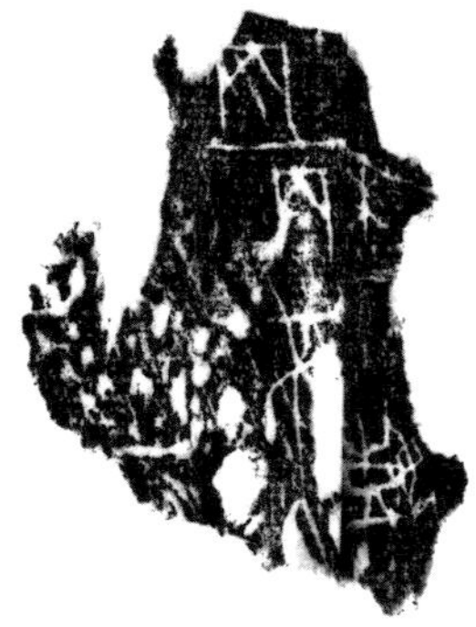

二三二　某日問其不來艱與丙不來艱等事

本骨正面存辭一條。反面存辭三條，有界劃綫。

〔正面〕

（一）☐吉，［其］☐［不］☐［來］☐

〔反面〕

（一）☐丙不來嬉（艱）。

（二）☐丙☐

（三）☐□☐□☐

【備注】

組類：賓組

材質：牛肩胛骨

著録：〔正〕《南師》二・七八、《國考》二・二七・三；〔反〕《南師》二・七九、《國考》二・二七・四；〔正反〕《合》七一六二、《北珍》二〇四六

來源：馬衡捐贈北大

原拓號：〔正〕三・二七・四、〔反〕三・二七・三

一三三二　**己未卜争問晝等事**

本甲正反面各存辭一條。

〔正面〕

（一）☐〔貞〕：勿☐

〔反面〕

（一）己未卜，争☐晝☐

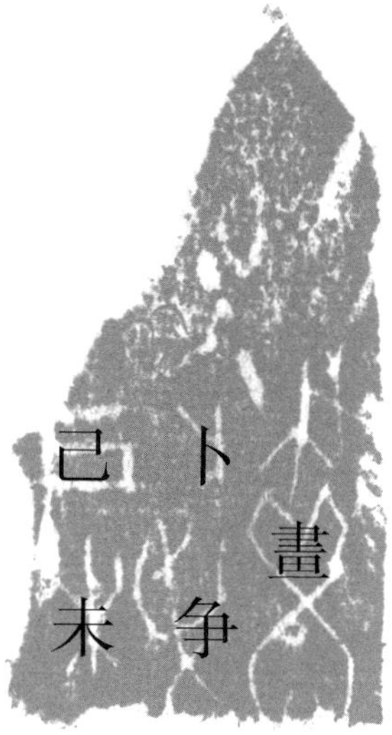

【備注】

組類：賓組

材質：龜腹甲

著録：〔正〕《國考》二·二七·五；〔反〕《國考》二·二七·六；〔正反〕《合》三〇五三、《北珍》二〇七八

來源：馬衡捐贈北大

原拓號：〔正〕三·二七·六、〔反〕三·二七·五

二三三　某日貞□亡壱事

本甲正面存辭一條。反面無字。

（一）貞：□亡[壱]〔一〕。　一

【簡釋】

〔一〕「壱」或比定作「蚩」字，讀作「害」。

【備注】

組類：賓組

材質：龜腹甲

著録：《南師》二・一五〇、《合》四〇一五、《國考》二・二八・一、《北珍》一〇八七

來源：馬衡捐贈北大

原拓號：三・二八・一

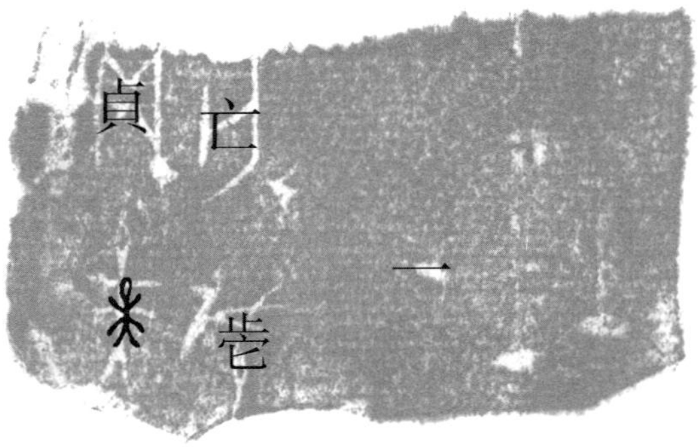

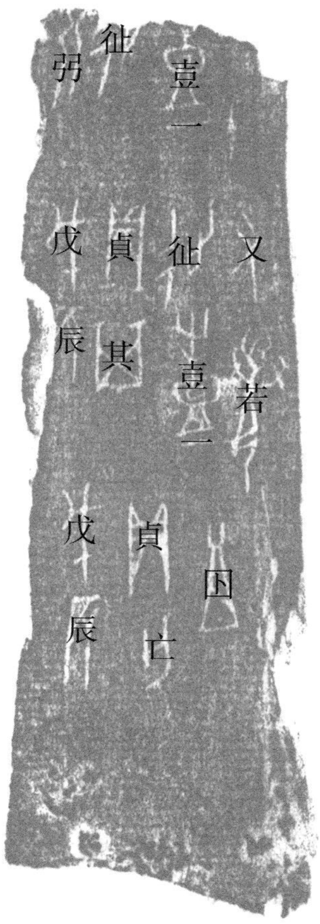

二三四　戊辰貞其延壴一有若等事

本骨正面存辭三條。反面無字。

（一）戊辰貞：亡囚〔一〕。

（二）戊辰貞：其㞢（延）壴一，又（有）若。

（三）［弜（勿）㞢（延）壴］一。〔二〕

【簡釋】

〔一〕「囚」或比定作「禍」「咎」「憂」等字。

〔二〕本骨可綴《合》三二八八〇，即《合補》一〇七一七。綴合後釋文可補爲「弜（勿）㞢（延）壴一」。詳見彭裕商綴，《綴彙》第五八三組。

【備注】

組類：歷組

材質：牛肩胛骨

著録：《續》四·三五·三、《佚》七五、《合》三四四七六、《國考》二·二八·二《合補》一〇七一七下半、《北珍》四六一

來源：馬衡捐贈北大

原拓號：三·二八·二

二三五　一月某日貞今夕雨事

本甲正面存辭一條。反面無字。

（一）貞：今夕雨。一月。

【備注】

組類：何組

材質：龜背甲

著録：《續》四・一八・二（不全）、《合》二九九三三、《國考》二・二八・三、《北珍》一六〇七

來源：馬衡捐贈北大

原拓號：三・二八・三

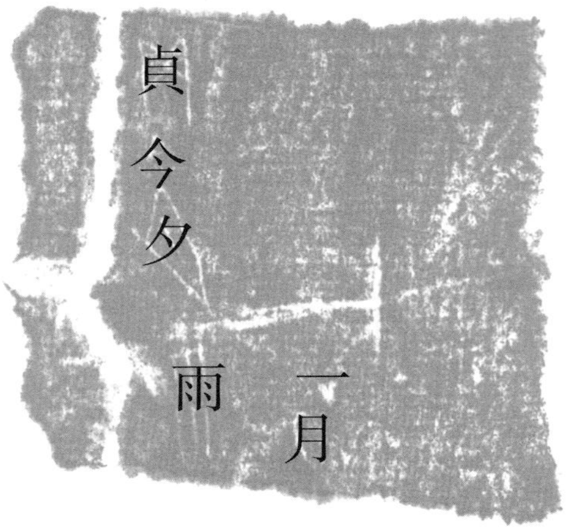

二三六　一月戊申問千廼戉㚔事

本甲正面存辭一條。反面無字。

（一）戊申☐，千廼□☐戉㚔。一月。〔一〕

【簡釋】

〔一〕本甲可遥綴《合》五八六〇，即《合補》二三三〇，詳見蔡哲茂綴，《綴集》第三一一組。

【備注】

組類：𠂤賓

材質：龜腹甲

著録：《佚》三四、《合》七〇五五、《國考》二·二八·四、《合補》二三三〇乙、《北珍》九二二

來源：馬衡捐贈北大

原拓號：三·二八·四

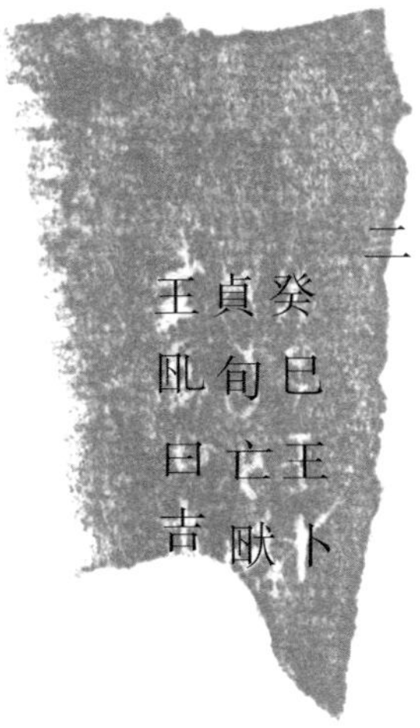

二三七 癸巳王卜貞旬亡𡆥事

本骨正面存辭一條。反面無字。

（一） 癸巳王卜，貞：旬亡[𡆥]〔一〕。王卟（占）曰：[吉]。 二

【簡釋】

〔一〕「𡆥」或比定作「禍」「咎」「憂」等字。

【備注】

組類：黄組

材質：牛肩胛骨

著録：《續》六・三・一〇（不全）、《合》三九三六九、《國考》二・二九・一、《北珍》一三七八

來源：馬衡捐贈北大

原拓號：三・二九・一

二三三八　某日貞王儐祼亡尤等事

本甲正面存辭二條。反面無字。

（一）貞：王宎（儐）禱（祼），亡尤。

（二）己巳卜，貞：王宎（儐）□庚□亡尤。

【備注】

組類：黄組

材質：龜背甲

著録：《續》二・五・九、《國考》二・二九・二、《北珍》五二三

來源：馬衡捐贈北大

原拓號：三・二九・二

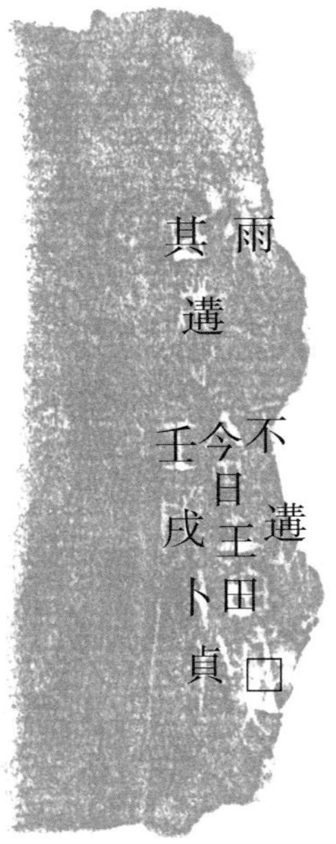

二三九　壬戌卜貞今日王田某不遘雨等事

本骨正面存辭二條。反面無字。

（一）壬戌卜，貞：今日王田□，［不遘］☑

（二）其遘雨。

【備注】

組類：黃組

材質：牛肩胛骨

著録：《合》三七七九五、《國考》二・二九・三、《北珍》一二九

來源：馬衡捐贈北大

原拓號：三・二九・三

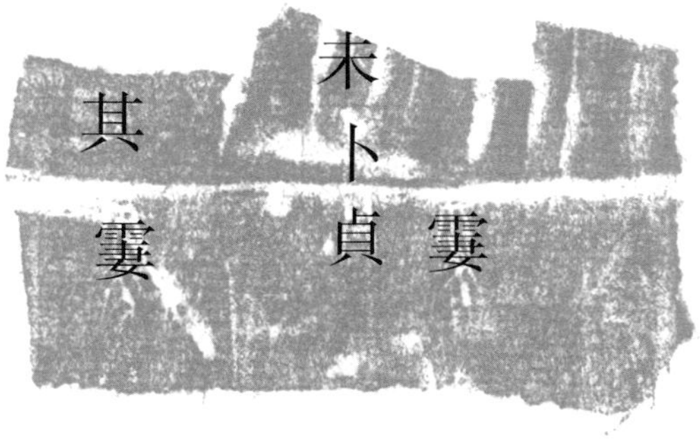

二四〇　未日卜貞其嫯等事

本甲正面存辭二條。反面無字。

（一）囗［未］卜，貞囗嫯。

（二）其嫯。

【備注】

組類：黄組

材質：龜背甲

著録：《續》四・一四・八、《合》三八二〇一、《國考》二・二九・四、《北珍》一六二三

來源：馬衡捐贈北大

原拓號：三・二九・四

二四一　某日貞其役在行等事

本甲正面存辭二條。反面未録。

（一）貞：其役☐行☐

（二）☐其☐

【備注】

組類：賓組

材質：龜腹甲

著録：《合》八一三八正、《國考》二一·三〇·一、《北珍》二四八二

來源：馬衡捐贈北大

原拓號：三·三〇·一

二四二　壬申卜令𢦔冢印守事

本甲正面存辭一條。反面無字。

（一）壬申卜☐令［𢦔］☐冢印守☐

【備注】

組類：賓出

材質：龜背甲

著録：《續》三・四五・八、《合》四七六一、《國考》二・三〇・二、《北珍》六三

來源：馬衡捐贈北大

原拓號：三・三〇・二

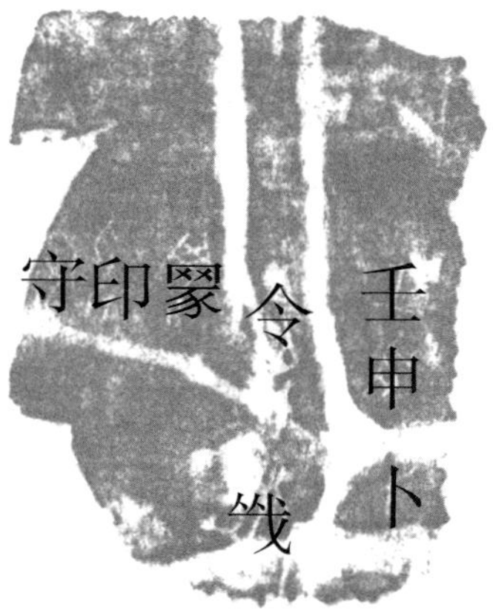

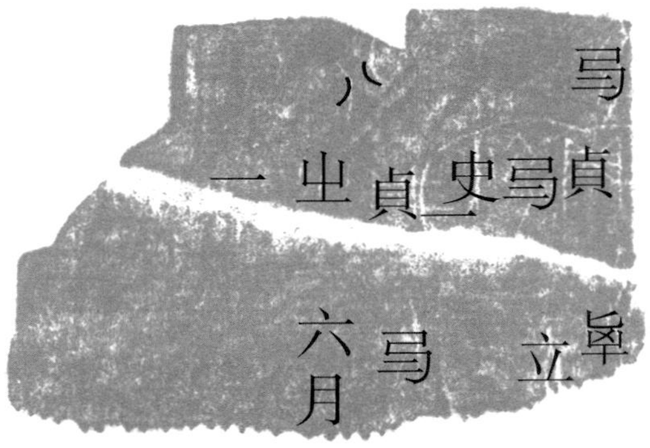

二四三 某日貞皁勿立事與六月某日貞勿侑等事

本甲正面存辭三條，有界劃綫。反面無字。

（一）☐弓(勿)☐八。

（二）貞：皁弓(勿)立史(事)。 一

（三）貞：弓(勿)㞢(侑)。六月。 一

【備注】

組類：賓組

材質：龜腹甲

著録：《南師》二・六一、《合》四〇六五、《國考》二・三〇・三、《北珍》一一一七

來源：馬衡捐贈北大

原拓號：三・三〇・三

二四四　乙巳丁未己酉等日卜貞王今夕亡吠事

本甲正面存辭四條。反面無字。

（一）癸☐貞☐亡☐

（二）乙［巳］☐王☐亡☐

（三）丁未☐王☐亡☐

（四）己酉卜，貞：王今夕亡吠[一]。

【簡釋】

［一］「吠」或比定作「禍」「咎」「憂」等字。

【備注】

組類：黄組

材質：龜腹甲

著録：《續》六·三·三（不全）、《合》三八八八五、《國考》二·三〇·四、《北珍》一二六七

來源：馬衡捐贈北大

原拓號：三·三〇·四

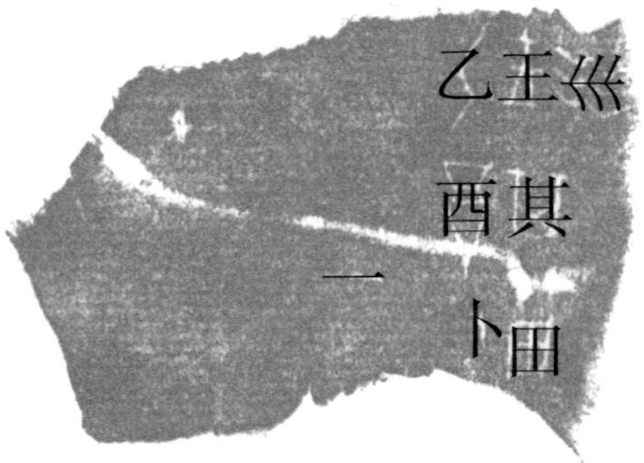

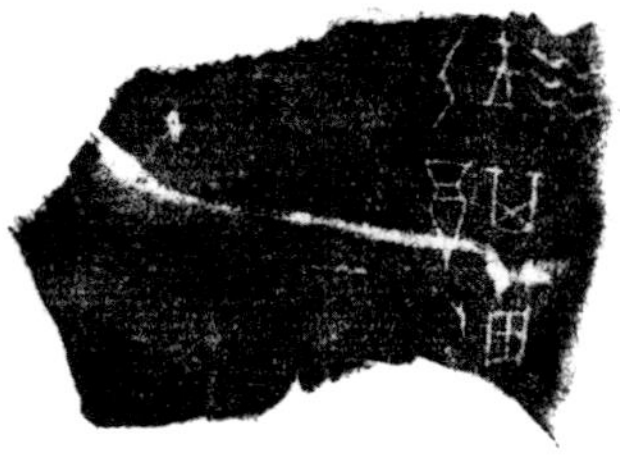

二四五　乙酉卜王其田亡災事

本甲正面存辭一條。反面無字。

（一）乙酉卜☐王其田☐巛（災）。　一

【備注】

組類：出組

材質：龜腹甲

著録：《續》三・三三・八（不全）、《國考》二・三一・一、《北珍》八五

來源：馬衡捐贈北大

原拓號：三・三一・一

二四六　某日卜亘貞敢羌等事

本骨正面存辭二條。反面無字。

（一）　一　二

（二）⊠☐卜，亘貞：𢦏（敢）羌。　二

二告　三　二告　不𠯑鼄

【備注】

組類：賓組

材質：牛肩胛骨

著録：《續》三·四六·二（不全）、《佚》九九三、《合》二二二四、《國考》二一·三一·二、《北珍》六八

來源：馬衡捐贈北大

原拓號：三·三一·二

二四七　某日問王往逐𢾊兕亡災等事

本甲正面存辭二條，有界劃綫。反面無字。

（一）☒㞷（往）［逐］𢾊兕，亡巛（災）。之日王㞷（往）逐𢾊［兕］☒□☒

（二）☒□☒

【備注】

組類：賓組

材質：龜腹甲

著録：《南師》二·一一一、《合》一一〇〇九、《國考》二·三一·三、《北珍》八一

來源：馬衡捐贈北大

原拓號：三·三一·三

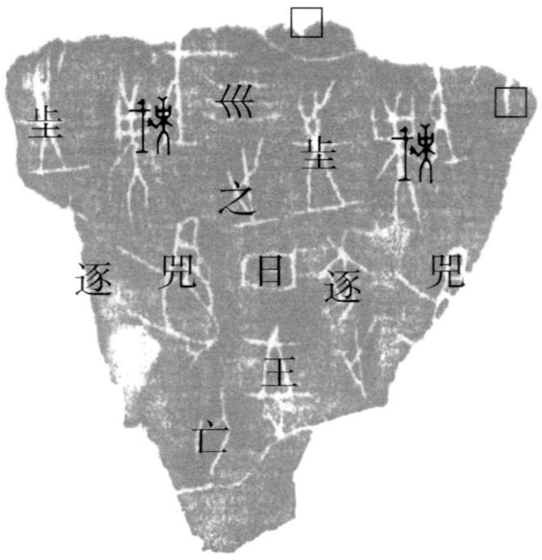

二四八　五月某日問匄等事

本甲正面存辭二條。反面無字。

（一）貞☐隹☐五月。一

（二）☐貞☐匄☐五月。一

【備注】

組類：賓組

材質：龜腹甲

著録：《國考》二・三一・四、《北珍》一一五六

來源：馬衡捐贈北大

原拓號：三・三一・四

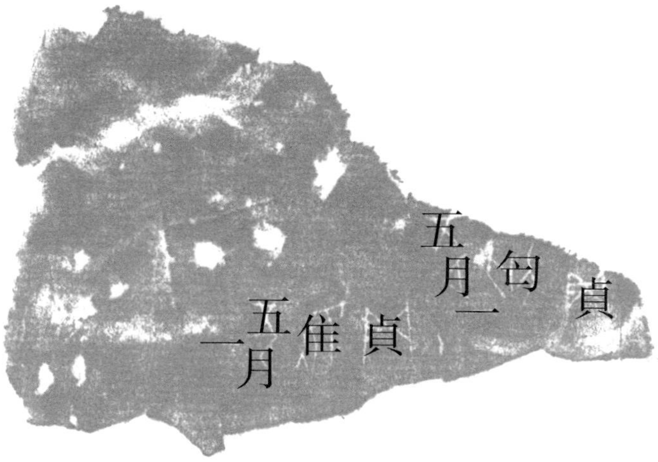

二四九　癸未癸亥等日卜貞王旬亡𡆥事

本甲正面存辭三條。反面無字。

（一）　癸未卜，貞：王旬亡𡆥〔一〕。

（二）　☐〔𡆥〕。

（三）　☐亥卜☐王旬☐𡆥。

【簡釋】

〔一〕「𡆥」或比定作「禍」「咎」「憂」等字。下同。

【備注】

組類：黄組

材質：龜腹甲

著録：《合》三九〇五八、《國考》三・一・一、《北珍》一三八八

來源：馬衡捐贈北大

原拓號：四・一・一

二二五〇 癸巳等日王卜貞旬亡吠事

本骨正面存辭二條。反面無字。

（一）癸巳王卜，貞：旬亡吠〔二〕。

（二）☐☐〔王〕卜☐亡吠。 三〔一〕

【簡釋】

〔一〕「吠」或比定作「禍」「咎」「憂」等字。下同。

〔二〕本骨可綴《合補》一二六三〇，綴合後釋文可補爲「癸丑王卜，貞：旬亡吠」。可續綴《合補》一二五八七，詳見張宇衛綴，《綴興集》第一〇二、一一〇則。

【備注】

組類：黄組

材質：牛肩胛骨

著録：《續》六·五·一〇（不全）、《合》三九一〇一（全）、《合》三九一〇三（不全）、《國考》三·一·二、《北珍》一三二四（全）

來源：馬衡捐贈北大

原拓號：四·一·二

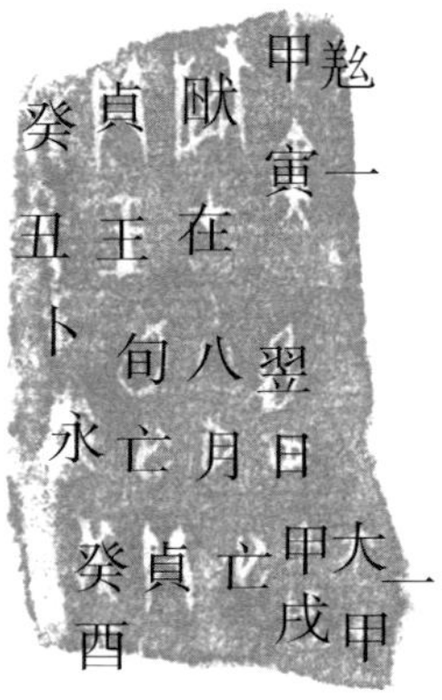

二五一　八月癸丑癸酉等日卜永貞王旬亡𡆥事

本甲正面存辭二條。反面無字。

（一）癸［酉］□貞□亡□甲戌□大甲。

一

（二）癸丑卜，永貞：王旬亡𡆥[一]。才（在）八月。甲寅翌日［兹（羌）］□[二]

一

【簡釋】

［一］「𡆥」或比定作「禍」「咎」「憂」等字。

［二］本甲可綴《宫國學》二七四，即《北珍》一三六七，綴合後釋文可補爲「癸丑卜，永貞：王旬亡𡆥。才（在）八月。甲寅翌日兹（羌）甲」。可續綴《通纂》七九三等，詳見董作賓、殷德昭、白光琦、王恩田綴，《周祭卜甲復原第七、八、九組》第八組。

【備注】

組類：黄組

材質：龜腹甲

著録：《續》六·五·二、《南師》二·二三四、《合》三七八六七左上、《國考》三·一·三、《合補》一一四六九左上、《北珍》一三六七左半

來源：馬衡捐贈北大

原拓號：四·一·三

二五二　癸巳卜宾貞旬亡囚事

本骨正面存辭一條。反面無字。

（一）　癸巳卜，宾貞：旬亡囚〔一〕。

【簡釋】

〔一〕「囚」或比定作「禍」「咎」「憂」等字。

【備注】

組類：賓組

材質：牛肩胛骨

著録：《續》四・四六・四、《合》一六八三四、《國考》三・一・四、《北珍》九九二

來源：馬衡捐贈北大

原拓號：四・一・四

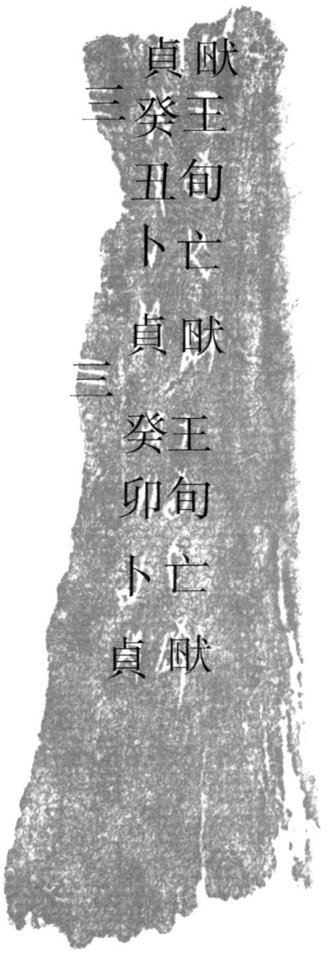

二五三　癸卯癸丑等日卜貞王旬亡猷事

本骨正面存辭三條。反面無字。

（一）癸卯卜，貞：王旬亡猷[一]。　三

（二）癸丑卜，貞：王旬亡猷。　三

（三）〼[貞]〼[猷]。[二]

【簡釋】

[一]「猷」或比定作「禍」「咎」「憂」等字。下同。

[二]本骨可綴《宮國學》二五九，綴合後釋文可補爲「癸亥卜，貞：王旬亡猷。　三」。詳見白玉峥綴，《綴彙》第五九〇組。

【備注】

組類：黃組

材質：牛肩胛骨

著録：《續》六・五・七（不全）、《合》三九一五六、《國考》三・二一・一、《北珍》一三四〇

來源：馬衡捐贈北大

原拓號：四・二・一

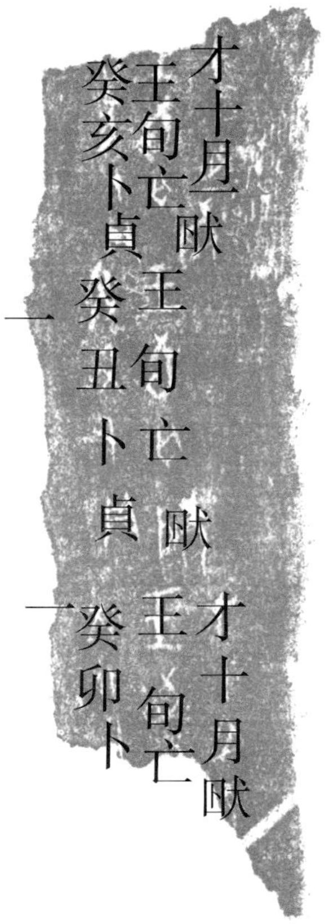

二二五四　癸卯癸丑癸亥等日卜貞王旬亡𡆥事

本骨正面存辭三條。反面無字。

（一）癸卯［卜］☐王旬［亡𡆥］。才（在）十月。　一

（二）癸丑卜，貞：王旬亡𡆥。　一

（三）［癸］亥卜，貞：［王］旬亡𡆥。才（在）十月一。〔一〕

【簡釋】

〔一〕本骨可綴《宮國學》二五八，綴合後釋文可補爲「癸卯卜，貞：王旬亡𡆥。才（在）十月一」。詳見張宇衛綴，《綴興集》第六九則。

【備注】

組類：黄組

材質：牛肩胛骨

著録：《南師》二·二六七、《考塡》四〇三、《合》三七九六七、《合》三七九六八、《合》四一八四六、《國考》三·二·二、《北珍》一三四六

來源：馬衡捐贈北大

原拓號：四·二一·二

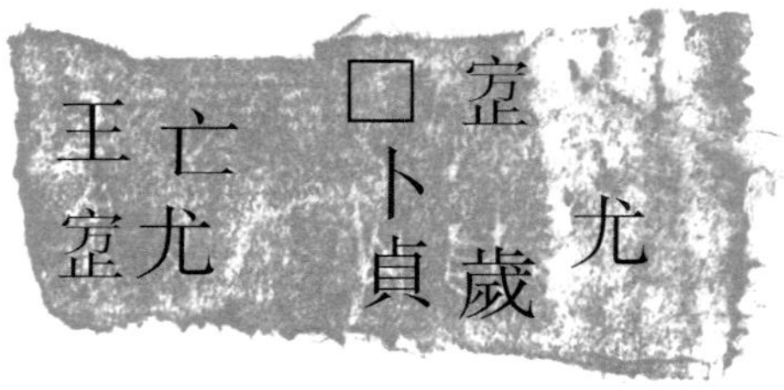

二五五　某日卜貞王儐歲亡尢等事

本甲正面存辭二條。反面無字。

（一）⍁王㝎（儐）⍁亡尢。

（二）⍁□卜，貞⍁㝎（儐）歲⍁尢。

【備注】

組類：黄組

材質：龜背甲

著録：《續》二·三·八（不全）、《國考》三·三·一、《合補》一一八一一（不全）、《北珍》五四二（不全）

來源：馬衡捐贈北大

原拓號：四·三·一

二五六　癸巳癸丑癸亥等日㝊貞旬亡囚事

本骨正面存辭四條，有界劃綫。反面無字。

（一）☐㝊☐旬☐［囚］〔一〕。　三

（二）癸巳，㝊貞：旬亡囚。八月。　三

（三）癸丑卜，㝊貞：旬☐　二告

（四）［癸］亥卜☐貞：旬☐囚。〔二〕

【簡釋】

〔一〕「囚」或比定作「禍」「咎」「憂」等字。下同。

〔二〕本骨可綴《合補》五一〇九，綴合後釋文可補爲「癸亥卜，㝊貞：旬亡囚。九月。二」。詳見蔡哲茂綴，《綴續》第三九九組。

【備注】

組類：賓組

材質：牛肩胛骨

著録：《續》四·四六·二（不全）、《合》一六七一九、《國考》三·三·二、《北珍》一〇〇四

來源：馬衡捐贈北大

原拓號：四·三·二

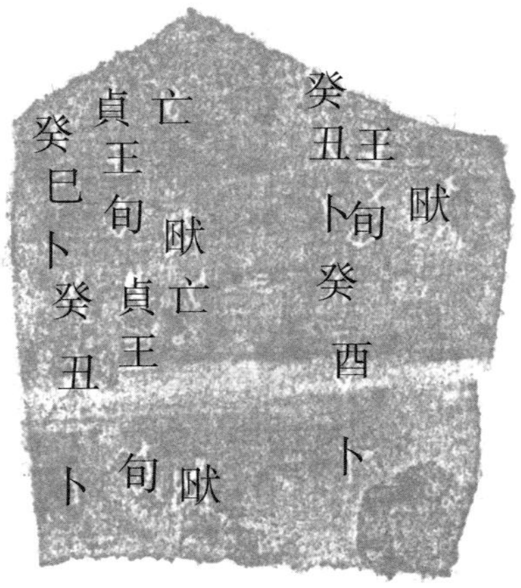

二五七　癸丑癸酉癸巳等日卜貞王旬亡𡆥事

本甲正面存辭四條。反面無字。

（一）癸丑卜，貞：王旬亡𡆥（一）。

（二）癸酉卜。

（三）癸巳卜，貞：王旬亡𡆥。

（四）［癸］丑卜☐王旬☐𡆥。

【簡釋】

〔一〕「𡆥」或比定作「禍」「咎」「憂」等字。下同。

【備注】

組類：黄組

材質：龜腹甲

著録：《續》六・二・四（不全）、《合》三九〇三七、《國考》三・三・三

來源：馬衡捐贈北大

原拓號：四・三・三

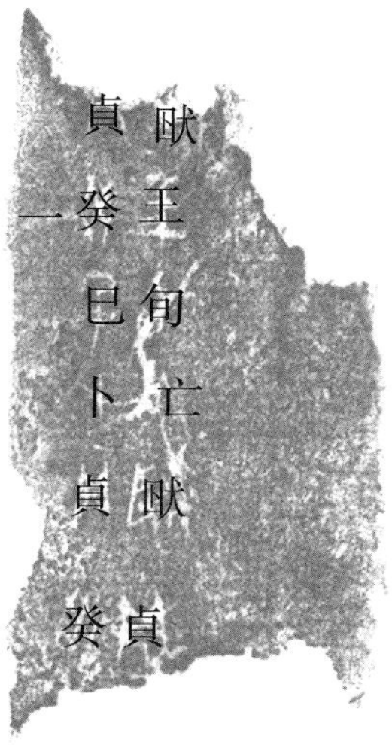

二五八　癸巳等日卜貞王旬亡𡆥事

本骨正面存辭三條。反面無字。

（一）　癸☐貞☐

（二）　癸巳卜，貞：王旬亡𡆥〔一〕。　一

（三）　☐［貞］☐［𡆥］。〔二〕

【簡釋】

〔一〕「𡆥」或比定作「禍」「咎」「憂」等字。下同。

〔二〕本骨可綴《宫國學》二五四，綴合後釋文可補爲「癸卯卜，貞：王旬亡𡆥。才(在)十月一」。詳見張宇衛綴，《綴興集》第六九則。

【備注】

組類：黄組

材質：牛肩胛骨

著録：《考塡》四八二、《合》三九一二七、《國考》三・三・四、《北珍》一三七九

來源：馬衡捐贈北大

原拓號：四・三・四

二五九　癸亥癸酉等日卜貞王旬亡猷事

本骨正面存辭二條。反面無字。

（一）癸亥卜□王旬亡□　三

（二）癸酉卜，貞：王旬亡猷〔一〕。　三〔二〕

【簡釋】

〔一〕「猷」或比定作「禍」「咎」「憂」等字。

〔二〕本骨可綴《宮國學》二五三，綴合後釋文可補爲「癸亥卜，貞：王旬亡猷。　三」。詳見白玉崢綴，《綴彙》第五九〇組。

【備注】

組類：黄組

材質：牛肩胛骨

著録：《續》六·六·二（不全）、《合》三九三一七、《國考》三·四·一、《北珍》一三二九

來源：馬衡捐贈北大

原拓號：四·四·一

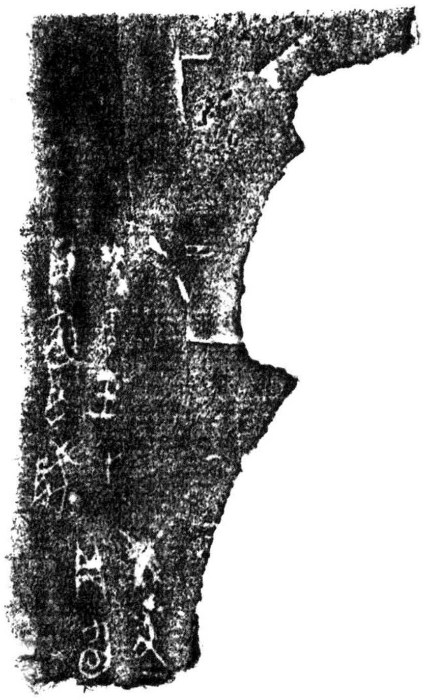

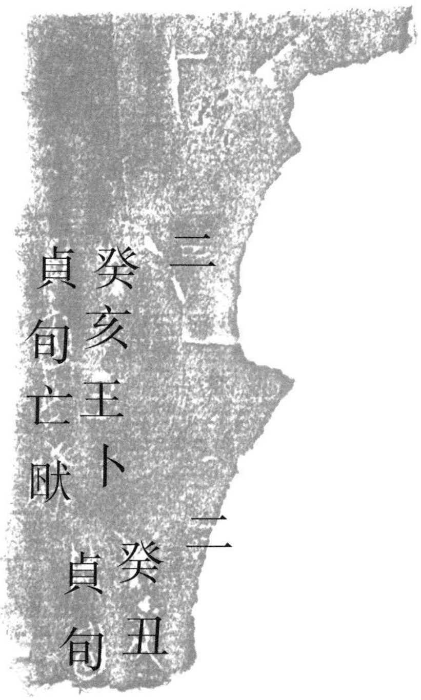

二六〇　癸丑癸亥等日王卜貞旬亡𡆥事

本骨正面存辭二條。反面無字。

（一）癸丑☐貞：旬☐　二

（二）癸亥王卜，貞：旬亡𡆥〔一〕。　二

【簡釋】

〔一〕「𡆥」或比定作「禍」「咎」「憂」等字。

【備注】

組類：黃組

材質：牛肩胛骨

著録：《國考》三・四・二、《北珍》一三一七（全）

來源：馬衡捐贈北大

原拓號：四・四・二

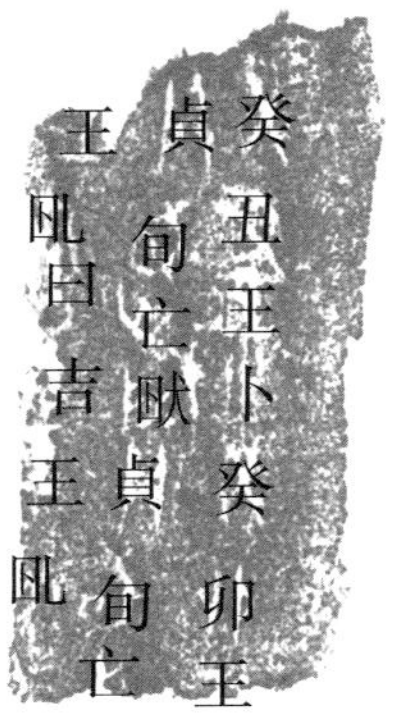

二六一　癸卯癸丑等日王卜貞旬亡猷事

本骨正面存辭二條。反面無字。

（一）癸卯［王］☐貞：旬［亡］☐王𠧟（占）☐

（二）癸丑王卜，貞：旬亡猷[一]。王𠧟（占）曰：吉。[二]

【簡釋】

［一］「猷」或比定作「禍」「咎」「憂」等字。

［二］本骨可綴《合》三九四〇四、《合》三九三四一，詳見白玉崢、林宏明綴，《契合集》第三三〇例。

【備注】

組類：黄組

材質：牛肩胛骨

著録：《國考》三·四·三、《北珍》一三九三

來源：馬衡捐贈北大

原拓號：四·四·三

二六二　癸巳癸卯等日王卜貞旬亡畎事

本骨正面存辭三條。反面無字。

（一）癸巳王☒貞：［旬］☒　二

（二）癸卯王卜，貞：旬亡畎〔一〕。　二

（三）☒王卜☒旬亡畎。

【簡釋】

〔一〕「畎」或比定作「禍」「咎」「憂」等字。下同。

【備注】

組類：黄組

材質：牛肩胛骨

著録：《續》六·二·八（不全）、《合》三九一一〇、《國考》三·四·四、《北珍》一三二八

來源：馬衡捐贈北大

原拓號：四·四·四

二六三　僞刻龜腹甲

本甲正面存辭四行。反面無字。僞刻不録。〔一〕

【簡釋】

〔一〕詳見蔡哲茂《〈北京大學珍藏甲骨文字〉辨僞舉例》第一七號。

【備注】

組類：僞刻

材質：龜腹甲

著録：《國考》三・五・一、《北珍》九六〇

來源：馬衡捐贈北大

原拓號：四・五・一

二六四　十三月戊辰貞翌庚禦羌于某等事

本甲正面存辭二條，有界劃綫。反面無字。

（一）⧄□⧄羌⧄十三月〔一〕。

（二）戊辰⧄貞：翌［庚］⧄用子⧄卯（禦）⧄羌于⧄十三月。　二〔二〕

【簡釋】

〔一〕「十三月」爲合文。下同。

〔二〕本甲可綴《合》一四七九一，綴合後釋文可補爲「戊辰卜，穷貞：翌庚午用子媚卯（禦）十五羌于⧄十三月」。詳見李愛輝綴，《拼五》第一一四〇則。

【備注】

組類：賓出

材質：龜腹甲

著録：《合》六六一二、《國考》三・五・二、《北珍》二〇八

來源：馬衡捐贈北大

原拓號：四・五・二

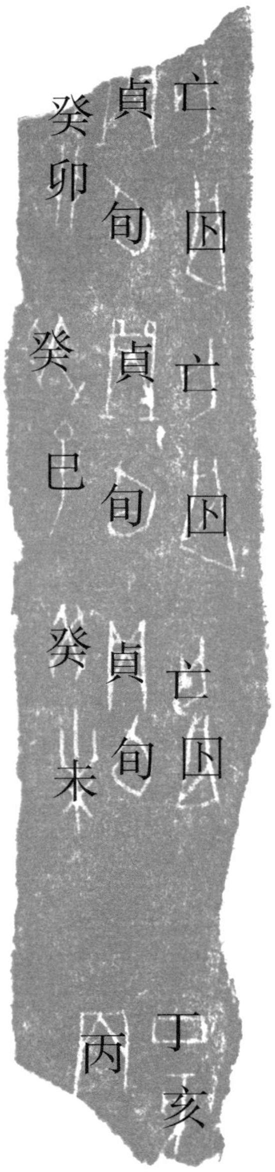

二六五　癸未癸巳癸卯等日貞旬亡囚事

本骨正面存辭四條。反面無字。

（一）丙☐丁亥☐

（二）癸未貞：旬亡囚[一]。

（三）癸巳貞：旬亡囚。

（四）[癸]卯[貞]：旬亡囚。

【簡釋】

[一]「囚」或比定作「禍」「咎」「憂」等字。下同。

【備注】

組類：歷組

材質：牛肩胛骨

著録：《續》四・四〇・四(不全)、《合》三四八六八、《國考》三・五・三、《北珍》一二四七

來源：馬衡捐贈北大

原拓號：四・五・三

二六六　癸卯癸亥等日卜貞王旬亡𡆥事

本甲正面存辭二條。反面無字。

（一）癸亥☐貞：王☐亡☐

（二）☐卯卜，貞☐旬☐𡆥[一]。

【簡釋】

[一]「𡆥」或比定作「禍」「咎」「憂」等字。

【備注】

組類：黄組

材質：龜腹甲

著録：《國考》三・六・一

來源：馬衡捐贈北大

原拓號：四・六・一

二六七　某日王卜亡畎事

本骨正面存辭一條。反面無字。

（一）〼王卜〼亡畎〔一〕。

【簡釋】

〔一〕「畎」或比定作「禍」「咎」「憂」等字。

又，本骨可綴《合》三九〇〇五，綴合後釋文可補爲「癸酉王卜，貞：旬亡畎」。詳見林宏明綴，《契合集》第一六二例。

【備注】

組類：黃組

材質：牛肩胛骨

著録：《國考》三・六・二、《北珍》一三七一

來源：馬衡捐贈北大

原拓號：四・六・二

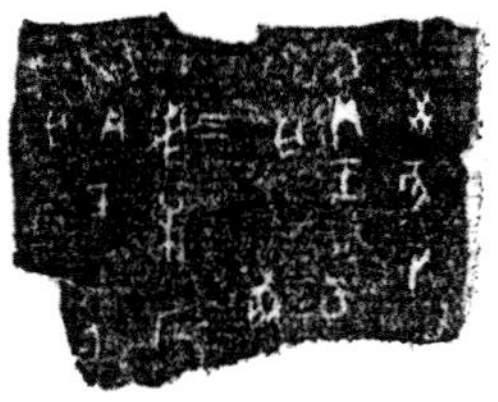

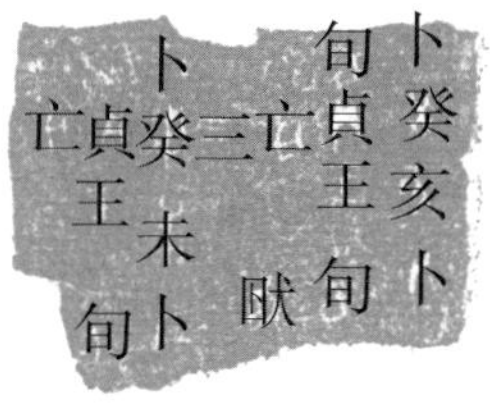

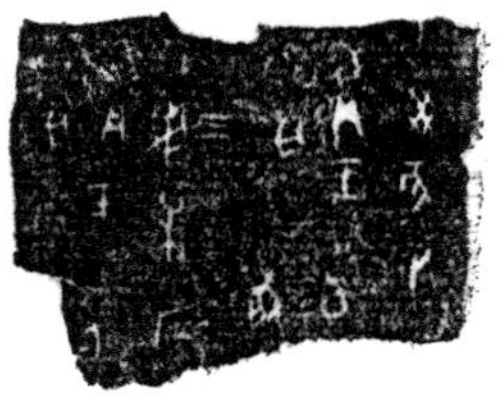

二六八　癸亥癸未等日卜貞王旬亡猒事

本骨正面存辭四條。反面無字。

（一）癸亥卜，貞：王旬亡猒〔一〕。　三

（二）癸未卜，貞：王旬亡☐

（三）☐［卜］☐旬☐

（四）☐卜☐

【簡釋】

〔一〕「猒」或比定作「禍」「咎」「憂」等字。

【備注】

組類：黄組

材質：牛肩胛骨

著録：《國考》三・六・三

來源：馬衡捐贈北大

原拓號：四・六・三

二六九　丁丑卜貞王今夕亡畎事

本甲正面存辭一條。反面無字。

（一）丁丑卜，貞：王今夕亡畎〔一〕。

【簡釋】

〔一〕「畎」或比定作「禍」「咎」「憂」等字。

【備注】

組類：黄組

材質：龜背甲

著録：《南師》二・二五七、《合》四一九〇三、《國考》三・六・四、《北珍》一二七〇

來源：馬衡捐贈北大

原拓號：四・六・四

二七〇　癸卯等日卜貞王旬亡畎事

本甲正面存辭二條。反面無字。

（一）☐［卯］卜☐王旬☐畎〔一〕。

（二）☐卜，才（在）☐貞：王☐亡畎。

【簡釋】

〔一〕「畎」或比定作「禍」「咎」「憂」等字。下同。

【備注】

組類：黄組

材質：龜腹甲

著録：《國考》三・七・一、《北珍》一三六三

來源：馬衡捐贈北大

原拓號：四・七・一

二七一　丁卯己巳等日卜貞王今夕亡𡆥事

本甲正面存辭二條。反面無字。

（一）丁卯卜，貞：王今夕亡𡆥〔一〕。

（二）己［巳］☐貞王☐亡☐

【簡釋】

〔一〕「𡆥」或比定作「禍」「咎」「憂」等字。

【備注】

組類：黄組

材質：龜腹甲

著録：《國考》三·七·二；《北珍》一二六四（全）

來源：馬衡捐贈北大

原拓號：四·七·二

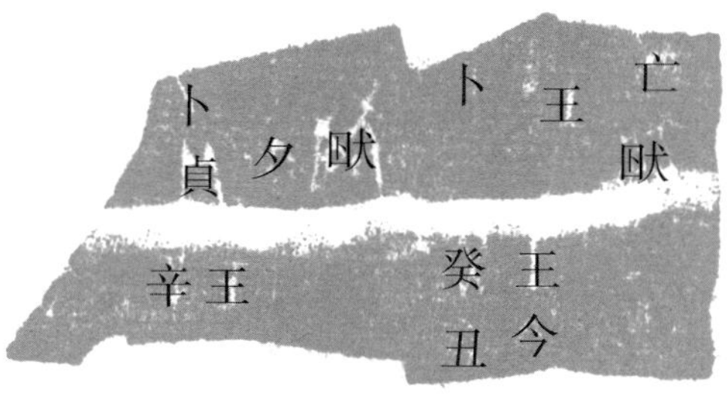

二七二　癸丑等日卜貞王今夕亡畎事

本甲正面存辭四條。反面無字。

（一）辛☐王☐

（二）癸［丑］☐王今☐

（三）☐卜貞☐夕☐畎[一]。

（四）☐卜☐王☐亡畎。

【簡釋】

［一］「畎」或比定作「禍」「咎」「憂」等字。下同。

【備注】

組類：黄組

材質：龜腹甲

著録：《國考》三・七・三、《北珍》一二八三

來源：馬衡捐贈北大

原拓號：四・七・三

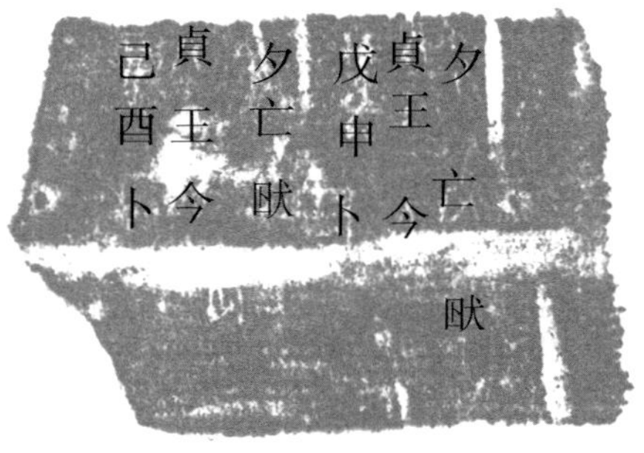

二七三　戊申己酉等日卜貞王今夕亡畎事

本甲正面存辭二條。反面無字。

（一）戊申卜，貞：王今夕亡畎。

（二）己酉卜，貞：王今夕亡畎[一]。

【簡釋】

[一]「畎」或比定作「禍」「咎」「憂」等字。下同。

【備注】

組類：黄組

材質：龜背甲

著録：《國考》三・七・四、《北珍》一二七九

來源：馬衡捐贈北大

原拓號：四・七・四

二七四　癸巳癸酉等日卜永貞王旬亡吠事

本甲正面存辭四條。反面無字。

（一）　一

（二）　癸［巳］〼永〼王〼吠〔一〕。

（三）　〼［𦍒（羌）］甲。〔二〕

（四）　［癸］酉卜，永〼王旬〼才（在）九〼

【簡釋】

〔一〕「吠」或比定作「禍」「咎」「憂」等字。

〔二〕本甲可綴《宫國學》二五一，即《北珍》一三六七，綴合後釋文可補爲「癸丑卜，永貞：王旬亡吠。才（在）八月。甲寅翌𦍒（羌）甲」。可續綴《通纂》七九三等，詳見董作賓、殷德昭、白光琦、王恩田綴，《周祭卜甲復原第七、八、九組》第八組。

【備注】

組類：黄組

材質：龜腹甲

著録：《續》六・一・八（不全）、《合》三七八六七右上、《國考》三・八・一、《合補》一一四六九右上、《北珍》一三六七右半

來源：馬衡捐贈北大

原拓號：四・八・一

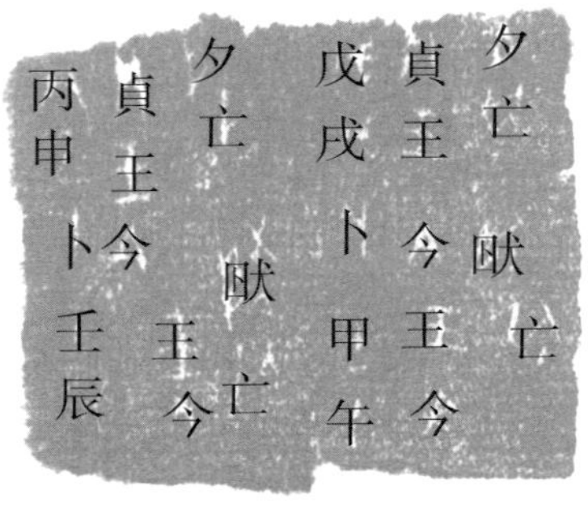

二七五　壬辰甲午丙申戊戌等日卜貞王今夕亡畎事

本甲正面存辭四條。反面無字。

（一）壬辰囗王今囗亡囗

（二）甲午囗王今囗亡囗

（三）丙申卜，貞：王今夕亡畎〔一〕。

（四）戊戌卜，貞：王今夕亡畎。

【簡釋】

〔一〕「畎」或比定作「禍」「咎」「憂」等字。下同。

【備注】

組類：黄組

材質：龜腹甲

著録：《考摃》四〇七、《國考》三・八・二、《合》三八八五六、《北珍》一二五五

來源：馬衡捐贈北大

原拓號：四・八・二

二七六　四月某日卜◇貞旬亡畎等事

本甲正面存辭二條。反面無字。

（一）☐卜，◇貞☐亡畎〔一〕。才（在）三（四）月。

（二）☐未卜☐旬☐畎。

【簡釋】

〔一〕「畎」或比定作「禍」「咎」「憂」等字。下同。

【備注】

組類：黄組

材質：龜腹甲

著録：《合》三七九〇二、《國考》三·八·三、《北珍》一三六二

來源：馬衡捐贈北大

原拓號：四·八·三

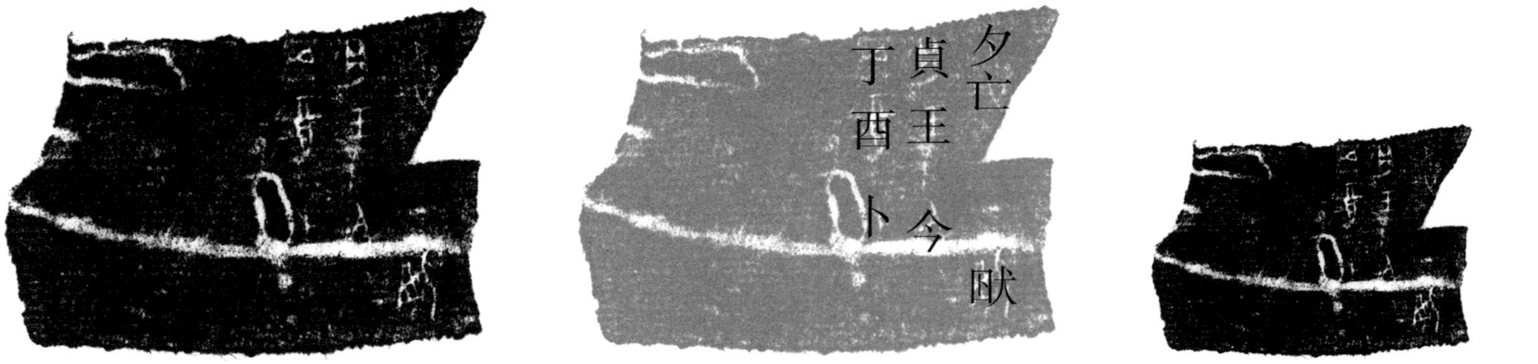

二七七　丁酉卜貞王今夕亡畎事

本甲正面存辭一條。反面無字。

（一）　丁酉卜，貞：王今夕亡畎〔一〕。

【簡釋】

〔一〕「畎」或比定作「禍」「咎」「憂」等字。

【備注】

組類：黄組

材質：龜背甲

著録：《南師》二・二五八、《合》四一九〇七、《國考》三・八・四、《北珍》一二七六

來源：馬衡捐贈北大

原拓號：四・八・四

二七八　某日貞侑于父事

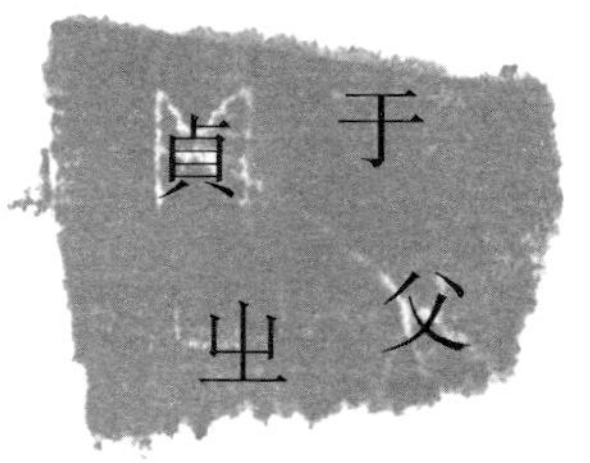

本甲正面存辭一條。反面未録。

（一）貞：㞢（侑）于父☐[一]

【簡釋】

〔一〕本甲可綴《宮國學》四〇八，綴後即《合》一七九九七、《北珍》一六三。

【備注】

組類：賓組

材質：龜腹甲

著録：《合》一七九九七正下半、《國考》三・九・一、《北珍》一六三下半

來源：馬衡捐贈北大

原拓號：四・九・一

二七九　某日問其振等事

本骨正面存辭二條。反面無字。

（一）辛□⊘貞：□⊘

（二）其㞕（振）。

【備注】

組類：黄組

材質：牛肩胛骨

著録：《南師》二・二五一、《合》三六四四九（不全）、《國考》三・九・二、《北珍》二八九六（不全）

來源：馬衡捐贈北大

原拓號：四・九・二

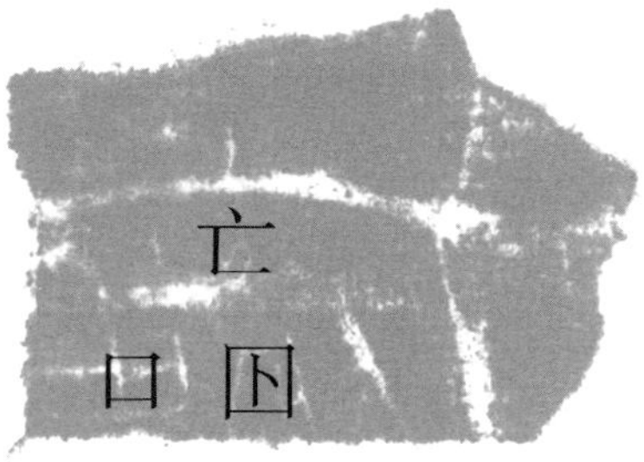

二八〇　某日問亡囚事

本甲正面存辭一條。反面無字。

（一）⧄口⧄亡囚〔一〕。

【簡釋】

〔一〕「囚」或比定作「禍」「咎」「憂」等字。

【備注】

組類：賓組

材質：龜背甲

著録：《國考》三·九·三

來源：馬衡捐贈北大

原拓號：四·九·三

二八一 癸卯癸丑等日貞旬亡囚事

本骨正面存辭二條。反面無字。

（一）癸卯貞：［旬］亡［囚］〔一〕。

（二）☐［丑］☐旬［囚］。

【簡釋】

〔一〕「囚」或比定作「禍」「咎」「憂」等字。下同。

【備注】

組類：歷無

材質：牛肩胛骨

著録：《續》四・三七・九（不全）、《合》三四九八二（不全）、《國考》三・九・四、《北珍》一二四九

來源：馬衡捐贈北大

原拓號：四・九・四

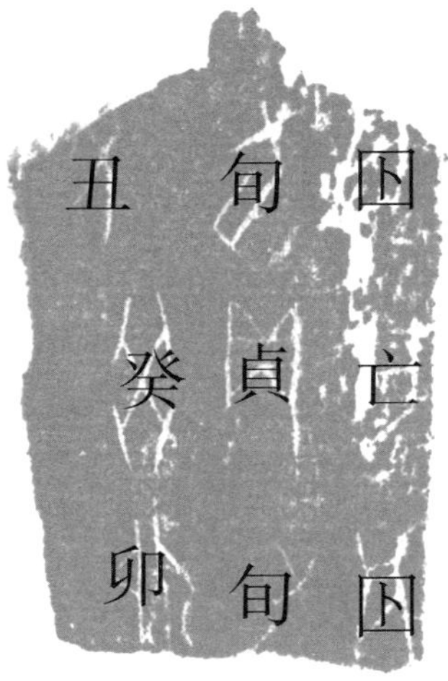

二八二　癸日問旬等事

本甲正面存辭二條。反面無字。

（一）癸☐𡆥☐旬☐

（二）☐［卯］卜☐

【備注】

組類：黃組

材質：龜腹甲

著録：《國考》三・一〇・一

來源：馬衡捐贈北大

原拓號：四・一〇・一

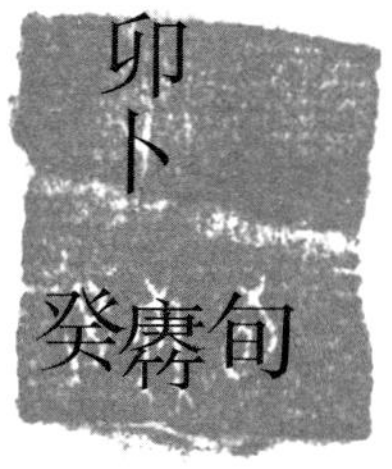

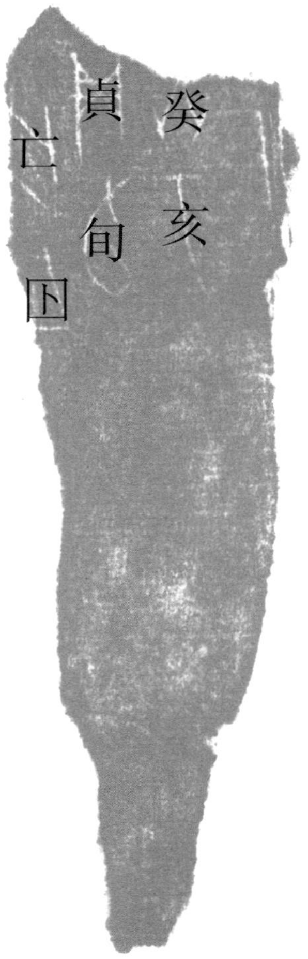

二八三　癸亥貞旬亡囚事

本骨正面存辭一條。反面無字。

（一）［癸］亥貞：旬［亡囚］〔一〕。

【簡釋】

〔一〕「囚」或比定作「禍」「咎」「憂」等字。

【備注】

組類：賓組

材質：牛肩胛骨

著録：《續》四・三七・七（不全）、《國考》三・一〇・二、《北珍》一〇〇六

來源：馬衡捐贈北大

原拓號：四・一〇・二

二八四　某日貞不其延啓事

本甲正面存辭一條。反面無字。

（一）　貞：不其征（延）啓。

【備注】

組類：賓出

材質：龜腹甲

著録：《南師》二・三二、《合》一三一三四、《合》四〇三二四、《國考》三・一〇・三、《北珍》一五八五

來源：馬衡捐贈北大

原拓號：四・一〇・三

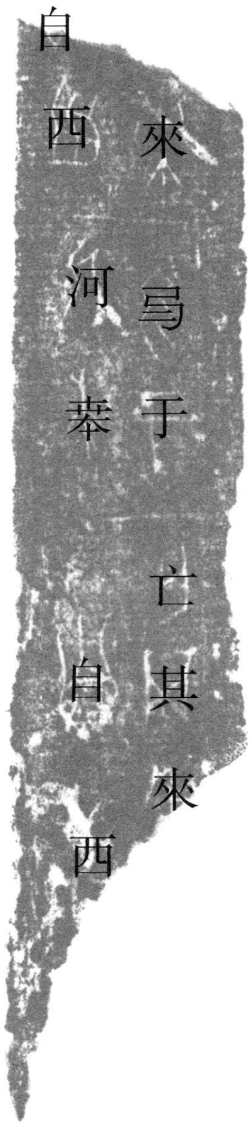

二八五　某日問亡其來自西與勿于河禱等事

本骨正面存辭三條，有界劃綫。反面無字。

（一）亡其［來］自［西］。

（二）弓（勿）于河桒（禱）。

（三）☐來［自］西。

【備注】

組類：賓組

材質：牛肩胛骨

著録：《續》一・三六・四（不全）、《佚》一四五、《合》一四五四八、《國考》三・一〇・四、《北珍》二六九

來源：馬衡捐贈北大

原拓號：四・一〇・四

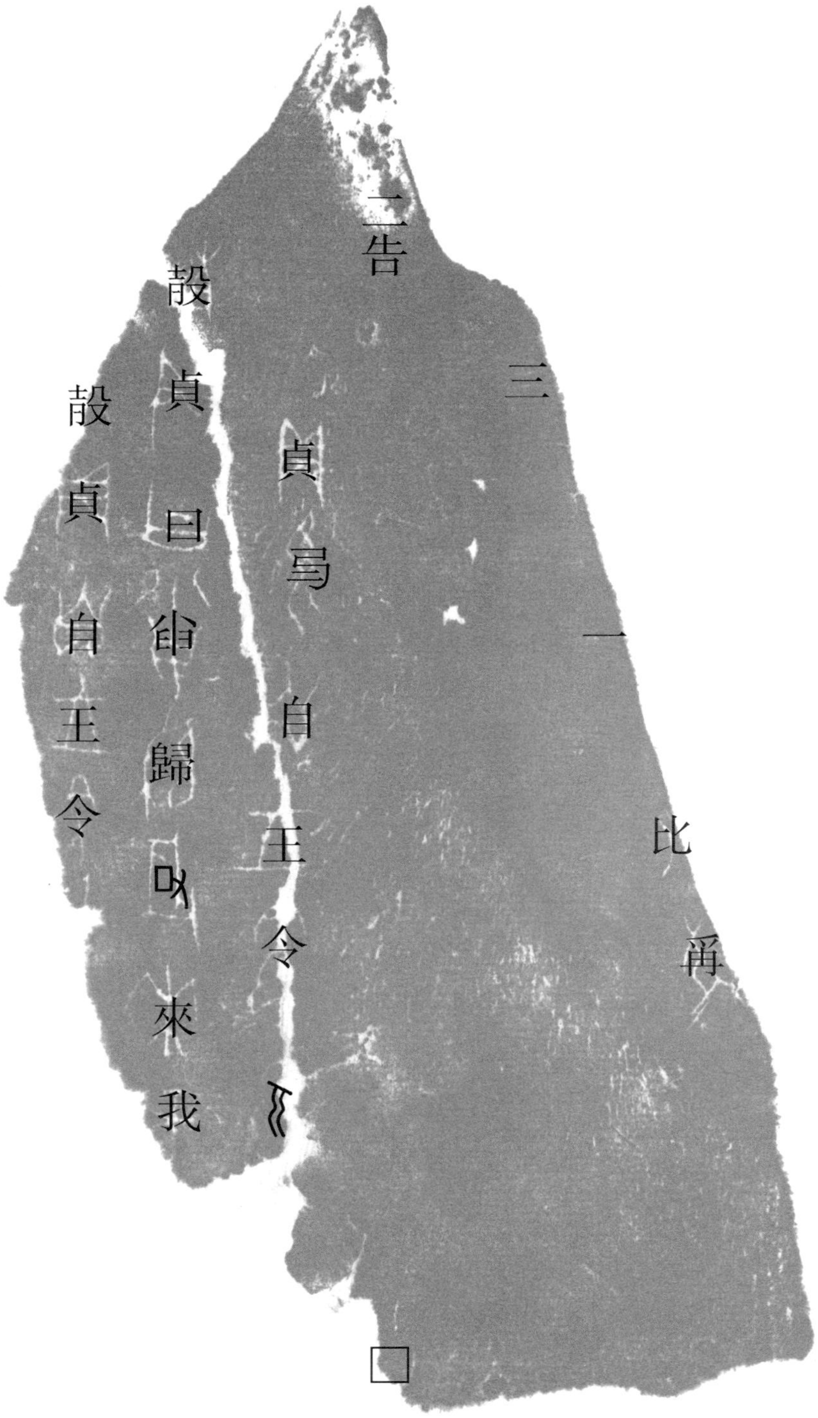

二八六　某日㱿貞自王令某與𠂤歸𠬝等事

本骨正面存辭六條。反面存辭二條，有界劃綫。

〔正面〕

（一）☐〔㱿〕貞：自王令☐

（二）☐㱿貞：曰𠂤歸𠬝來我☐

（三）貞：㝵（勿）自王令≈☐☐☐

（四）☐〔比爯〕☐

（五）一　三

（六）二告

〔反面〕

（一）王固（占）曰：吉。其乎（呼）☐□□□[illegible]□。

（二）☐固（占）曰：㞢（有）求（咎），嬉（艱）☐□亡終𦣞（憂）。

【備注】

組類：賓組

材質：牛肩胛骨

著録：〔正〕《南師》二·八二、《國考》三·一一·一；〔反〕《南師》二·八三、《國考》三·一一·二；〔正反〕《合》四三〇七（全）、《北珍》二〇二〇（全）

來源：馬衡捐贈北大

原拓號：〔正〕四·一一·一、〔反〕四·一一·二

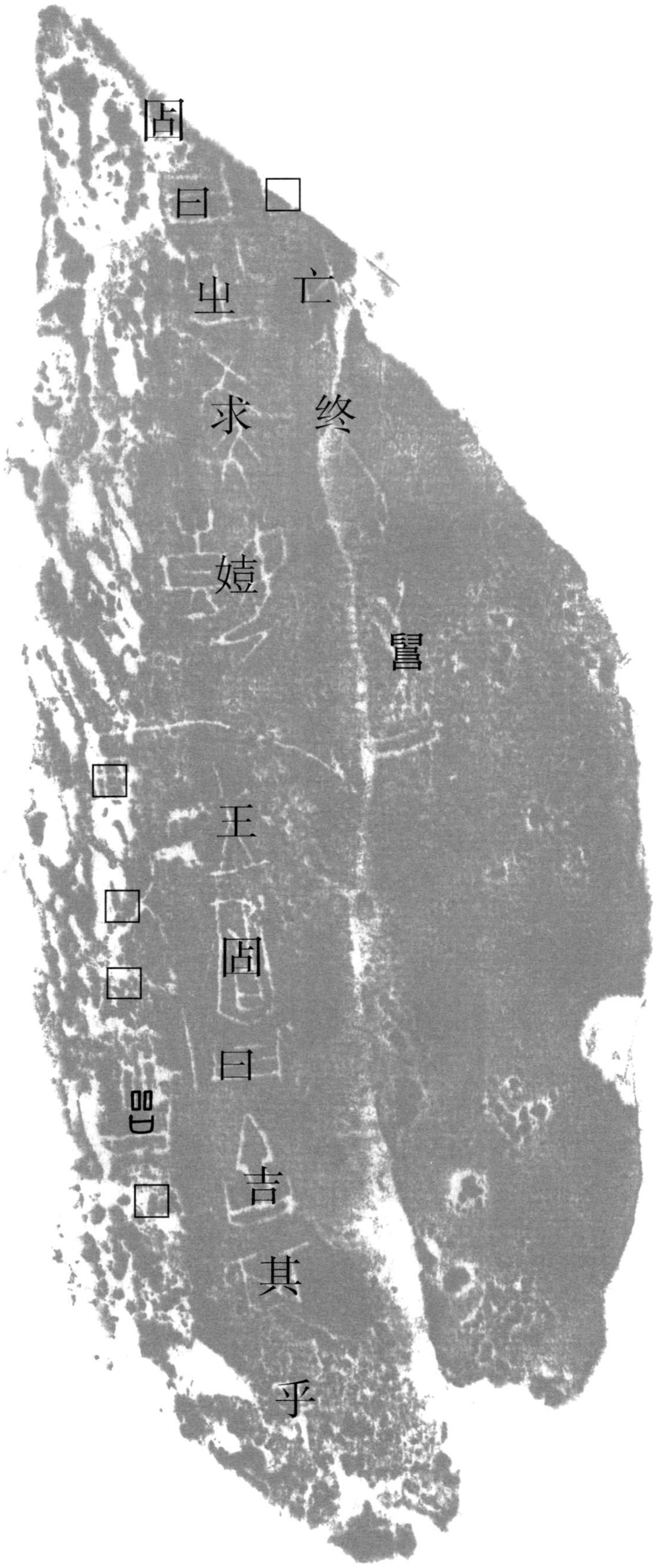

冐
□亡终
固曰㞢求嬉王固曰吉其乎
□□□□

二八七　某日貞甲辰其有至艱等事與辛丑[illegible]甲橋刻辭

本甲正面存辭二條，反面存辭一條。

〔正面〕

（一）貞⧄甲［辰］其㞢（有）至嬉（艱）。

（二）⧄□貞⧄

〔反面〕

（一）辛丑［[illegible]］⧄〔一〕

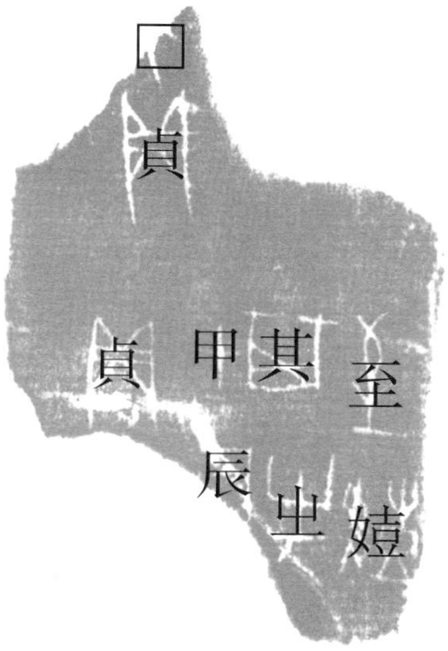

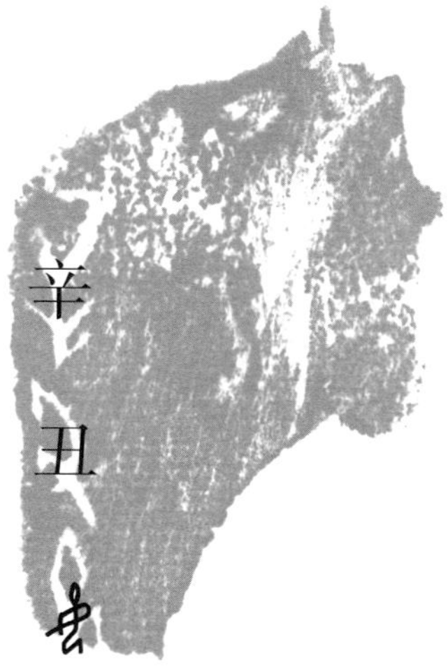

【簡釋】

〔一〕本甲可綴《合》三〇三七，綴合後釋文可補爲「□辰卜，永貞：翌乙巳宜□畫⧄」。詳見何會綴，《拼續》第四四一則。

【備注】

組類：賓組

材質：龜腹甲

著録：〔正〕《續》四・三〇・八、《南師》二・一一、《國考》三・二一・二；〔反〕《南師》二・一二、《續研》四・三〇・八、《國考》三・二一・一；〔正反〕《合》七一八七、《北珍》二〇四九

來源：馬衡捐贈北大

原拓號：〔正〕四・一二・四、〔反〕四・一二・一

二八八　艱二等字殘辭

本甲正面存辭一條。反面無字。

（一）〼嬉(艱)〼　二

【備注】

組類：賓組

材質：龜腹甲

著録：《國考》三・一二・三、《北珍》二四二七

來源：馬衡捐贈北大

原拓號：四・一二・三

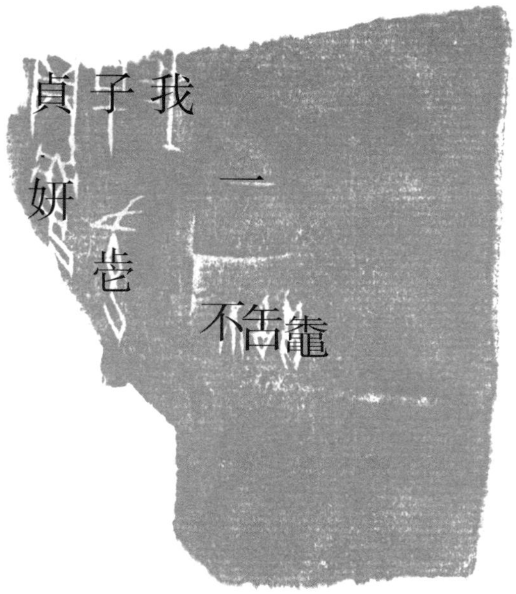

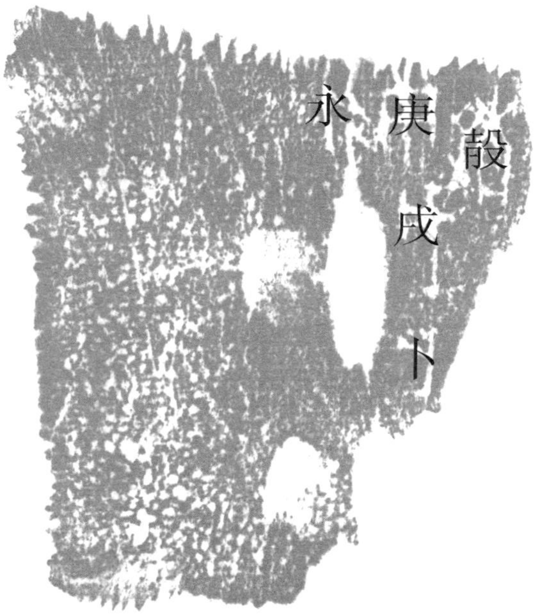

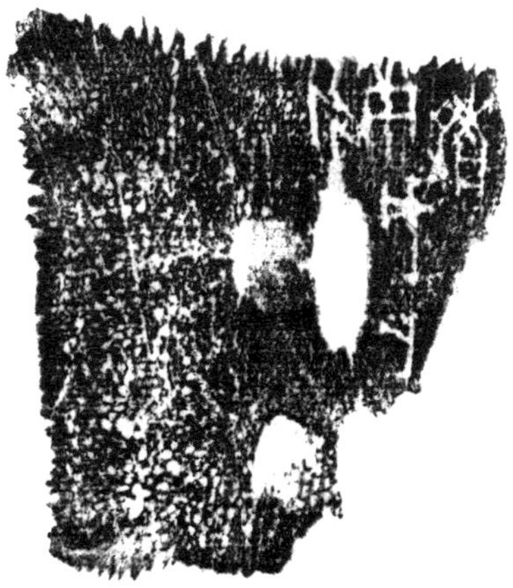

二八九　庚戌卜永貞妍子壱我等事與㱿甲橋刻辭

本甲正面存辭一條。反面存辭二條。

〔正面〕

（一）貞：妍子壱〔一〕我。　一　不𠰻黽

〔反面〕

（一）庚戌卜，永。

（二）☐㱿。

【簡釋】

〔一〕「壱」或比定作「蚩」字，讀作「害」。

【備注】

組類：賓組

材質：龜腹甲

著録：〔正〕《南師》二・一三七、《京》一一六二、《國考》三・一二・四；〔反〕《南師》二・一三八、《國考》三・一二・五；〔正反〕《合》三二七三、《北珍》一〇八五

來源：馬衡捐贈北大

原拓號：〔正〕四・一二・五、〔反〕四・一二・一

二九〇　丑日問婦好與辛日貞等事

本甲正面存辭二條。反面無字。

（一）〼［丑］〼好〼其□〼

（二）辛〼［貞］〼

【備注】

組類：賓組

材質：龜腹甲

著録：《續》四・三〇・七、《考壎》三四八、《合》二六四五、《國考》三・一三・一、《北珍》一一一一

來源：馬衡捐贈北大

原拓號：四・一三・一

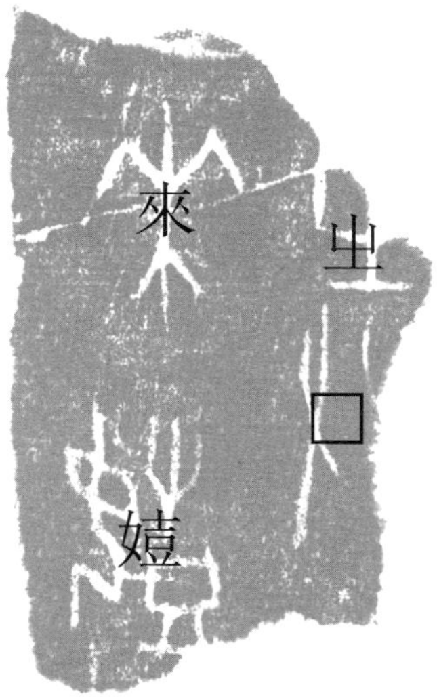

二九一　某日問來艱事

本甲正面存辭一條。反面無字。

（一）　〼[㞢]□〼來嬉(艱)〼

【備注】

組類：賓組

材質：龜腹甲

著録：《續》四・三二・四、《合》七一五五、《國考》三・一三・二、《北珍》二〇四七(不全)

來源：馬衡捐贈北大

原拓號：四・一三・二

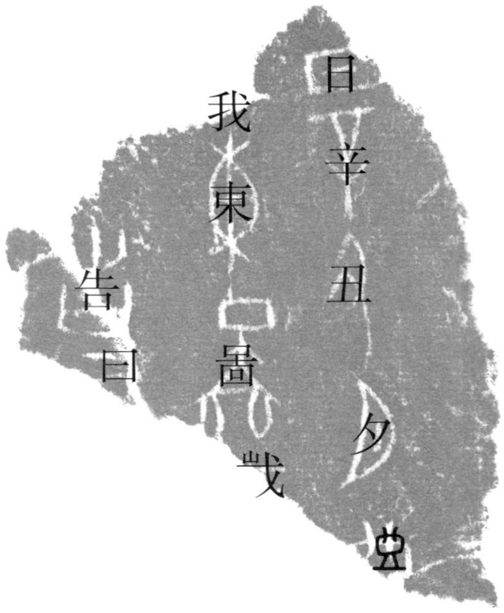

二九一　癸巳卜有來艱戓告曰土方𢀛方侵我東鄙等事

本骨正面存辭二條。反面存辭一條。

〔正面〕

（一）☐〔曰𢀛〕☐

（二）〔癸〕巳〔卜〕☐〔來〕婕（艱），乞（迄）〔至〕☐戓告曰：土☐𢀛方〔亦〕☐

〔反面〕

（一）☐告曰☐〔我〕東啚（鄙），〔𢦏〕〔一〕☐日辛丑夕𡆥〔二〕☐

【簡釋】

〔一〕「𢦏」或比定作「捷」「翦」等字。

〔二〕「𡆥」或比定作「盟」字，訓爲「向」。

【備注】

組類：賓組

材質：牛肩胛骨

著録：〔正〕《續》四·三一·一（不全）、《佚》六〇、《南師》二·八四、《國考》三·一三·三；〔反〕《佚》六一、《南師》二·八五、《國考》三·一三·四；〔正反〕《續研》四·三一·一、《合》六〇六〇（不全）、《北珍》七九一（不全）

來源：馬衡捐贈北大

原拓號：〔正〕四·一三·四、〔反〕四·一三·三

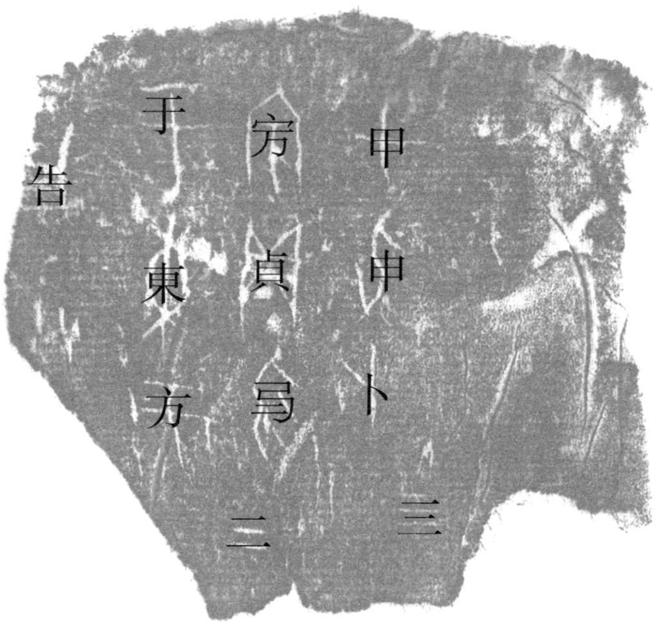

二九三　甲申卜𡧊貞勿于東方告事

本骨正面存辭一條。反面無字。

（一）甲申卜，𡧊貞：𢎪（勿）于東方〔一〕告。　二　三

【簡釋】

〔一〕「方」字缺刻筆劃。

【備注】

組類：賓組

材質：牛肩胛骨

著録：《南師》二·五六、《合》八七三八、《國考》三·一四·一、《北珍》一一三六

來源：馬衡捐贈北大

原拓號：四·一四·一

二九四　甲午乙未等日卜㝑貞王叀婦好令征尸方事

本骨正面存辭二條，有界劃綫。反面無字。

（一）甲[一]午卜卜[二]，㝑[貞]：王叀帚(婦)[好]令正(征)尸。一

（二）乙未卜，㝑貞：王叀帚(婦)[好]☐☐☐　一[三]

【簡釋】

[一]「甲」字缺刻横畫。

[二]「卜」爲衍文。

[三]本骨可綴《合》六四六五，即《合補》三三三二。綴合後釋文可補爲「甲午卜卜，㝑[貞]：王叀帚(婦)[好]令正(征)尸。一／今☐(早)王弓(勿)旌尸。一」。詳見白玉峥綴，《綴集》第二九組。

【備注】

組類：賓組

材質：牛肩胛骨

著録：《續》四・三〇・一、《佚》五二七、《合》六四五九、《國考》三・一四・二、《合補》三三三二上部、《北珍》八一七

來源：馬衡捐贈北大

原拓號：四・一四・二

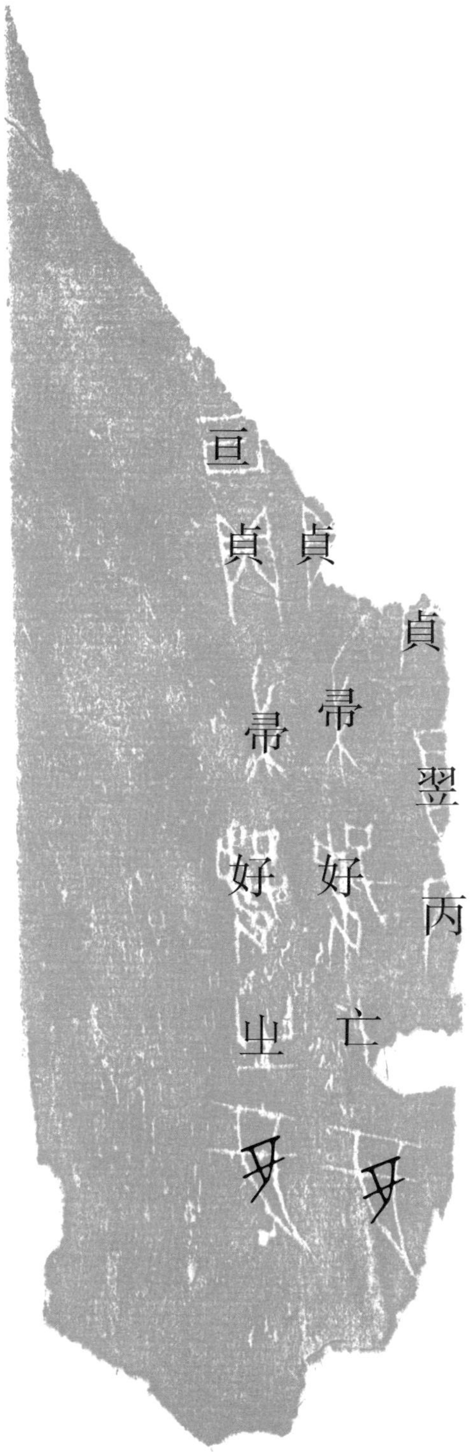

二九五　某日亘貞婦好有𡆥等事

本骨正面存辭三條。反面存辭一條。

〔正面〕

（一）☐亘貞：帚（婦）好㞢（有）𡆥。

（二）☐貞：帚（婦）好亡𡆥。

（三）☐貞：［翌丙］☐

〔反面〕

（一）王固（占）曰：㞢（有）𡆥，吉。

【備注】

組類：賓組

材質：牛肩胛骨

著録：〔正〕《續》四・三〇・五（不全）、《南師》二・一四一、《國考》三・一五・一；〔反〕《南師》二・一四二、《續研》四・三〇・五《國考》三・一五・二；〔正反〕《合》二六五九（全）、《北珍》一一一〇（全）

來源：馬衡捐贈北大

原拓號：〔正〕四・一五・一、〔反〕四・一五・二

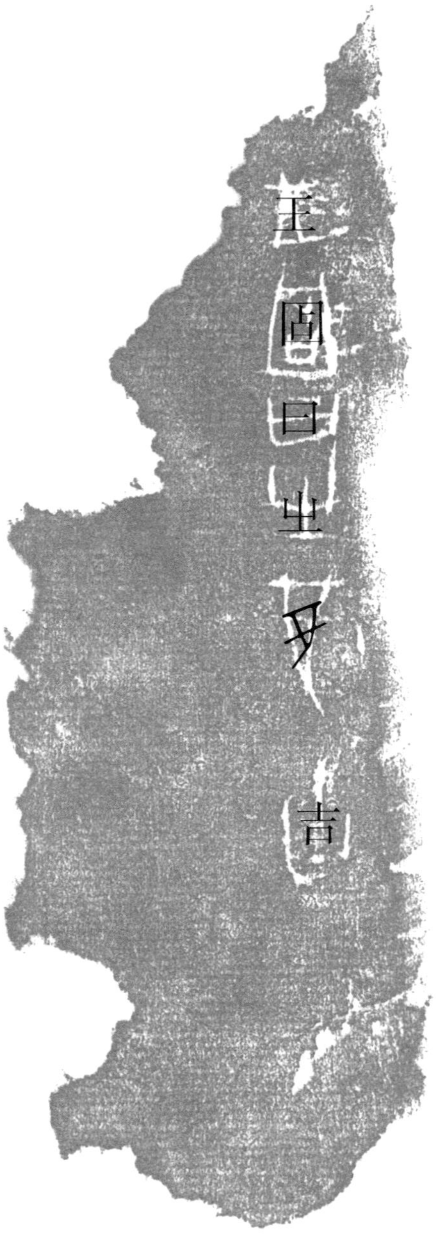
王
𡆥
曰
㞢
歹
吉

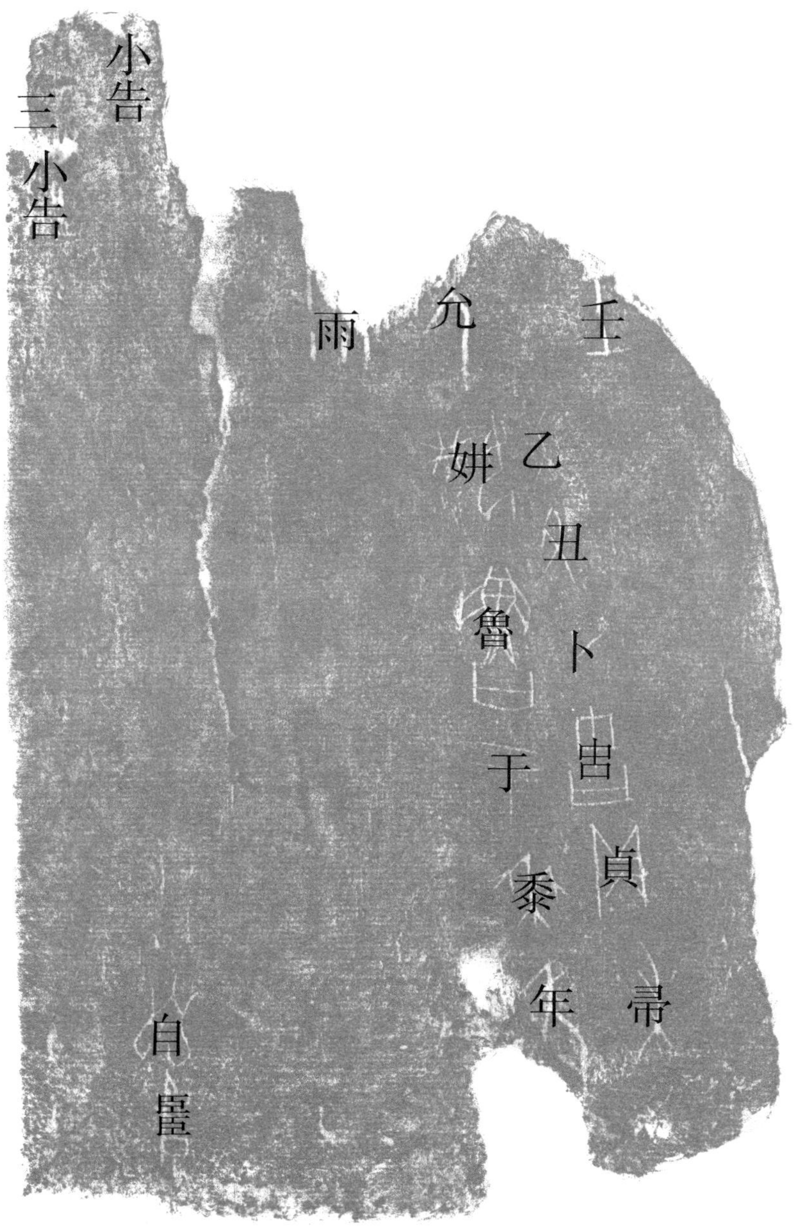

二九六　乙丑卜古貞婦姘魯于黍年等事與自𠤳骨面刻辭

本骨正面存辭五條。反面即《宮國學》三八九。

（一）☐壬☐允☐雨。

（二）乙丑卜，𠁥（古）貞：帚（婦）姘魯于黍年。

（三）小告

（四）三　小告

（五）自𠤳。

【備注】

組類：賓組

材質：牛肩胛骨

著録：《續》四・二五・二（不全）、《佚》五三一（全）、《南師》二・二七（不全）、《合》一〇一三二正（全）、《國考》三・一六・一、《北珍》一五正（全）

來源：馬衡捐贈北大

原拓號：四・一六・一

二九七　某日問黍萑等事

本骨正面存辭二條，有界劃綫。反面無字。

（一）［黍］萑⍁

（二）⍁□⍁□不⍁□，斷（所）⍁

【備注】

組類：賓組

材質：牛肩胛骨

著録：《合》九六〇一、《國考》三・一七・一、《北珍》四

來源：馬衡捐贈北大

原拓號：四・一七・一

二九八　某日貞勿令婦姘黍年事

本甲正面存辭一條。反面無字。

（一）［貞］：弜（勿）令［帚（婦）］姘［黍］☐其☐☐　一

【備注】

組類：賓組

材質：龜腹甲

著録：《續》四・二七・六、《合》九五三二、《國考》三・一七・二、《北珍》一三（不全）

來源：馬衡捐贈北大

原拓號：四・一七・二

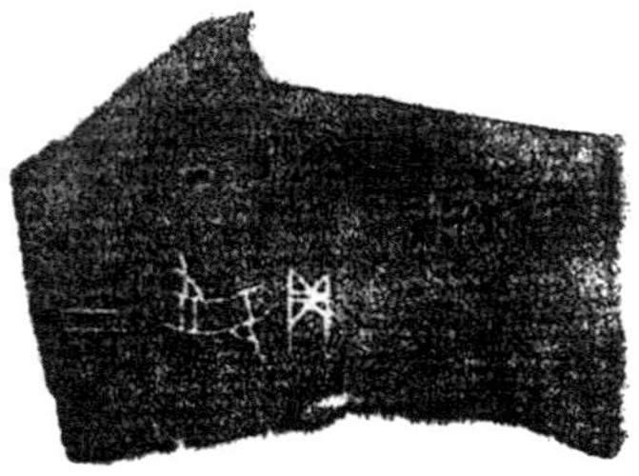

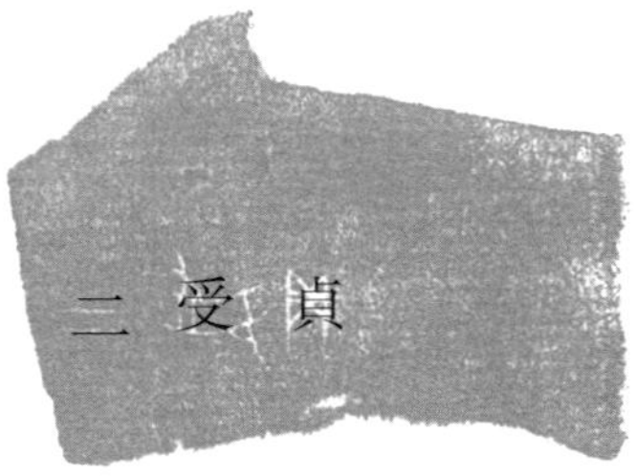

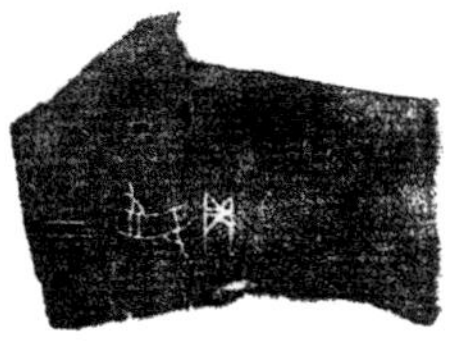

二九九　某日貞受事

本甲正面存辭一條。反面無字。

（一）　貞□受□　二

【備注】

組類：賓組

材質：龜腹甲

著録：《國考》三・一七・三、《北珍》二六九五

來源：馬衡捐贈北大

原拓號：四・一七・三

三〇〇　某日問禱年于昌等事

本骨正面存辭二條。反面無字。

（一）桒（禱）年于昌。

（二）□受［黍］。〔一〕

【簡釋】

〔一〕本骨可綴《合》七四五七，綴合後釋文可補爲「☐受黍」。詳見林宏明綴，《甲骨新綴第八七三至八七六則》第八七五則。

【備注】

組類：賓組

材質：牛肩胛骨

著録：《續》一・五〇・四（不全）、《合》一〇一〇二（全）、《國考》三・一七・四、《北珍》二九（全）

來源：馬衡捐贈北大

原拓號：四・一七・四

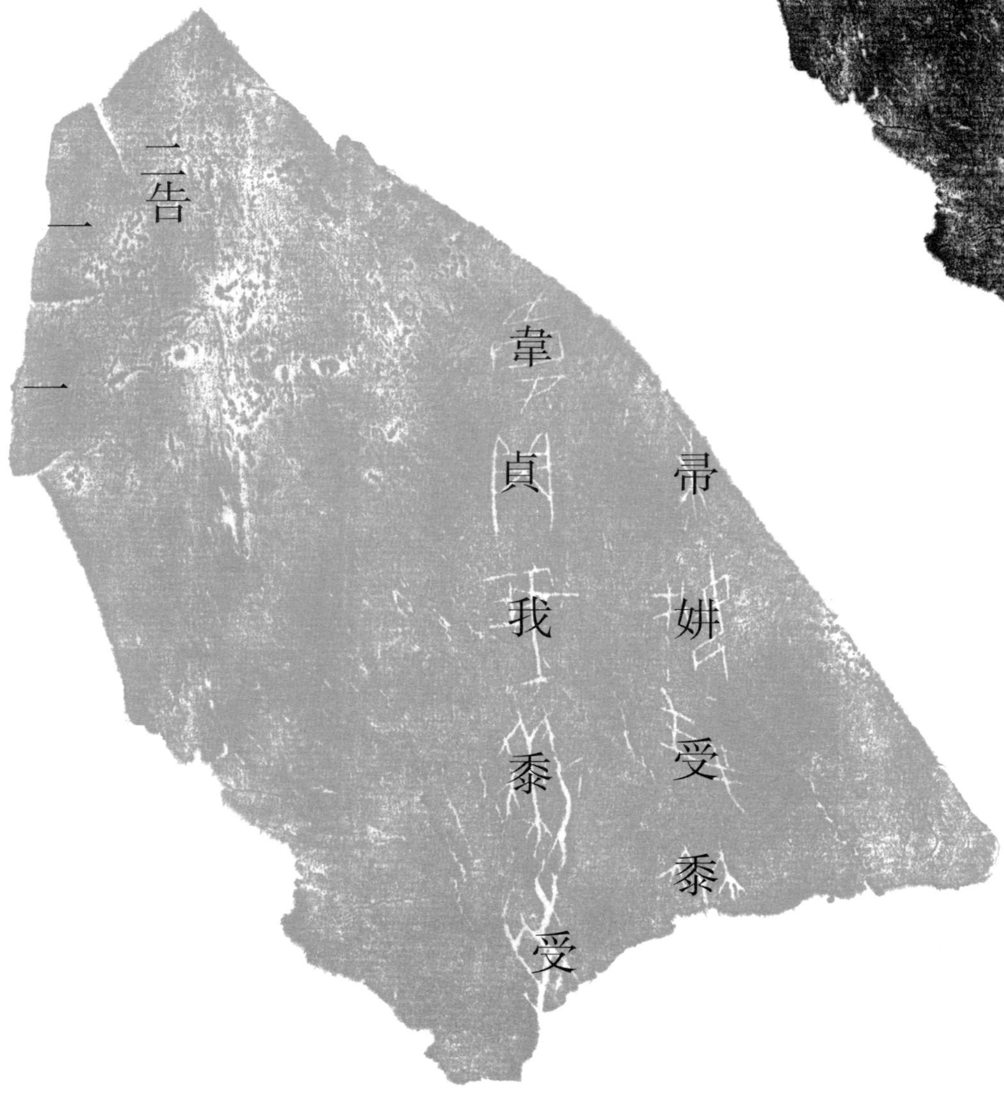

三〇一 某日問婦姘受黍年與韋貞我黍受年等事

本骨正面存辭五條。反面無字。

（一）☒[帚(婦)]姘受[黍]☒

（二）☒[韋]貞：我黍[受]☒[一]

（三）二告

（四）一

（五）一

【簡釋】

[一]本骨可綴《合》一〇一四三，綴合後釋文可補爲「乎(呼)帚(婦)姘黍。二告」。詳見林宏明綴，《契合集》第三二例。

【備注】

組類：賓組

材質：牛肩胛骨

著録：《續》四・二七・三(不全)、《合》九九六七、《國考》三・一八・一、《北珍》六

來源：馬衡捐贈北大

原拓號：四・一八・一

三〇二　某日貞婦姘黍受年與呼田于牛等事

本骨正面存辭四條，有界劃綫。反面無字。

（一）［乎（呼）］〼［于］〼

（二）貞：帚（婦）姘黍受年。

（三）［乎（呼）］田于牛。

（四）〼□〼〔一〕

【簡釋】

〔一〕本骨可綴《合》五九七七，綴合後釋文可補爲「乎（呼）田于牛」。詳見劉影綴，《拼集》第一一五則。

【備注】

組類：賓組

材質：牛肩胛骨

著録：《續》四・二五・三、《合》九九七四、《國考》三・一八・二、《北珍》一四

來源：馬衡捐贈北大

原拓號：四・一八・二

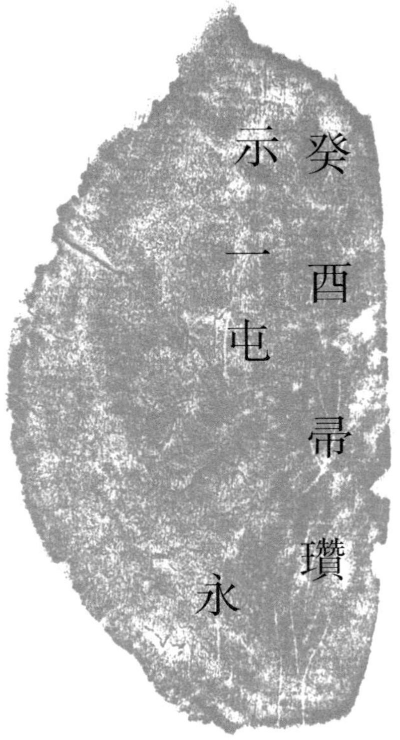

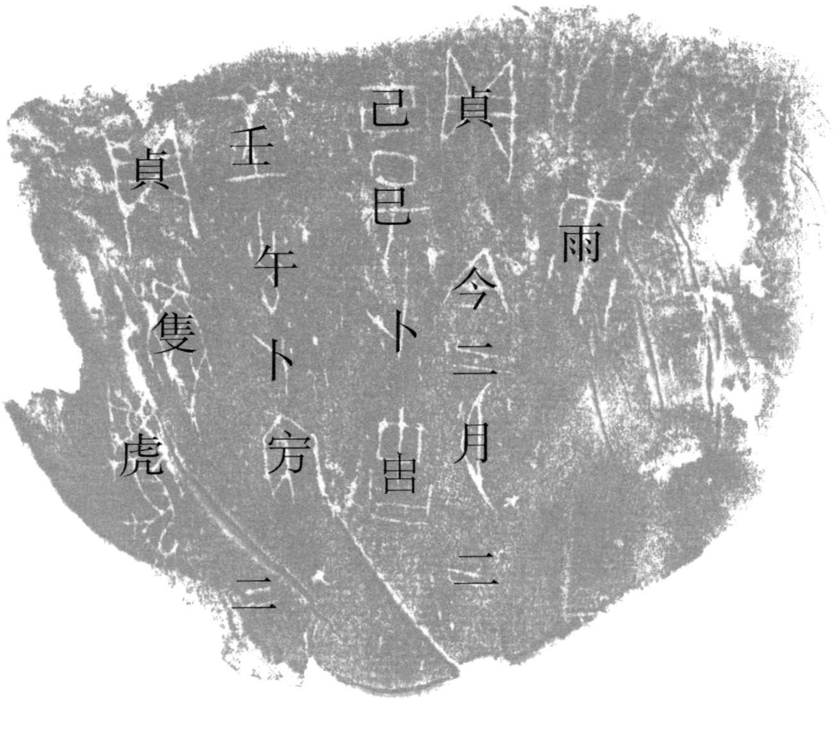

三〇三　壬午卜穷貞獲虎等事與癸酉婦瓚示一屯骨臼刻辭

本骨正面存辭二條。反面無字。臼面存辭一條。

〔正面〕

（一）己巳卜，𠧴(古)貞：今二月雨。二

（二）壬午卜，穷貞：隻(獲)虎☐　二

〔臼面〕

（一）癸酉帚(婦)瓚示一屯。永。

【備注】

組類：賓組

材質：牛肩胛骨

著録：〔正〕《南師》二·一六、《續》四·七·二(不全)、《國考》三·一九·一；〔臼〕《南師》二·一五、《續研》四·七·二、《國考》三·一九·二；〔正臼〕《合》一〇一九九、《北珍》五四

來源：馬衡捐贈北大

原拓號：〔正〕四·一九·二、〔臼〕四·一九·一

三〇四　三月丙子卜喜貞翌丁丑雨等事

本甲正面存辭二條。反面無字。

（一）丙子［卜］，喜貞：翌丁［丑］雨。三月。　一

（二）貞☒

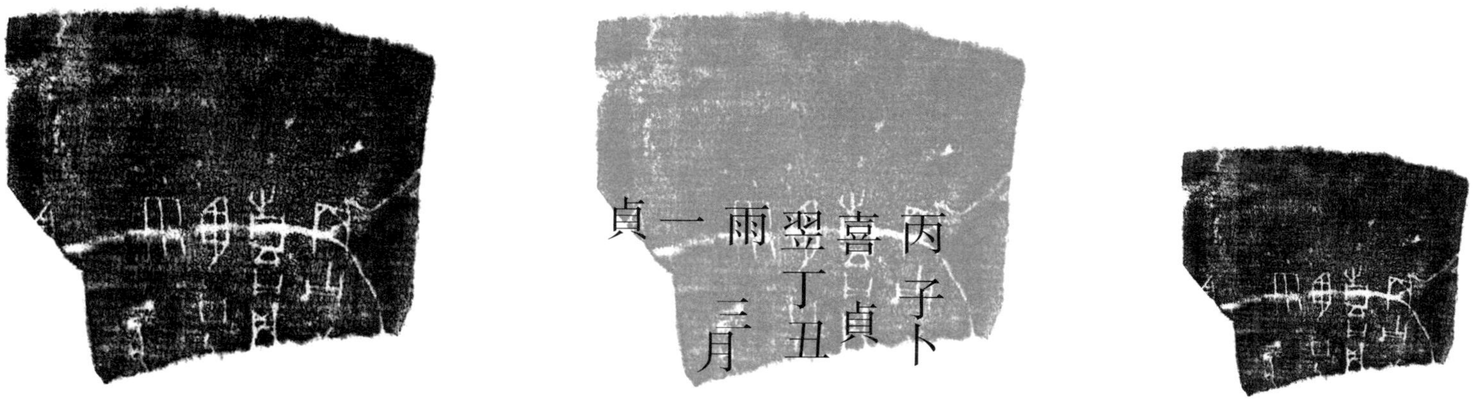

【備注】

組類：出組

材質：龜背甲

著録：《續》四・一二・二（不全）、《合》二四七六五、《國考》三・一九・三、《北珍》一五九五

來源：馬衡捐贈北大

原拓號：四・一九・三

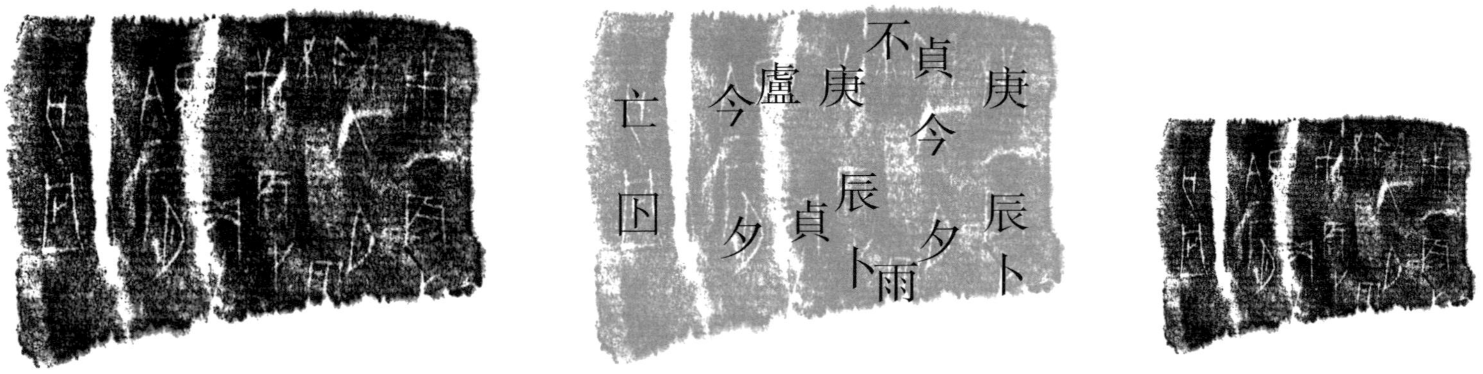

三〇五　庚辰卜貞今夕不雨與盧貞今夕亡囚等事

本甲正面存辭二條。反面無字。

（一）庚辰[卜]，貞：今夕不[雨]。

（二）庚辰卜，盧貞：今夕亡囚〔一〕。

【簡釋】

〔一〕「囚」或比定作「禍」「咎」「憂」等字。又，本甲可綴《合》一六五六五，綴合後釋文可補爲「庚辰卜，貞：今夕不雨」。詳見宋雅萍綴，《背甲新綴五十六則》。

【備注】

組類：賓出

材質：龜背甲

著録：《南師》二·一七四、《合》三九二一八、《國考》三·一九·四、《北珍》一四三七

來源：馬衡捐贈北大

原拓號：四·一九·四

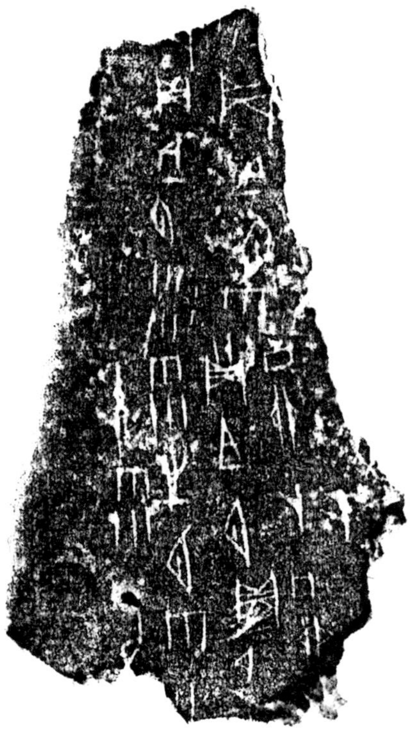

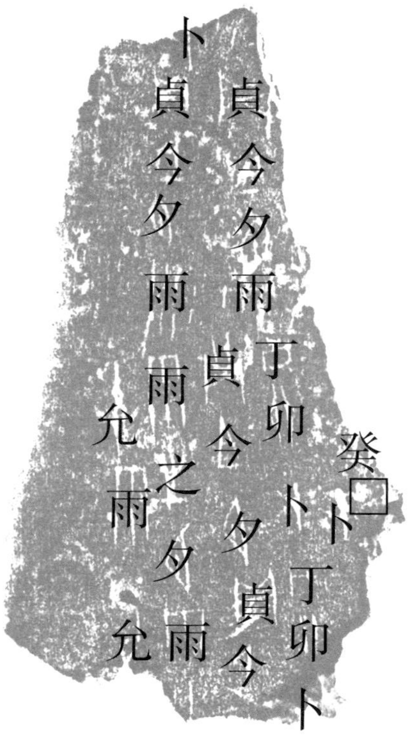

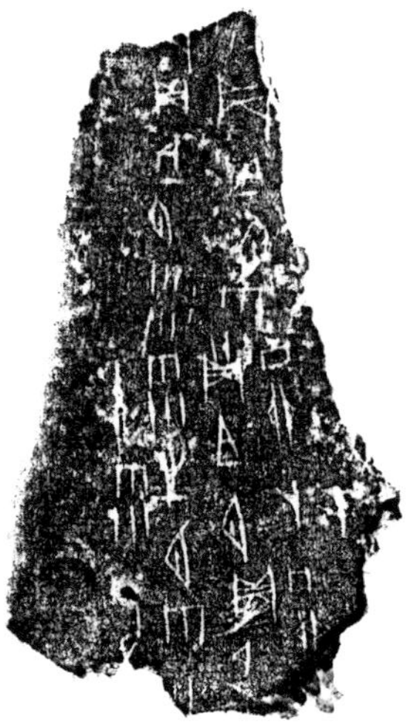

三〇六　丁卯卜貞今夕雨之夕允雨等事

本骨正面存辭五條。反面無字。

（一）丁卯［卜］，貞：今〼雨。［允］〼

（二）丁卯卜，貞：今夕雨。之夕允雨。

（三）〼貞：今夕雨。

（四）〼［卜］貞：今夕雨。

（五）癸□卜〼

【備注】

組類：出組

材質：牛肩胛骨

著録：《續》四・一七・八（不全）、《合》二四七七〇、《國考》三・一九・五、《北珍》一五九一（全）

來源：馬衡捐贈北大

原拓號：四・一九・五

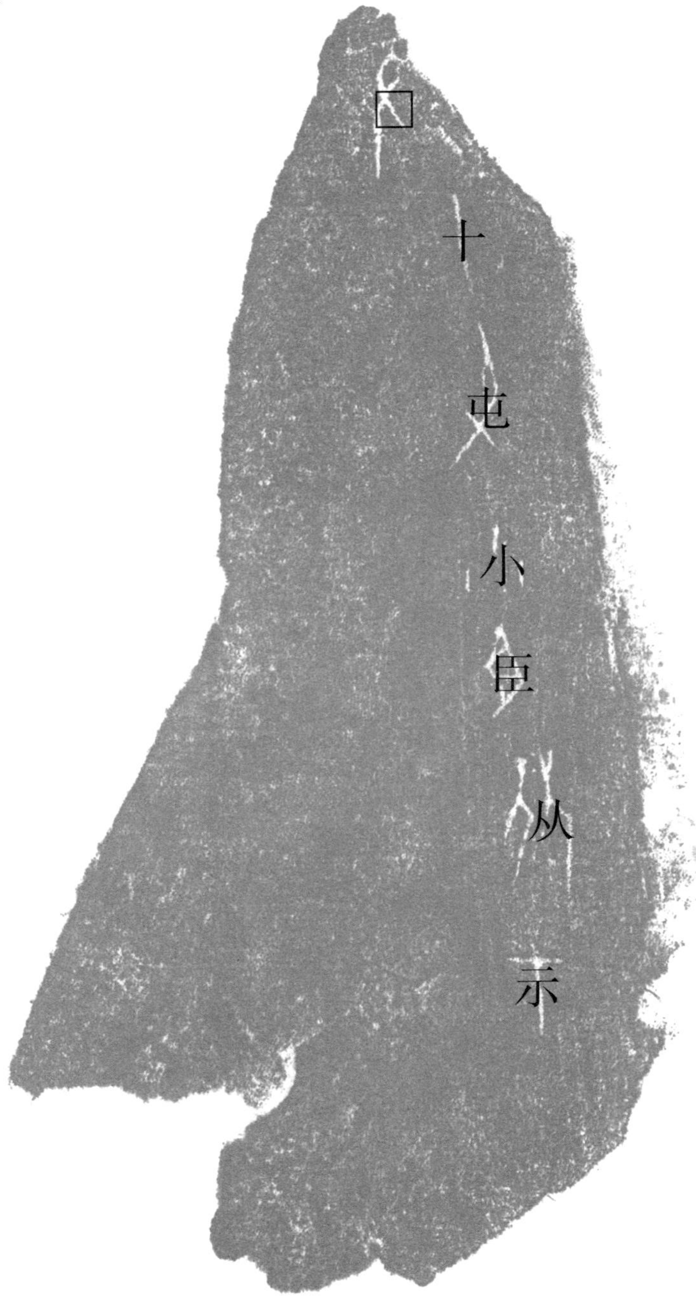

三〇七　某日問陷麋于斿等事與小臣从示骨面刻辭

本骨正面存辭四條。反面存辭一條。

〔正面〕

（一）☐〔今〕夕雨。

（二）☐事貞：今夕亡𡆥〔一〕。

（三）☐☐〔⿶凵麋（陷）〕麋于〔斿〕。

（四）☐于〔斿〕。

〔反面〕

（一）☐☐十屯，小臣从示。

【簡釋】

〔一〕「𡆥」或比定作「禍」「咎」「憂」等字。

【備注】

組類：事何

材質：牛肩胛骨

著録：〔正〕《續》四·五·五、《南師》二·二八、《國考》三·二〇·二；〔反〕《南師》二·二九、《國考》三·二〇·一；〔正反〕《合》五五七九、《北珍》一八九〇

來源：馬衡捐贈北大

原拓號：〔正〕四·二〇·二、〔反〕四·二〇·一

于
斿
□
麕
麋
于
斿
事
貞
今
夕
亡
𡆥
今
夕
雨

三〇八　某日貞今日不其雨事

本甲正面存辭一條。反面無字。

（一）貞：今日不其雨。　一

【備注】

組類：賓組

材質：龜背甲

著録：《續》四·二一·六、《合》一二一〇九七、《國考》三·二一·一、《北珍》一四八六

來源：馬衡捐贈北大

原拓號：四·二一·一

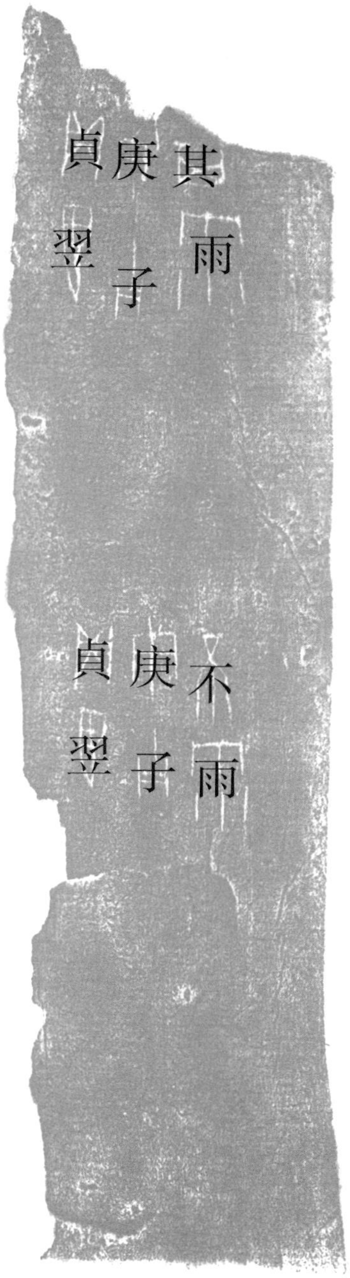

三〇九　某日貞翌庚子其雨等事

本骨正面存辭二條。反面無字。

（一）貞：翌庚子其雨。

（二）貞：翌庚子不雨。

【備注】

組類：賓組

材質：牛肩胛骨

著録：《續》四·二一·五（不全）、《合》一二四三〇（全）、《國考》三·二一·二、《北珍》一四九一（全）

來源：馬衡捐贈北大

原拓號：四·二一·二

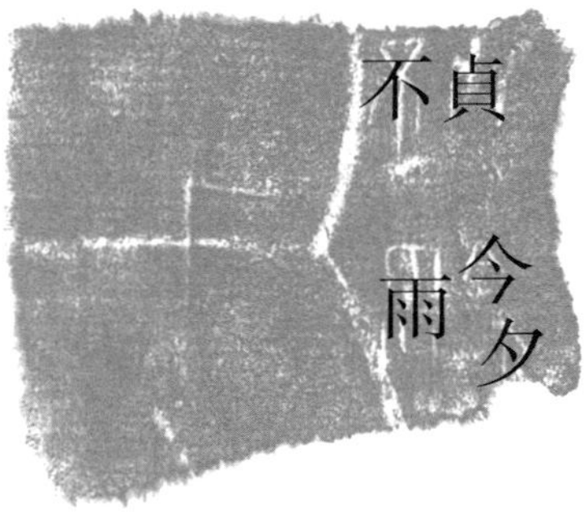

三一〇 某日貞今夕不雨事

本甲正面存辭一條。反面無字。

（一）貞：今夕不雨。

【備注】

組類：賓組

材質：龜背甲

著録：《南師》二·一七三、《合》四〇二九九、《國考》三·二一·三、《北珍》一四六四

來源：馬衡捐贈北大

原拓號：四·二一·三

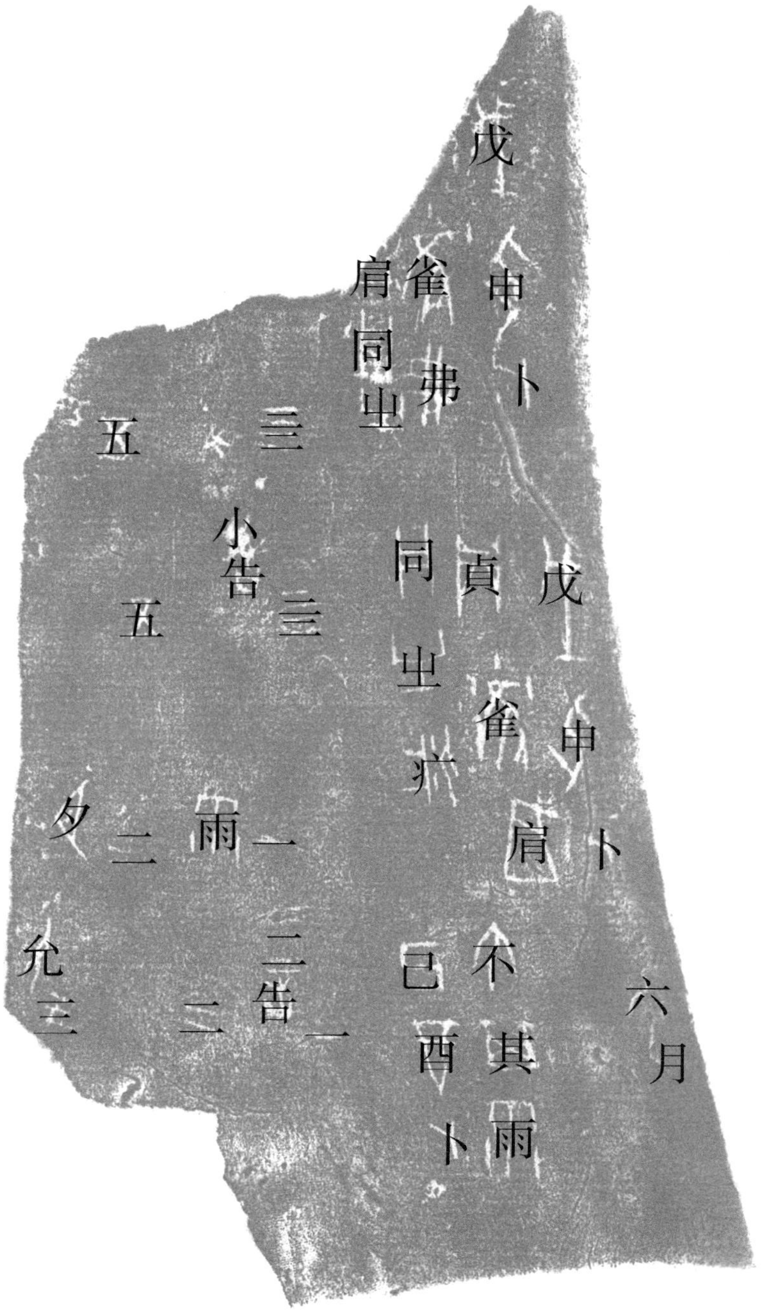

三一一　己酉卜不其雨與戊申卜貞雀肩與有疾等事

本骨正面存辭四條。反面無字。

（一）己酉卜：不其雨。六月。　一　二　三

（二）☐夕允雨。　一　二告　二

（三）戊申卜，貞：雀肩同（興）㞢（有）疒（疾）。　三（四）　五

（四）戊申卜☐雀弗☐［肩］同（興）㞢（有）☐　三（四）　小告　五

【簡釋】

［一］本骨可綴《前》七·二·二，綴合後即《合》一三八六九。

【備注】

組類：賓組

材質：牛肩胛骨

著録：《續》四·一一·一、《合》一三八六九下半（全）、《國考》三·二一·四、《北珍》一〇五八（全）

來源：馬衡捐贈北大

原拓號：四·二一·四

三一二　午日卜貞今日雨等事

本甲正面存辭二條。反面無字。

（一）☐午卜，[貞]：今日雨。

（二）貞：不其雨。

【備注】

組類：賓組

材質：龜背甲

著録：《南師》二·一九三、《合》一一九九八、《合》四〇二七二、《國考》三·二二·一、《北珍》一四八一

來源：馬衡捐贈北大

原拓號：四·二二·一

三一三　某日貞于某𦉪與丙午卜古貞翌丁未陷等事

本甲正面存辭二條，有界劃綫。反面無字。

（一）[貞]▨于▨[𦉪]▨

（二）[丙]午卜，𠁁（古）[貞]：翌丁未[𡧊（陷）]。

【備注】

組類：賓組

材質：龜腹甲

著録：《續》三・四五・四（不全）、《合》一〇六六五、《國考》三・二二一・二

來源：馬衡捐贈北大

原拓號：四・二二一・二

三一四　某日貞今夕不其雨事

本甲正面存辭一條。反面無字。

（一）貞：今[夕]不其雨。

【備注】

組類：賓組

材質：龜背甲

著録：《續》四・二三・八、《合》一二二九三、《國考》三・二二・三、《北珍》一四六七

來源：馬衡捐贈北大

原拓號：四・二二・三

三一五　癸未癸巳等日貞旬亡囚事

本骨正面存辭三條。反面無字。

（一）癸［未］貞〼亡〼

（二）癸巳貞：旬亡囚〔一〕。

（三）〼□〼［旬］〼［囚］。

【簡釋】

〔一〕「囚」或比定作「禍」「咎」「憂」等字。下同。

【備注】

組類：歷組

材質：牛肩胛骨

著録：《續》四・三九・四、《合》三四八四四、《國考》三・二二・四、《北珍》一二五〇

來源：馬衡捐贈北大

原拓號：四・二二・四

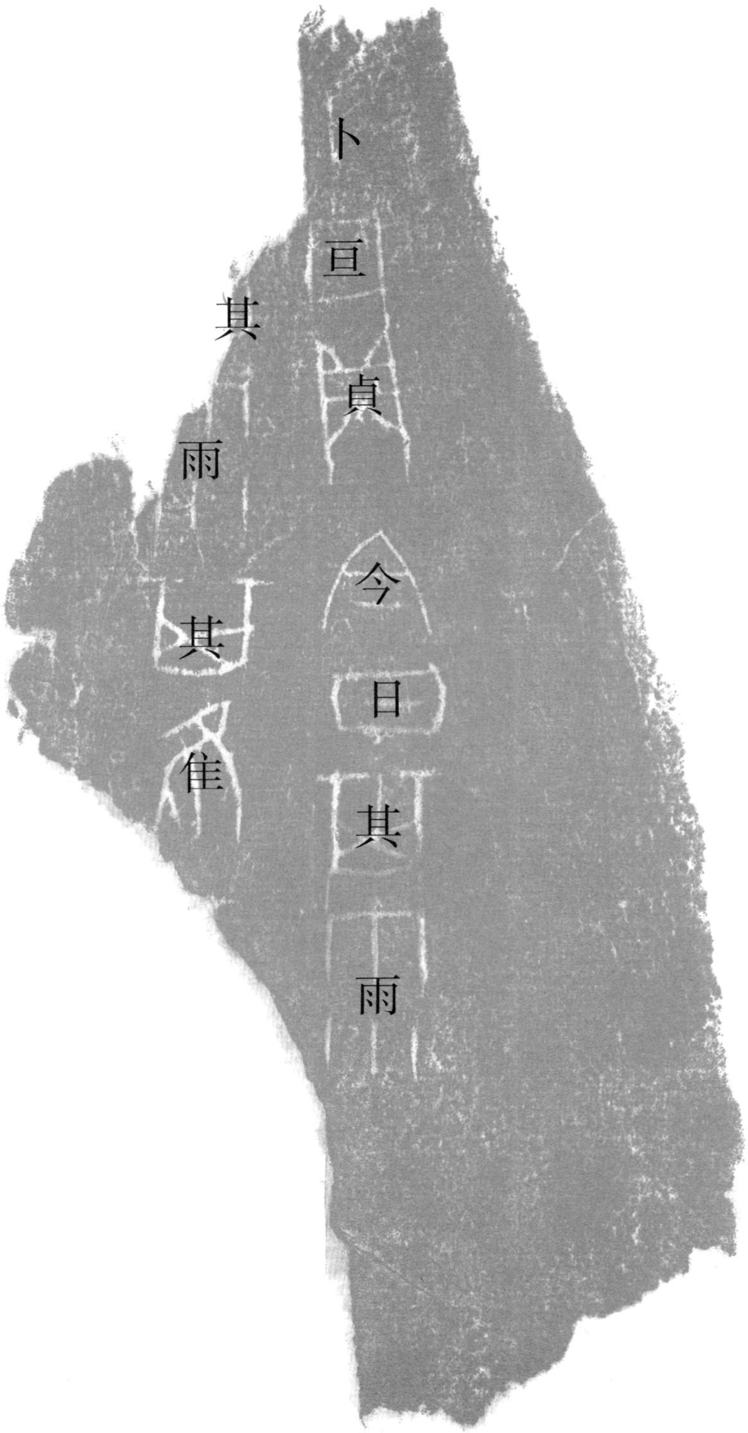

三一六　某日卜亘貞今日其雨等事

本骨正面存辭二條。反面無字。

（一）☐卜，亘貞：今日其雨。

（二）☐［其雨］。其隹☐

【備注】

組類：賓組

材質：牛肩胛骨

著録：《續》四·五·四（不全）、《南師》二·三五、《合》一二〇五八、《國考》三·二三·一、《北珍》一四七八

來源：馬衡捐贈北大

原拓號：四·二三·一

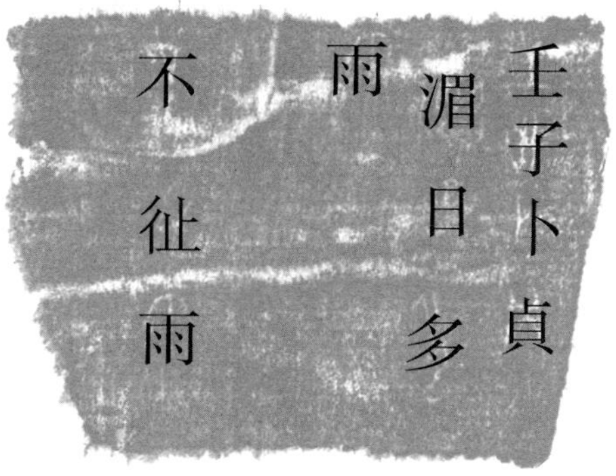

三二七　壬子卜貞湄日多雨與不延雨等事

本甲正面存辭二條。反面無字。

（一）壬子卜，貞：湄日多雨。

（二）不征（延）雨。〔一〕

【簡釋】

〔一〕本甲可綴《宫國學》五六及《合》三八一六三。詳見蔡哲茂、門藝綴，《綴彙》第七一五組。

【備注】

組類：黄組

材質：龜背甲

著録：《續》四·一七·二、《合》三八一六一、《國考》三·二四·一、《合補》一一六四五左半、《北珍》一六二五

來源：馬衡捐贈北大

原拓號：四·二四·一

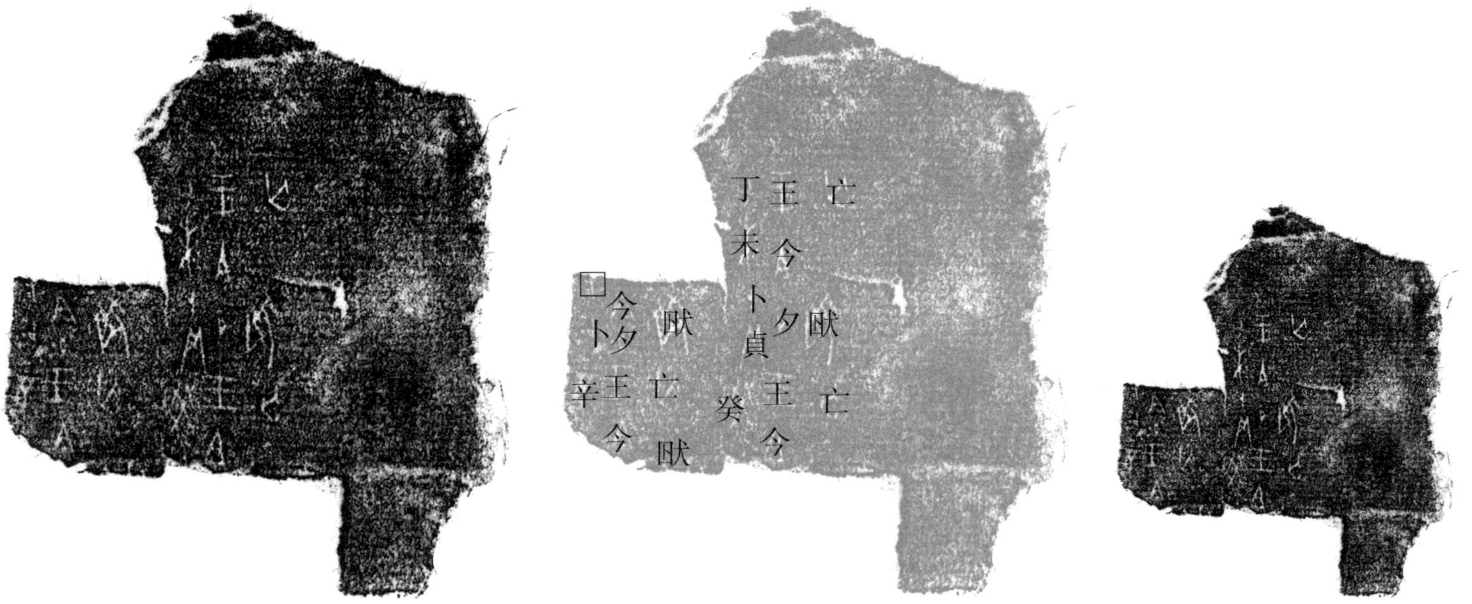

三一八　丁未等日卜貞王今夕亡𡆥事

本甲正面存辭四條。反面無字。

（一）辛☐王今☐亡［𡆥］〔一〕。

（二）癸☐王今☐亡☐

（三）☐□卜☐今夕☐𡆥。

（四）丁未卜，貞：王今夕亡𡆥。〔二〕

【簡釋】

〔一〕「𡆥」或比定作「禍」「咎」「憂」等字。下同。

〔二〕本甲可綴《北珍》六五三，綴合後釋文可補爲「乙巳卜，貞：王今夕亡𡆥」。詳見李愛輝綴，《拼續》第五〇四則。

【備注】

組類：黄組

材質：龜腹甲

著録：《南師》二・二六二、《合》三八八九二、《國考》三・二四・二、《北珍》一二七三

來源：馬衡捐贈北大

原拓號：四・二四・二

三一九　癸亥癸未等日卜貞王旬亡畎事

本甲正面存辭三條。反面無字。

（一）癸亥☐貞：王☐亡☐　一

（二）癸未☐貞：王☐亡☐

（三）☐卜☐王旬亡☐

【備注】

組類：黄組

材質：龜腹甲

著録：《南師》二・二六五、《合補》一二九〇七（全）、《國考》三・二四・三、《北珍》一三一六（全）

來源：馬衡捐贈北大

原拓號：四・二四・三

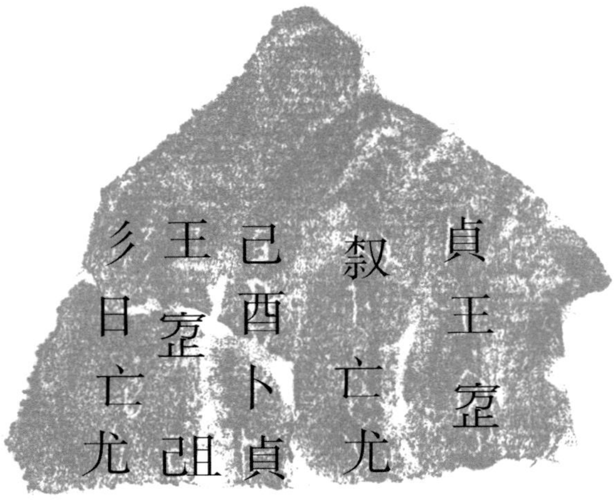

三二〇 己酉卜貞王儐祖己彡日與王儐叙亡尤等事

本甲正面存辭二條。反面無字。

（一）己酉卜，貞：王宊（儐）且（祖）己[一]彡日，亡尤。

（二）貞：王宊（儐）叙，亡尤。

【簡釋】

［一］「且己」爲合文。

【備注】

組類：黄組

材質：龜背甲

著録：《南師》二・二三三、《合》三五八七〇、《國考》三・二四・四、《北珍》四九五

來源：馬衡捐贈北大

原拓號：四・二四・四

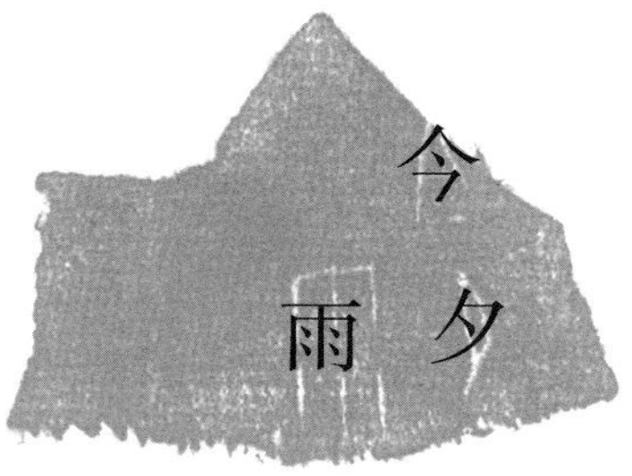

三三一　某日問今夕雨事

本甲正面存辭一條。反面無字。

（一）　〼［今］夕雨。

【備注】

組類：賓組

材質：龜背甲

著録：《南師》二・三九、《合》四〇二九六、《國考》三・二五・一、《北珍》一四六八

來源：馬衡捐贈北大

原拓號：四・二五・一

三三二　某日貞今夕不雨事

本甲正面存辭一條。反面無字。

（一）貞：今夕不雨。

【備注】

組類：賓組

材質：龜背甲

著録：《續》四・二三・六、《合》一二一七八、《國考》三・二五・二、《北珍》一四四一

來源：馬衡捐贈北大

原拓號：四・二五・二

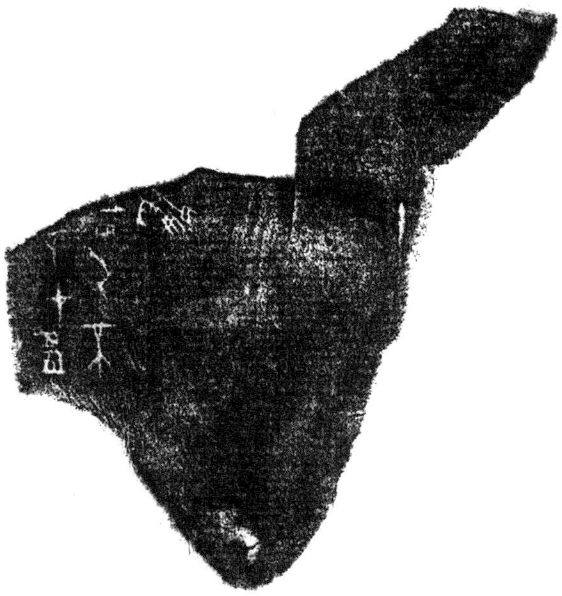

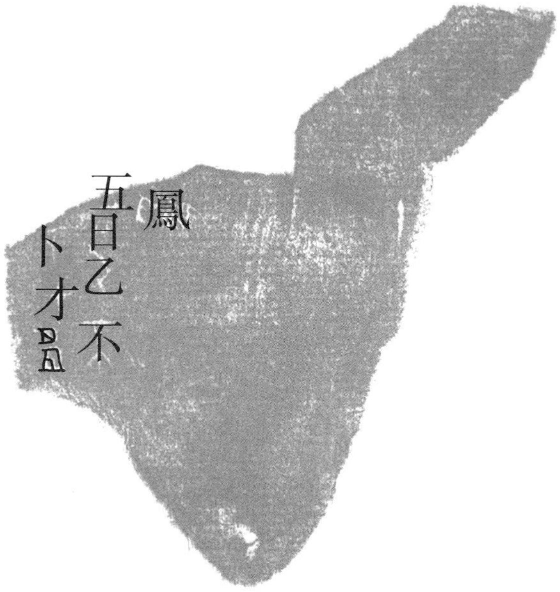

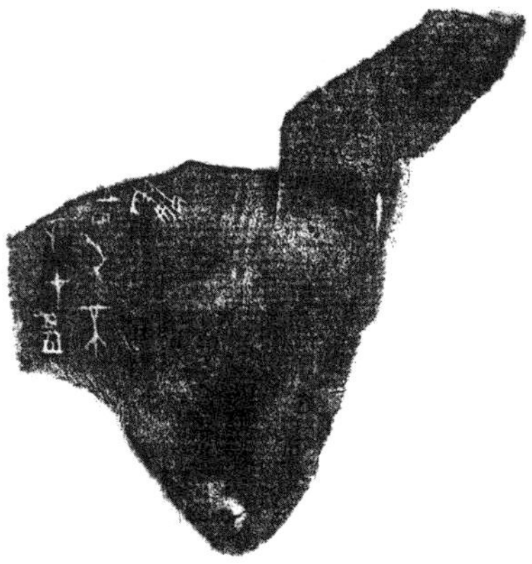

三三三　某日卜在[口五]問乙日風事

本甲正面存辭一條。反面無字。

（一）〼［卜］，才（在）[口五]〼［五］日乙不〼［鳳（風）］。

【備注】

組類：黄組

材質：龜腹甲

著録：《續》三・三一・二（不全）、《國考》三・二五・三、《北珍》二五〇九

來源：馬衡捐贈北大

原拓號：四・二五・三

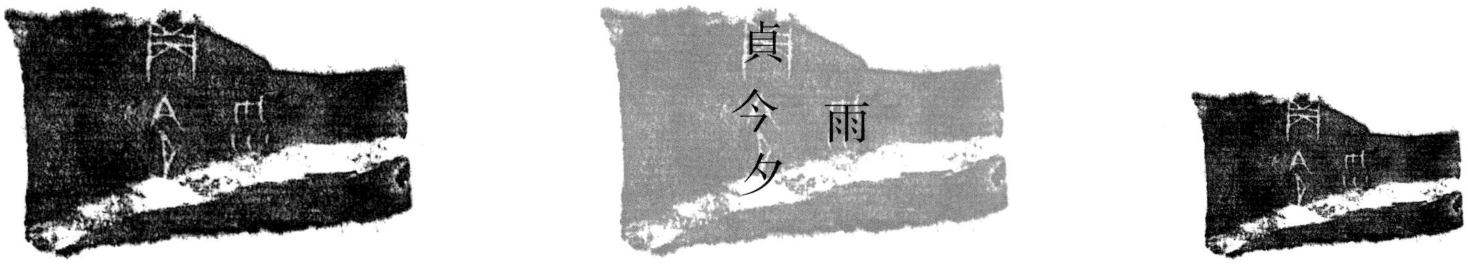

三二四　某日貞今夕雨事

本甲正面存辭一條。反面無字。

（一）貞：今夕雨。

【備注】

組類：賓出

材質：龜背甲

著録：《國考》三・二五・四、《北珍》一四五九

來源：馬衡捐贈北大

原拓號：四・二五・四

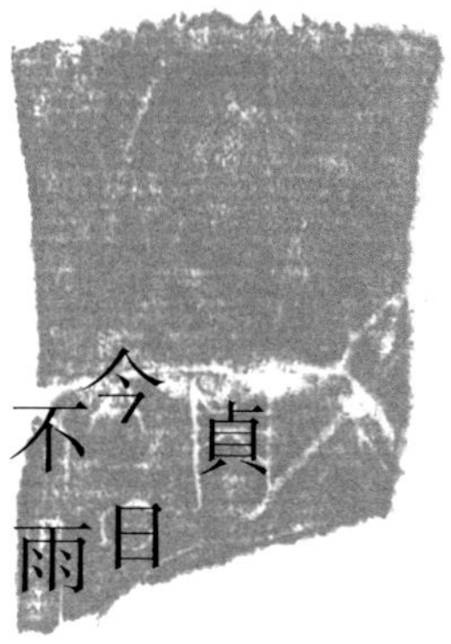

三三五　某日貞今日不雨事

本甲正面存辭一條。反面無字。

（一）貞：今日［不雨］。

【備注】

組類：賓組

材質：龜背甲

著録：《南師》二・一七一、《合》一二〇三五、《合》四〇二八〇、《國考》三・二五・五、《北珍》一四八四

來源：馬衡捐贈北大

原拓號：四・二五・五

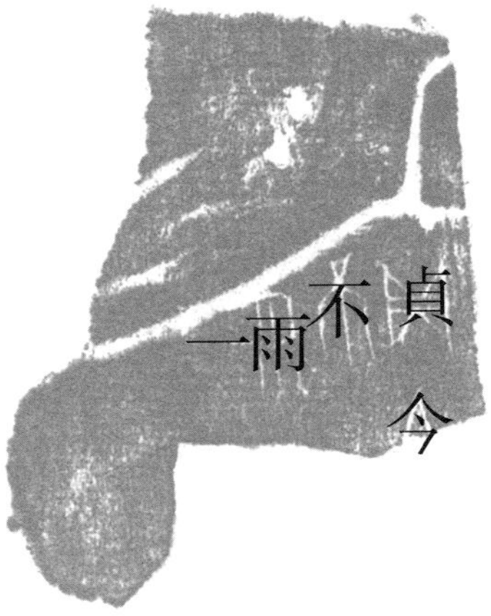

三二六　某日貞今不雨事

本甲正面存辭一條。反面無字。

（一）貞：[今]☐不雨。　一

【備注】

組類：賓組

材質：龜背甲

著録：《南師》二・一七二、《合》一二〇四〇、《國考》三・二六・一、《北珍》一五〇三

來源：馬衡捐贈北大

原拓號：四・二六・一

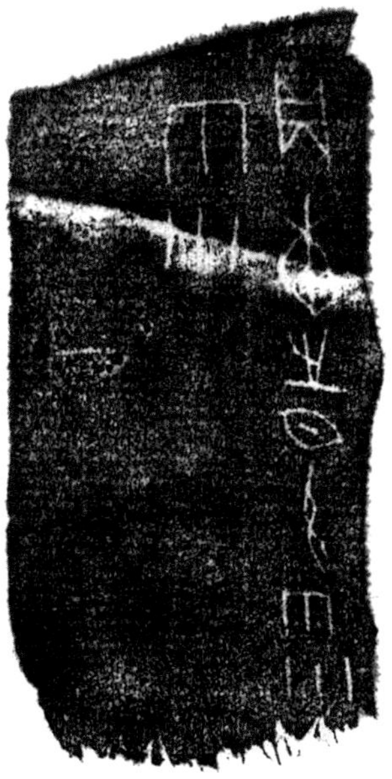

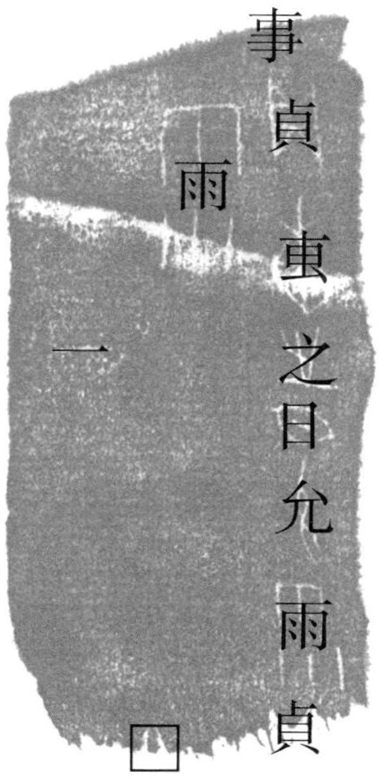

三三七　某日貞叀雨之日允雨等事

本甲正面存辭三條。反面無字。

（一）［貞］☒□☒

（二）貞：叀雨。之日允雨。　一

（三）☒［事］☒〔一〕

【簡釋】

〔一〕本甲可綴《宮國學》三四四，綴合後釋文可補爲「壬子卜，事貞：王[illegible]叀吉燕。八月。　一」。詳見張展綴，《計算機輔助綴合第二一至二二則》第二二則。

【備注】

組類：事何

材質：龜腹甲

著録：《續》四・一五・三、《存補》二・四五・三、《合》一二九三六、《國考》三・二六・二、《北珍》一四八八

來源：馬衡捐贈北大

原拓號：四・二六・二

三三八　七月庚辰卜允貞今夕亡𡆥與今夕其雨等事

本甲正面存辭二條，有界劃綫。反面無字。

（一）庚辰［卜］，允貞：今夕亡［𡆥］〔一〕。

（二）貞：今夕其雨。七月。

【簡釋】

〔一〕「𡆥」或比定作「禍」「咎」「憂」等字。

【備注】

組類：賓組

材質：龜背甲

著録：《續》四・二一・二、《合》一二六〇七、《國考》三・二六・三、《北珍》一四四六

來源：馬衡捐贈北大

原拓號：四・二六・三

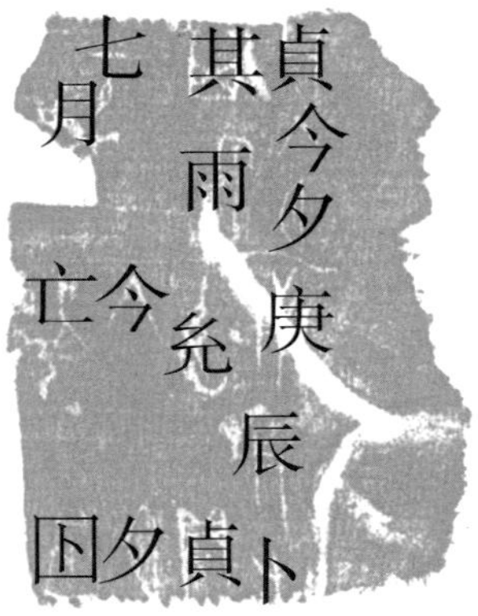

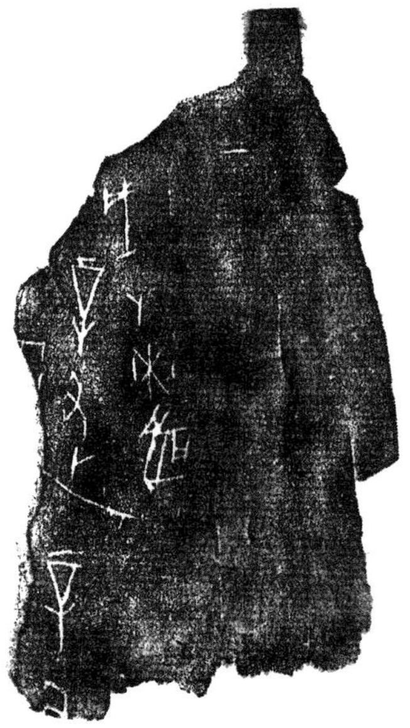

三三九　戊日卜燎豚與辛丑卜雨等事

本骨正面存辭三條。反面無字。

（一）☐戊卜，尞（燎）豚。一

（二）辛丑卜☐［雨］。

（三）辛［丑］☐

【備注】

組類：𠂤歷

材質：牛肩胛骨

著録：《續》二·二六·一一、《合》二二四三四（不全）、《國考》三·二六·四、《北珍》一八九

來源：馬衡捐贈北大

原拓號：四·二六·四

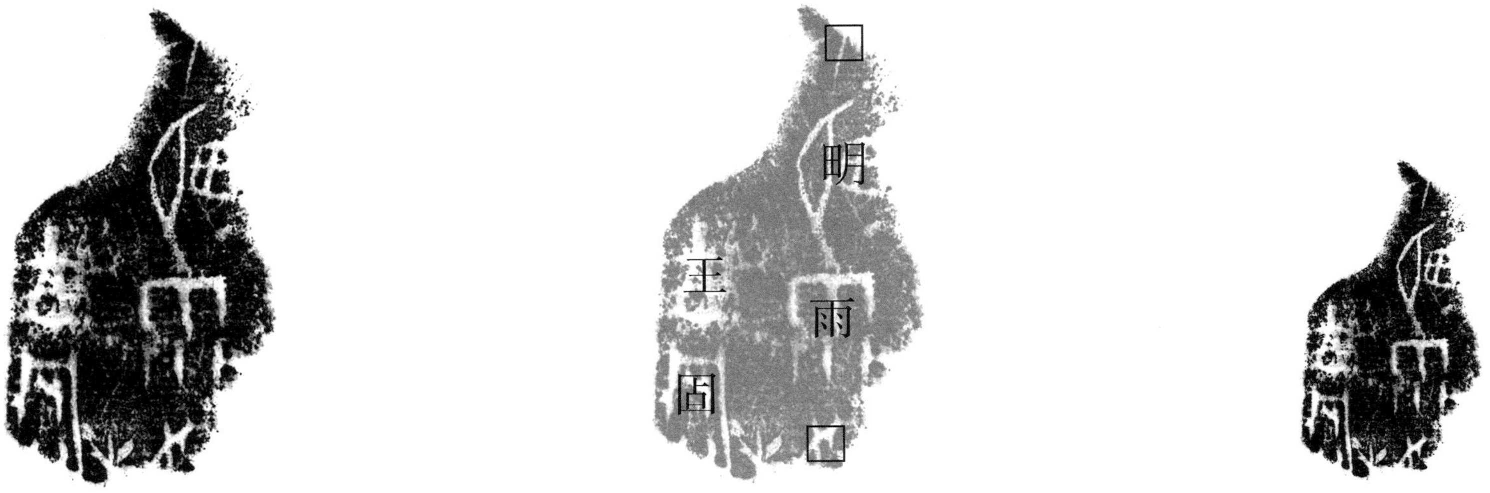

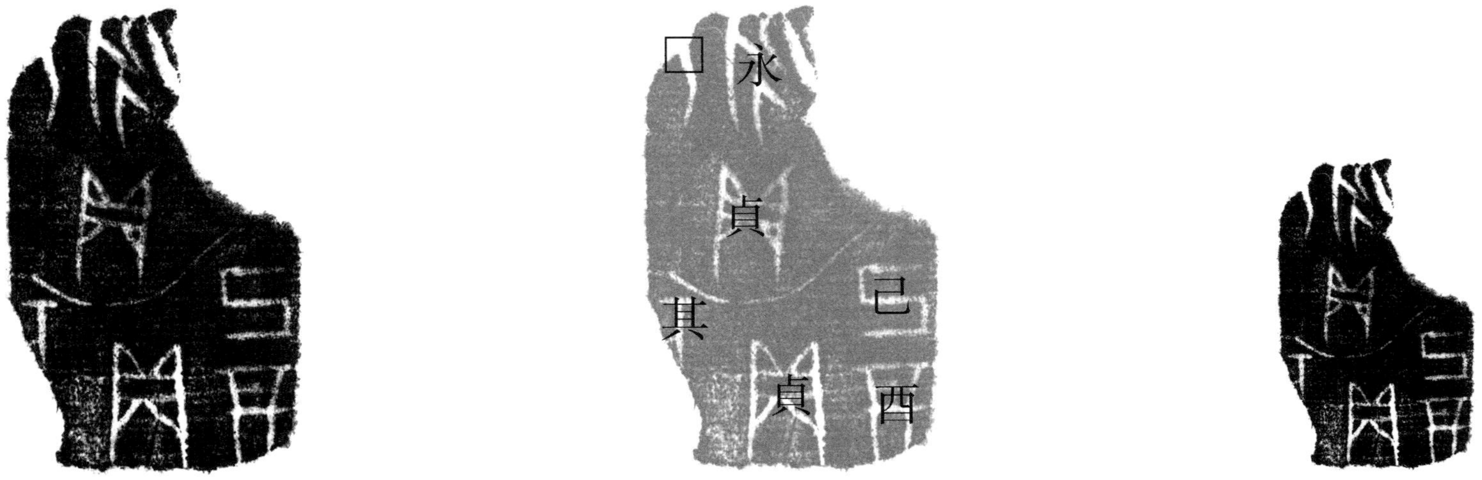

三三〇　某日永貞某與王占曰明雨等事

本甲正面存辭二條，有界劃綫。反面存辭一條。

〔正面〕

（一）己〔酉〕☐貞☐〔其〕☐

（二）☐〔永〕貞☐□☐

〔反面〕

（一）王〔固（占）〕☐□明（明）雨□☐

【備注】

組類：賓組

材質：龜腹甲

著録：〔正〕《國考》三·二七·二；〔反〕《佚》一八八、《合》一二八〇七、《國考》三·二七·一；〔正反〕《北珍》一四七五

來源：馬衡捐贈北大

原拓號：〔正〕四·二七·二、〔反〕四·二七·一

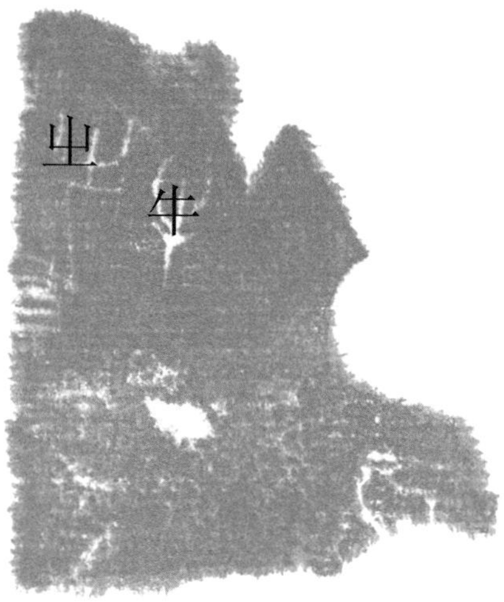

三三二　某日問自西不雨與用牛等事

本甲正面存辭一條。反面存辭一條。

〔正面〕

（一）☐自西☐〔不〕雨。

〔反面〕

（一）☐㞢☐牛。

【備注】

組類：賓組

材質：龜腹甲

著録：〔正〕《續》四・二四・五（不全）、《考塡》二九八、《國考》三・二七・四；〔反〕《國考》三・二七・三；〔正反〕《合》一二八七三、《北珍》一五三六

來源：馬衡捐贈北大

原拓號：〔正〕四・二七・四、〔反〕四・二七・三

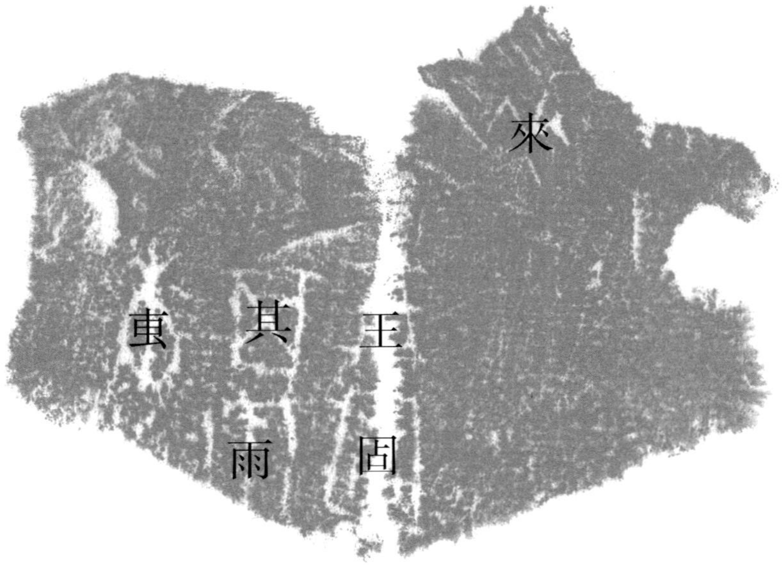

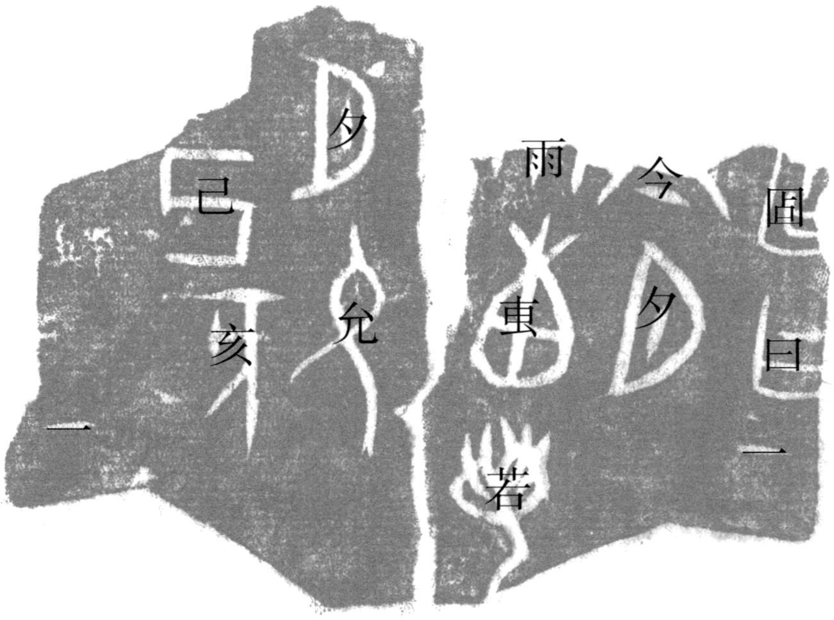

三三三一　某日王占曰今夕雨等事

本甲正反面各存辭二條。

〔正面〕

（一）☐［固（占）曰］☐［今］夕☐［雨］，叀［若］☐夕允☐己亥☐　一

（二）一

〔反面〕

（一）王固（占）☐其［雨］，叀☐

（二）☐來☐

【備注】

組類：賓組

材質：龜腹甲

著録：〔正右半〕《續》四·三三·六；〔正〕《南師》二·三六、《國考》三·二八·一；〔反〕《南師》二·三七、《續研》四·三三·六、《國考》三·二八·二；〔正反〕《考埔》三一六、《合》一七六八〇、《北珍》一四七六

來源：馬衡捐贈北大

原拓號：〔正〕四·二八·二、〔反〕四·二八·一

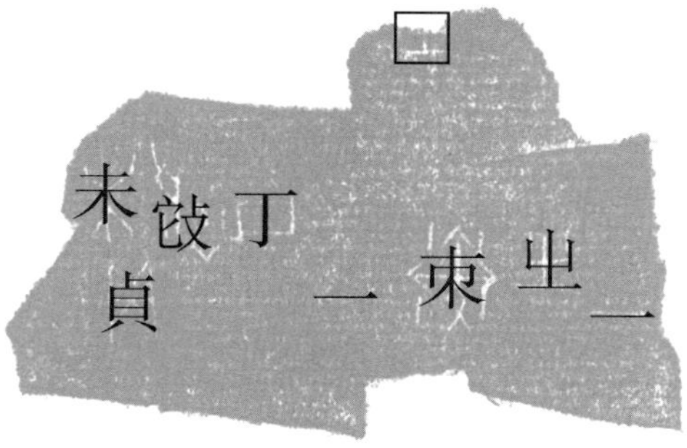

三三三　未日問戓于丁與朿尹等事

本甲正面存辭四條。反面無字。

（一）▨未▨戓〔一〕▨丁。

（二）朿▨㞢（有）▨　一

（三）▨□▨

（四）貞▨　一〔二〕

【簡釋】

〔一〕「戓」或比定作「椎」「殺」等字。

〔二〕本甲可綴《合》五六二六，綴合後釋文可補爲「貞：用。　一／朿尹有工。　一」。詳見李延彦綴，《拼續》第五七〇則。

【備注】

組類：賓組

材質：龜腹甲

著録：《京》二三〇三、《合》一九七六、《國考》三・二九・一、《北珍》一〇九八

來源：馬衡捐贈北大

原拓號：四・二九・一

三三四　某日問我其有蔑等事

本骨正面存辭二條。反面無字。

（一）　我其屮(有)[蔑]。

（二）　☐其☐蔑。

【備注】

組類：賓組

材質：牛肩胛骨

著録：《南師》二·五五、《合》一七三五八、《國考》三·二九·二、《北珍》三二九

來源：馬衡捐贈北大

原拓號：四·二九·二

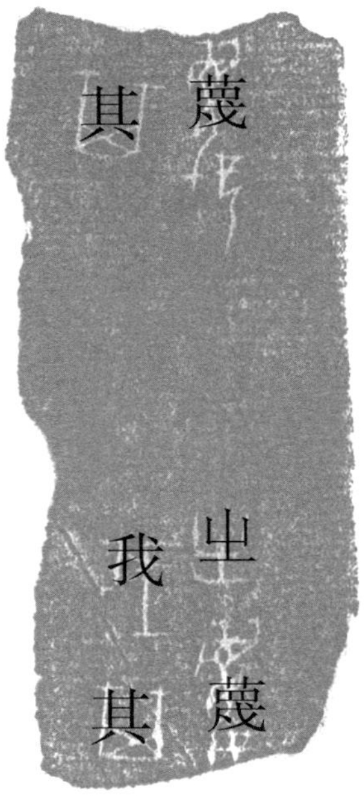

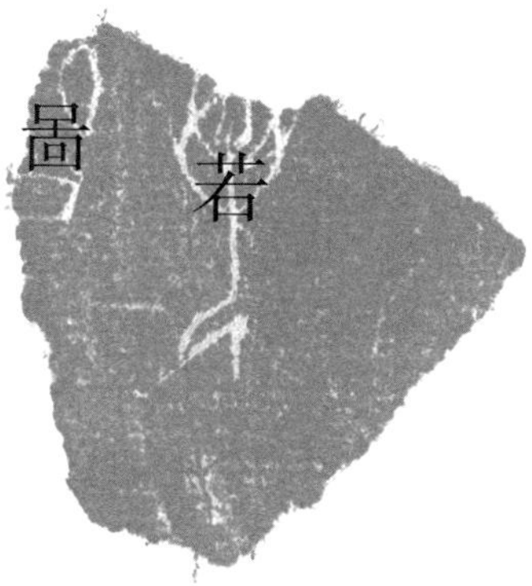

三三五　某日問畐事

本骨正面存辭一條。反面無字。

（一）〼［畐］〼若。

【備注】

組類：賓組

材質：牛肩胛骨

著録：《國考》三・二九・三

來源：馬衡捐贈北大

原拓號：四・二九・三

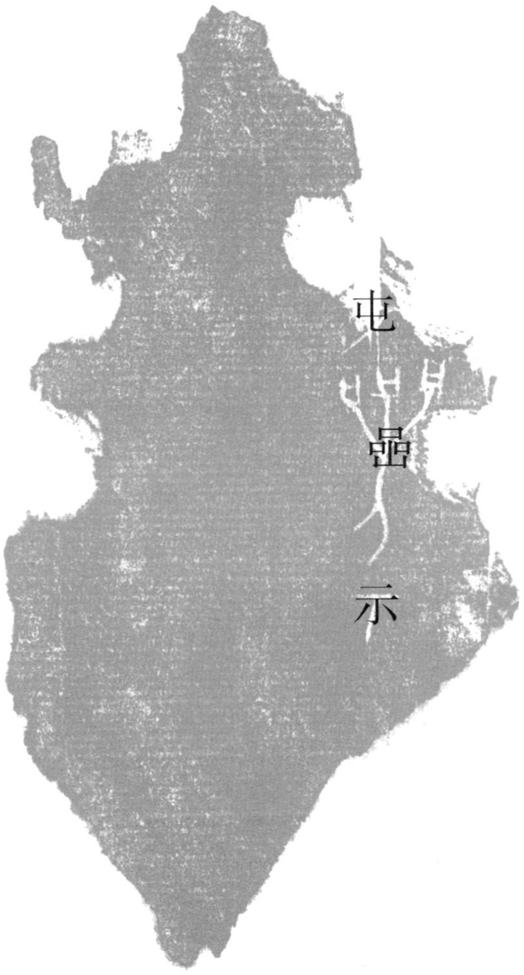

三三六　品示骨面刻辭

本骨正面無字。反面存辭一條。

（一）　☐屯，品示。

【備注】

組類：賓組

材質：牛肩胛骨

著録：《南師》二·三〇、《合》一七六〇〇、《國考》三·二九·四、《北珍》一八八八

來源：馬衡捐贈北大

原拓號：四·二九·四

三三七　某日問勿剛等事

本甲正面存辭二條，有界劃綫。反面無字。

（一）☐弓（勿）☐剛☐

（二）☐豐☐[illegible]〔一〕☐三

【簡釋】

〔一〕「[illegible]」爲訛字，可比定作「夫」或「大甲」合文。

【備注】

組類：賓出

材質：龜腹甲

著録：《合》一八五九二、《國考》三・三〇・一、《北珍》二三七五

來源：馬衡捐贈北大

原拓號：四・三〇・一

三三八 某日貞受年與勿商殻舟稱册等事

本甲正面存辭二條。反面無字。

（一）貞☐［受年］☐

（二）貞：弓（勿）商殻舟爯（稱）册。

【備注】

組類：賓出

材質：龜腹甲

著録：《南師》二·四八、《合》四〇七一八、《國考》三·三〇·二

來源：馬衡捐贈北大

原拓號：四·三〇·二

三三九　某日卜争問歲事

本甲正面存辭一條。反面無字。

（一）☐卜，争☐用☐歲☐𦎫☐

【備注】

組類：賓組

材質：龜腹甲

著録：《合》一五四六八、《國考》三・三〇・三、《北珍》二四一

來源：馬衡捐贈北大

原拓號：四・三〇・三

三四〇　七月某日貞犬發其有不若與叀丁未酌等事

本骨正面存辭三條，有界劃綫。反面無字。

（一）　貞：犬發其㞢(有)不若。［七月］。

（二）　貞：叀丁未酌。

（三）　☐☐☐〔一〕

【簡釋】

〔一〕本骨可綴《合補》一二四二，綴合後釋文可補爲「貞：犬發其㞢(有)不若。七月」。詳見林宏明綴，《甲骨新綴第五七一至五七九例》第五七三例。

【備注】

組類：賓組

材質：牛肩胛骨

著録：《續》四·三四·二(不全)、《合》四六四一、《國考》三·三〇·四、《北珍》一六八

來源：馬衡捐贈北大

原拓號：四·三〇·四

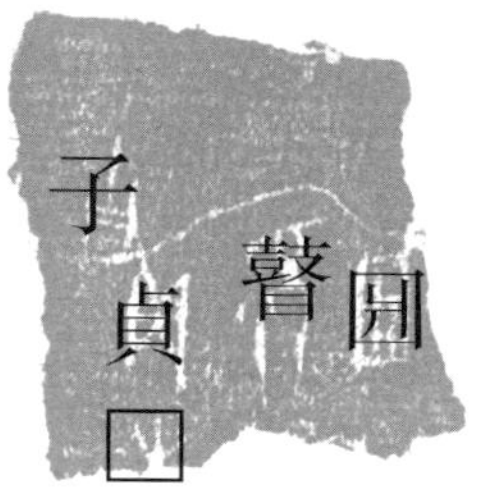

三四一　某日貞暨葬等事

本甲正面存辭二條，有界劃綫。反面無字。

（一）貞：☐〼暨〼囝（葬）〼

（二）〼子〼

【備注】

組類：賓出

材質：龜腹甲

著録：《合》一七一七九、《國考》三・三一・一、《北珍》一〇七四

來源：馬衡捐贈北大

原拓號：四・三一・一

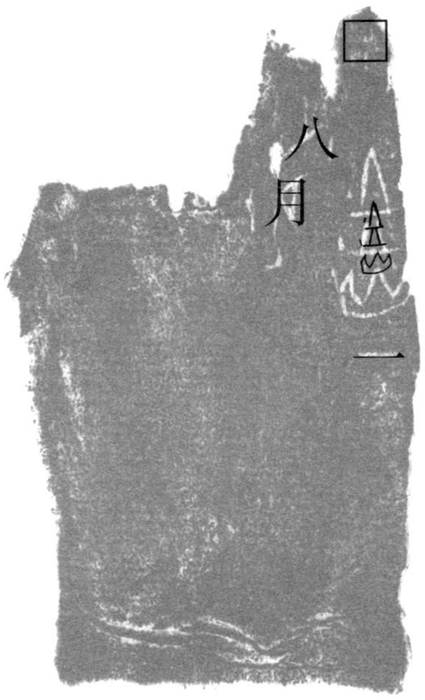

三四二　八月某日問[glyph]事

本骨正面存辭一條。反面無字。

（一）⧄□⧄[glyph]⧄八月。　一

【備注】

組類：自組

材質：牛肩胛骨

著録：《合》二一四六二（全）、《國考》三·三一·二、《北珍》二二〇九（全）

來源：馬衡捐贈北大

原拓號：四·三一·二

三四三　某日問衆人亡不若與臭自般斨等事

本甲正面存辭二條。反面無字。

（一）☐□☐令☐卒☐衆人，亡不若。

（二）☐［酉］臭☐自般☐斨☐若。

【備注】

組類：賓組

材質：龜腹甲

著録：《合》四四、《國考》三·三一·三、《北珍》二一一八

來源：馬衡捐贈北大

原拓號：四·三一·三

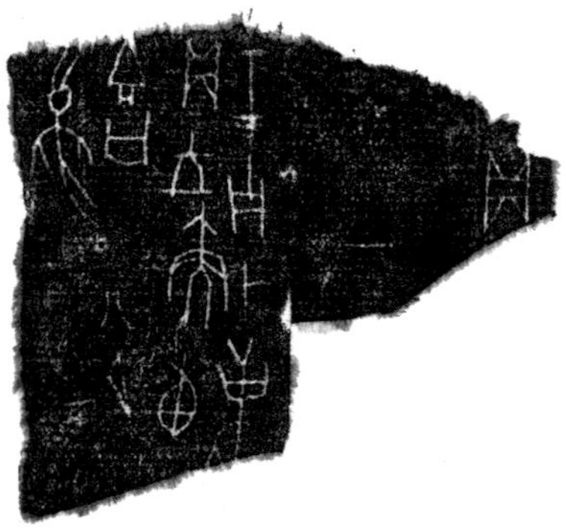

三四四　八月壬子卜事貞王□叀吉燕等事

本甲正面存辭三條。反面無字。

（一）　一

（二）　壬子卜，［事］貞：王□叀吉燕。八月。　一

（三）　□貞□　一[一]

【簡釋】

［一］本甲可綴《宫國學》三一七，綴合後釋文可補爲「壬子卜，事貞：王□叀吉燕。八月。　一」。詳見張展綴，《計算機輔助綴合第二一至二三則》第二三則。

【備注】

組類：事何

材質：龜背甲

著録：《南師》二・七六、《合》五二八〇、《國考》三・三一・四、《北珍》二〇三七

來源：馬衡捐贈北大

原拓號：四・三一・四

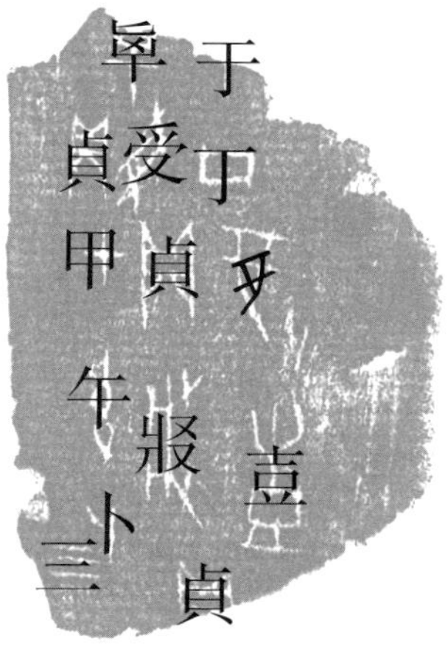

三四五　甲午卜貞㱿歺壴與某日貞𠂤等事

本骨正面存辭三條。反面無字。

（一）〼［貞］〼　三

（二）甲午卜，貞：㱿歺壴。

（三）〼貞〼［𠂤］受〼［于］丁〼〔一〕

【簡釋】

〔一〕本骨可綴《合》一六一八五、遥綴《合》五六一八，即《合補》五三三二。綴合後釋文可補爲「己酉卜，貞：告𠂤受令于丁，三宰，箙一牛」。詳見蔡哲茂綴，《綴集》第一七三組。

【備注】

組類：賓組

材質：牛肩胛骨

著録：《合》一九五六一（不全）、《國考》三・三二・一、《合補》五三三二甲下半（不全）、《北珍》二二〇七（不全）

來源：馬衡捐贈北大

原拓號：四・三二・一

三四六　某日貞父等事

本骨正面未録。反面存辭三條。

（一）貞□王固（占）□

（二）貞□父□

（三）□戉□王□屯□

【備注】

組類：賓組

材質：牛肩胛骨

著録：《合》二三一五反、《國考》三・三二・二、《北珍》二〇二二反

來源：馬衡捐贈北大

原拓號：四・三二・二

三四七　癸未貞與某日卜宊問等事

本甲正面存辭二條，有界劃綫。反面無字。

（一）癸［未］☐貞☐于☐　一

（二）☐卜，宊☐若〔一〕

【簡釋】

〔一〕本甲可綴《宮國學》二一〇，綴合後釋文可補爲「癸亥卜，宊貞：王必（鮅），若。十三月。　一／癸［未］☐　一」。可續綴《合》九五七二，詳見林宏明綴，《契合集》第八四例。可續綴《合》一七四六四、《合》九五八三，詳見何會綴，《拼續》第四五九則；蔣玉斌綴，《蔣玉斌綴合總表》第二八七組。

【備注】

組類：賓組

材質：龜腹甲

著録：《合》一六三九九、《國考》三·三二·三、《北珍》二〇三三

來源：馬衡捐贈北大

原拓號：四·三二·三

三四八　某日問𡆥歸與我亡囚等事

本甲正面存辭五條。反面無字。

（一）［𡆥］☐［歸］☐

（二）方其☐　三

（三）我亡囚〔一〕。　三

（四）☐于曰☐牛。　三

（五）☐□十☐尹☐

【簡釋】

〔一〕「囚」或比定作「禍」「咎」「憂」等字。

【備注】

組類：賓出

材質：龜腹甲

著録：《南師》二・九三、《合》四〇七七、《國考》三・三二・四、《北珍》一〇四一

來源：馬衡捐贈北大

原拓號：四・三二・四

三四九　某日貞我事與婦丙示甲橋刻辭

本甲正反面各存辭一條。

〔正面〕

（一）☐貞：我☐

〔反面〕

（一）帚（婦）丙〔示〕☐

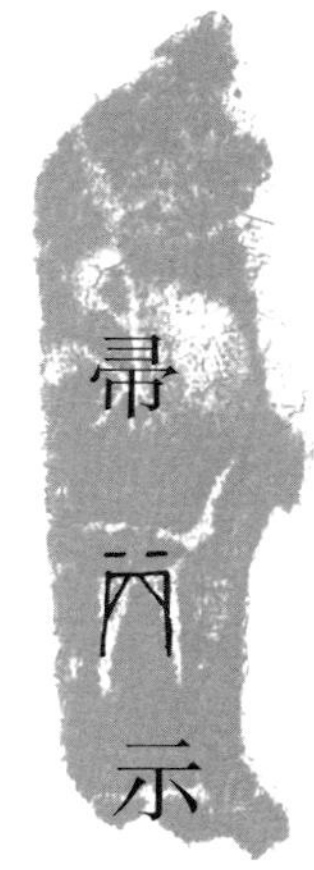

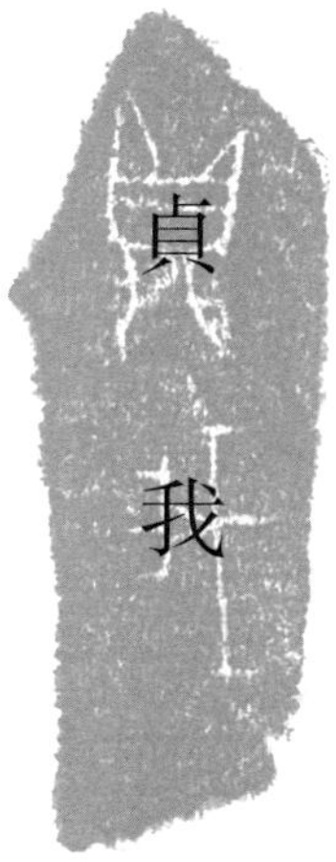

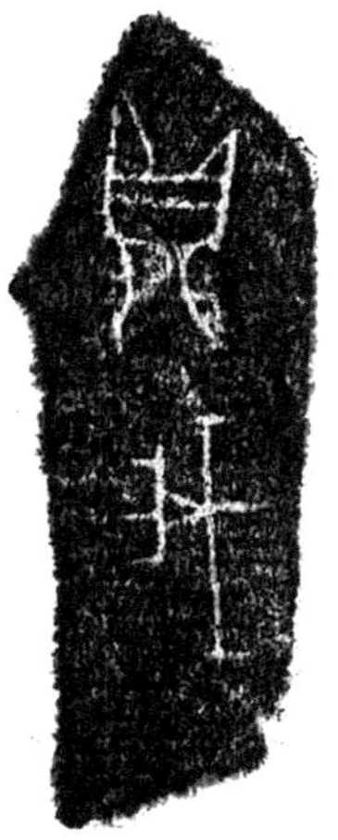

【備注】

組類：賓組

材質：龜腹甲

著録：〔正〕《南師》二・九、《國考》四・一・二；〔反〕《南師》二・一〇、《國考》四・一・一；〔正反〕《合》二七九〇、《北珍》二二九一

來源：馬衡捐贈北大

原拓號：〔正〕五・一・二、〔反〕五・一・一

三五〇　某日問黿不稱庭事

本甲正面存辭一條。反面無字。

（一）　☑□黿不爯（稱）宧（庭）☑

【備注】

組類：賓組

材質：龜腹甲

著録：《佚》一三九、《合》一九五三七、《國考》四・一・三、《北珍》三八

來源：馬衡捐贈北大

原拓號：五・一・三

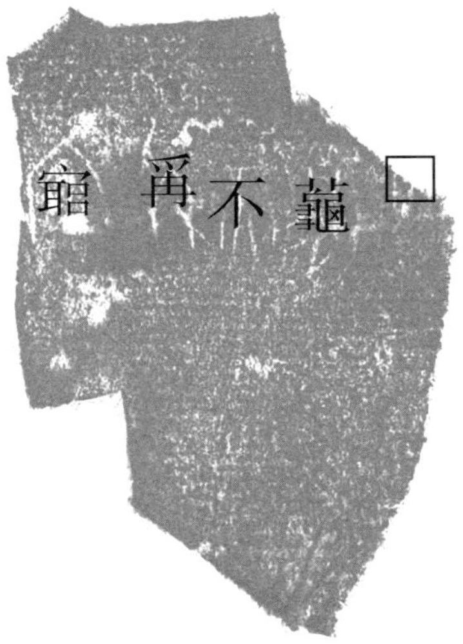

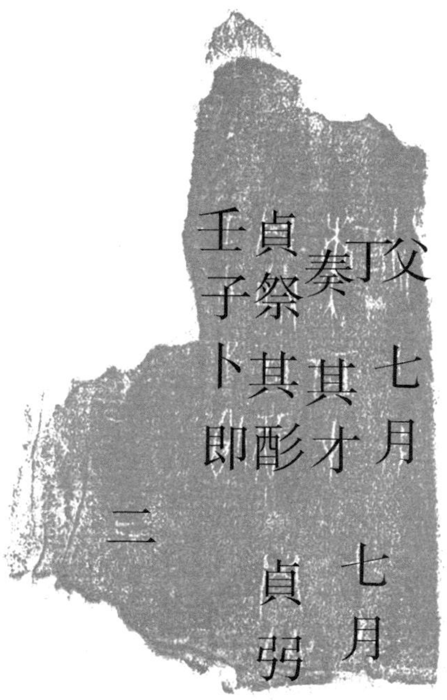

三五一　七月壬子卜即貞祭其酌奏其在父丁等事

本骨正面存辭二條。反面無字。

（一）貞：［弜（勿）］☐七［月］。　二

（二）壬子卜，即貞：祭其酌奏，其才（在）父丁[一]。七月。

【簡釋】

［一］「父丁」爲合文。

【備注】

組類：出組

材質：牛肩胛骨

著録：《續》一·三二·四、《佚》一七二（不全）、《合》二三二五六、《國考》四·一·四、《北珍》三四五

來源：馬衡捐贈北大

原拓號：五·一·四

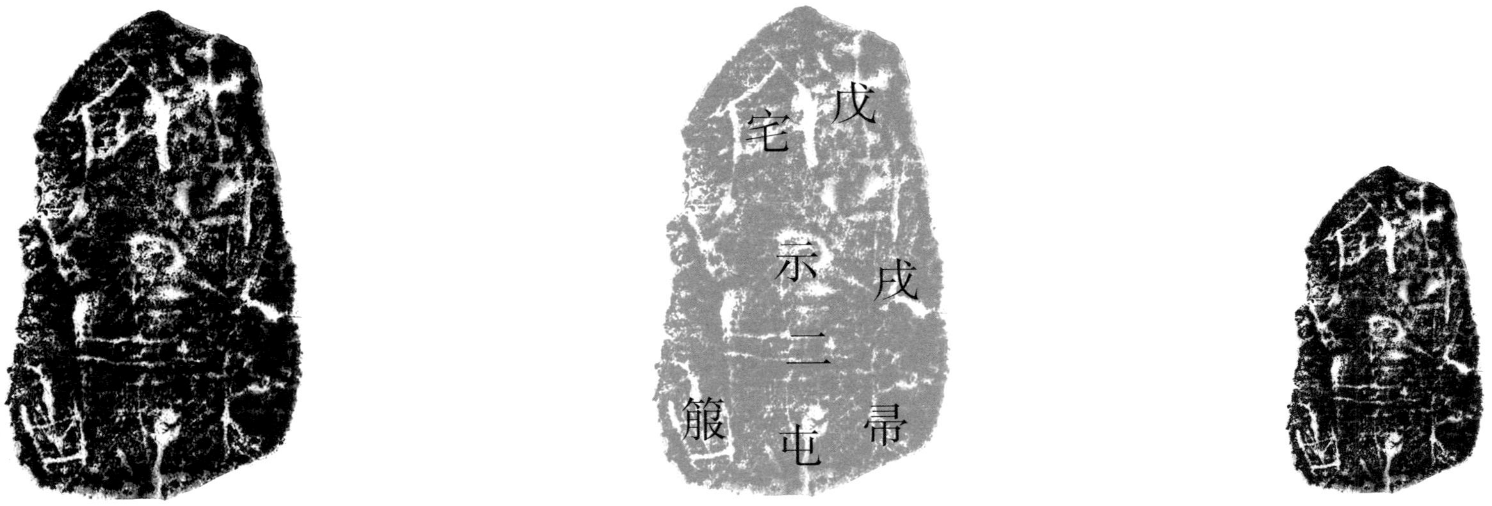

三五二　丁卯卜韋貞□等事與戊戌婦宅示二屯骨臼刻辭

本骨正面存辭二條。反面無字。臼面存辭一條。

〔正面〕

（一）丁卯卜，韋貞：□。一

（二）一　二告　二

〔臼面〕

（一）戊戌帚（婦）宅示二屯。箙。

【備注】

組類：賓組

材質：牛肩胛骨

著録：〔正〕《佚》一〇五、《南師》二·二一、《國考》四·二·一；〔臼〕《南師》二·二二、《國考》四·二·二；〔正臼〕《合》一八三四八（全）、《北珍》二二〇三（全）

來源：馬衡捐贈北大

原拓號：〔正〕五·二·二，〔臼〕五·二·一

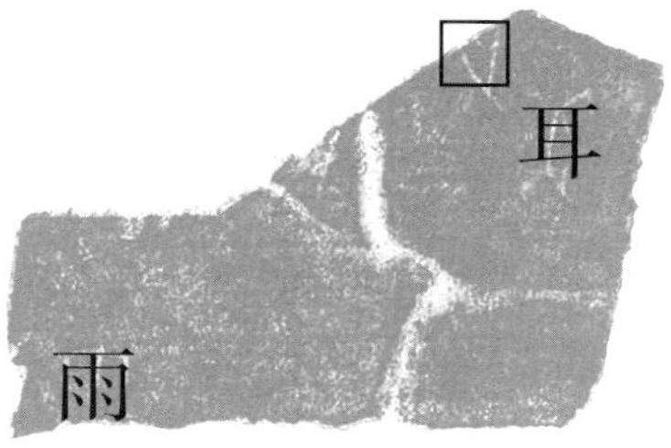

三五三　某日問雨等事

本甲正面存辭二條。反面無字。

（一）⧄［雨］⧄

（二）⧄□⧄耳⧄

【備注】

組類：賓組

材質：龜背甲

著録：《國考》四·三·一、《北珍》一五四四

來源：馬衡捐贈北大

原拓號：五·三·一

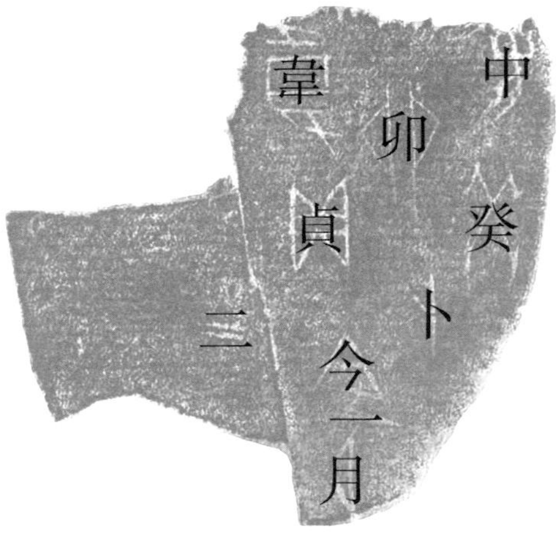

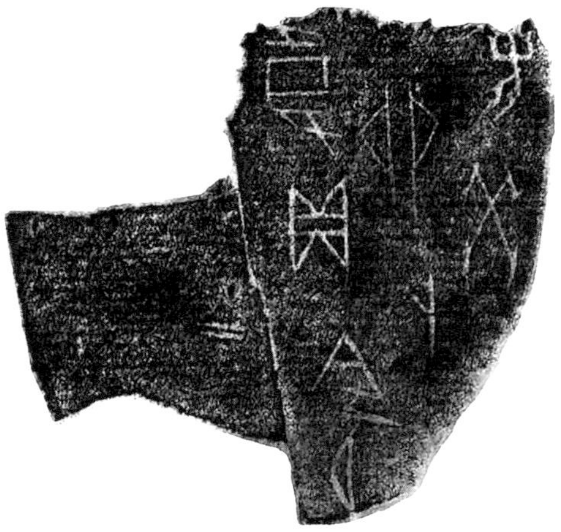

三五四　癸卯卜韋貞今一月等事

本甲正面存辭二條。反面未録。

（一）癸卯卜，韋貞：今一月☑　二

（二）☑[中]☑[一]

【簡釋】

[一]疑爲僞刻。詳見蔡哲茂《〈北京大學珍藏甲骨文字〉辨僞舉例》第十四例。

【備注】

組類：賓組

材質：龜腹甲

著録：《合》三八四九正、《國考》四·三·二、《北珍》一七九七正

來源：馬衡捐贈北大

原拓號：五·三·二

三五五　某日貞弗其及今三月雨事

本骨正面存辭一條。反面無字。

（一）　貞：弗其及今三月雨。

【備注】

組類：賓組

材質：牛肩胛骨

著録：《續》四·一七·九（不全）、《合》一二五三一、《國考》四·三·三、《北珍》一四五四

來源：馬衡捐贈北大

原拓號：五·三·三

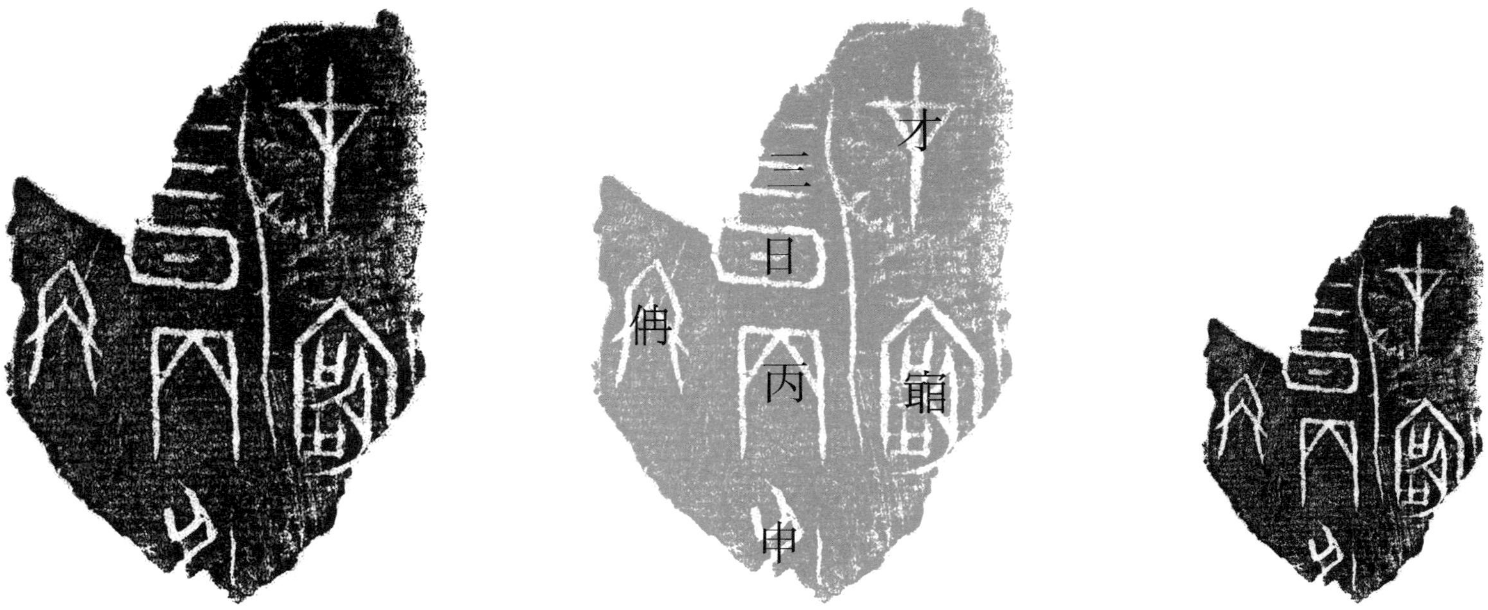

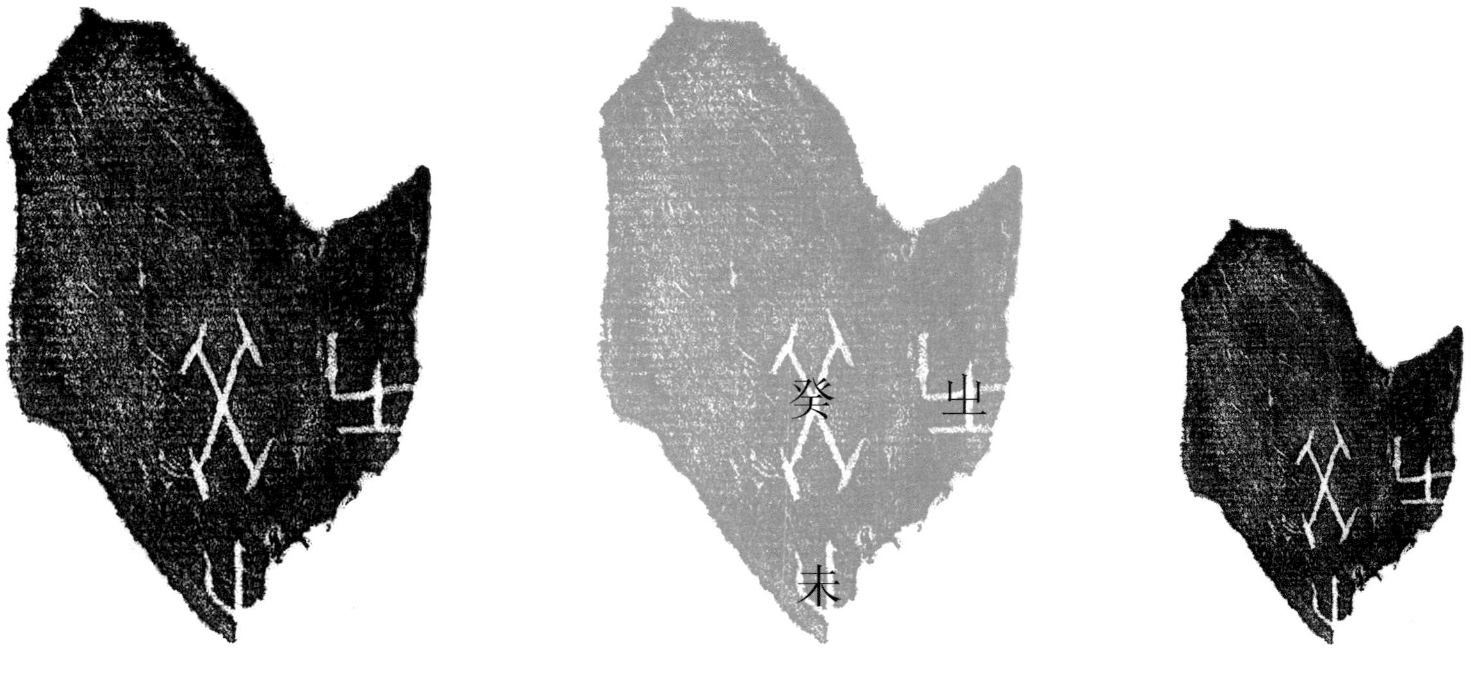

三五六　癸未問㞢事與某日問在庭等事

本骨正面存辭一條。反面存辭二條，有界劃綫。

〔正面〕

（一）癸［未］☐［㞢］☐

〔反面〕

（一）☐［三］日丙［申］☐［侢］☐

（二）☐才（在）［䆗（庭）］。

【備注】

組類：賓組

材質：牛肩胛骨

著録：〔正〕《南師》二・一六〇、《國考》四・四・一；〔反〕《南師》二・一六一、《國考》四・四・二；〔正反〕《合》八〇八八、《北珍》一七六八

來源：馬衡捐贈北大

原拓號：〔正〕五・四・二、〔反〕五・四・一

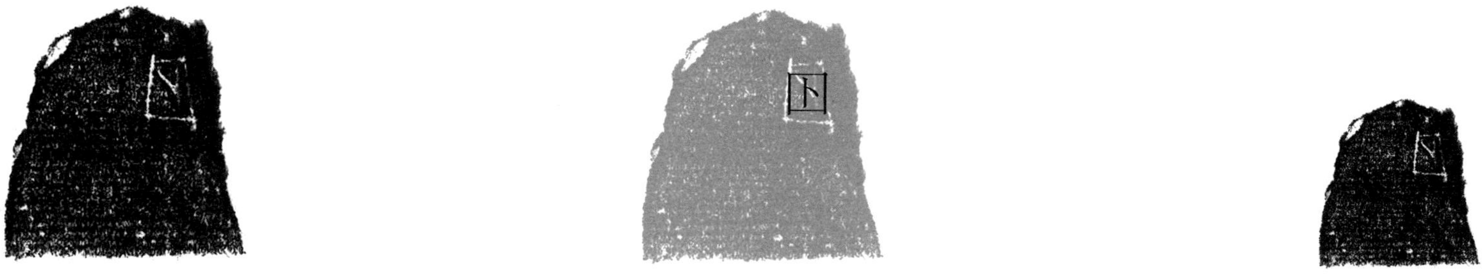

三五七　某日問[illegible]啚等事

本骨正反面各存辭一條。

〔正面〕

（一）　☐[illegible]〔一〕。

〔反面〕

（一）　☐三日乙丑☐[illegible]〔𩑚（啚）〕☐肩㞢（有）□☐〔二〕

【簡釋】

〔一〕「[illegible]」或比定作「禍」「咎」「憂」等字。

〔二〕「三日乙丑[illegible]」刻于「才䆗□高」等字之上。

【備注】

組類：賓組

材質：牛肩胛骨

著録：〔正〕《國考》四·五·一；〔反〕《南師》二·一五九、《國考》四·五·三、《北珍》二一六一；〔正反〕《合》一七八七〇（全）

來源：馬衡捐贈北大

原拓號：〔正〕五·五·一、〔反〕五·五·三

三五八　某日問晥事

本甲正面存辭一條。反面無字。

（一）☐晥☐

【備注】

組類：賓組

材質：龜腹甲

著録：《京》五八二、《合》五六〇八、《國考》四・五・二、《北珍》三三一

來源：馬衡捐贈北大

原拓號：五・五・二

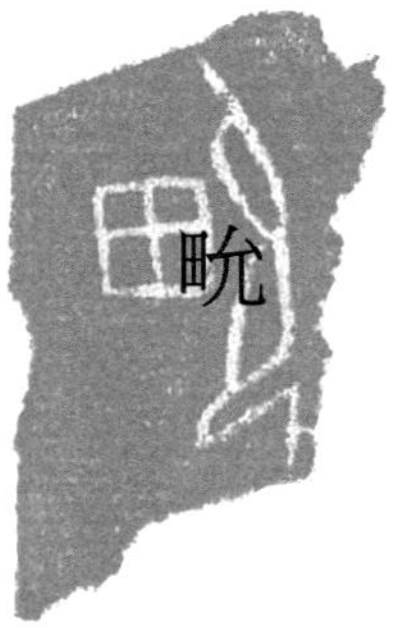

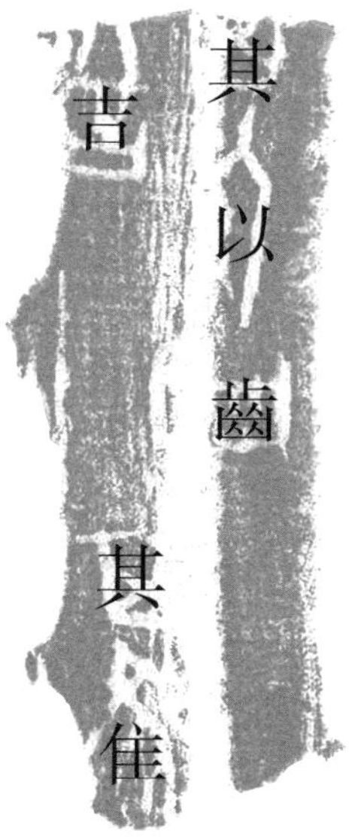

三五九　某日㱿貞旬亡𡆥與某其以齒等事

本骨正面存辭一條，反面存辭三條。

〔正面〕

（一）☑〔㱿〕貞：旬亡☑〔㞢（有）〕求（咎）。其㞢（有）〔來〕☑〔戌〕允㞢（有）〔來〕☑

〔反面〕

（一）其隹☑

（二）☑〔其〕以齒。

（三）☑〔吉〕。〔一〕

【簡釋】

〔一〕本骨可綴《合》一一七〇六，綴合後釋文可補爲「〔正面〕☑㱿貞：旬亡☑王固（占）曰：㞢（有）求（咎）。其㞢（有）〔來〕☑三月丙戌允㞢（有）〔來〕☑；〔反面〕☑其隹辛，吉。／其隹☑／☑〔隹（唯）〕丙其以齒」。詳見林宏明綴，《契合集》第四五例。

【備注】

組類：賓組

材質：牛肩胛骨

著録：〔正〕《南師》二·八〇、《國考》四·五·四；〔反〕《南師》二·八一、《國考》四·五·五；〔正反〕《合》一七三〇五、《北珍》二〇四四

來源：馬衡捐贈北大

原拓號：〔正〕五·五·五、〔反〕五·五·四

三六〇　某日問舌方來與不唯𢀛方𢓊等事

本骨正面存辭三條。反面無字。

（一）☐［庚］☐舌☐來☐

（二）☐［不］隹（唯）☐［𢀛］方☐𢓊〔一〕。

一

（三）☐方于☐

【簡釋】

〔一〕「𢓊」或比定作「循」「徝」等字。

【備注】

組類：自賓

材質：牛肩胛骨

著録：《續》三・八・五（不全）、《考墳》五〇九、《合》八五八三、《國考》四・六・一、《北珍》七九六

來源：馬衡捐贈北大

原拓號：五・六・一

三六一　十二月癸丑卜穷貞皁來屯𢦏事

本甲正面存辭一條。反面無字。

（一）癸丑卜，[穷]貞：皁[來]屯𢦏。十二月〔一〕。

【簡釋】

〔一〕「十二月」爲合文。

【備注】

組類：賓組

材質：龜腹甲

著録：《佚》一五二、《南師》二・一一〇、《合》八二四、《國考》四・六・二、《北珍》九五七

來源：馬衡捐贈北大

原拓號：五・六・二

三六二　某日貞亡其來自卓等事

本甲正面存辭二條。反面無字。

（一）貞：亡其來自卓。

（二）☐［月］。

【備注】

組類：賓出

材質：龜背甲

著録：《考墳》三五一、《合》七〇八八、《國考》四・六・三、《北珍》九五八

來源：馬衡捐贈北大

原拓號：五・六・三

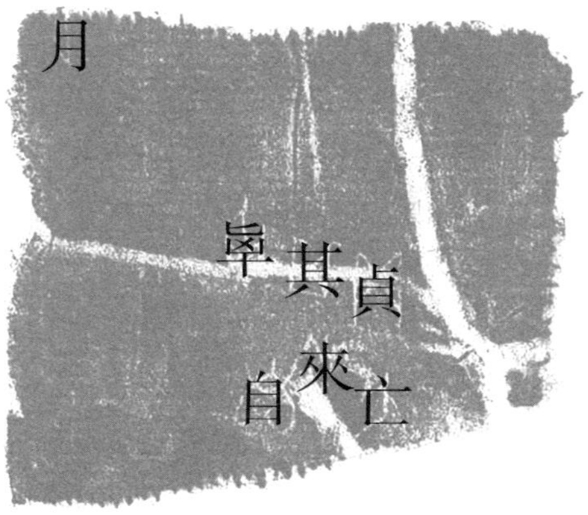

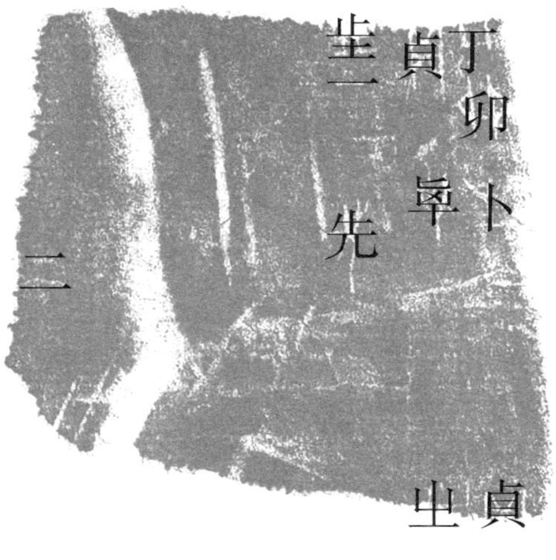

三六三　丁卯卜貞𦎫往先等事

本甲正面存辭三條。反面無字。

（一）［丁］卯卜，貞：𦎫［𡉚（往）］先。

一

（二）［貞：㞢］☐

（三）☐二☐

【備注】

組類：賓出

材質：龜背甲

著録：《考塡》三一二、《合》四〇六七、《國考》四・六・四、《北珍》一一一六

來源：馬衡捐贈北大

原拓號：五・六・四

三六四　某日問令𣪊奠窐事

本甲正面存辭一條。反面無字。

（一）　☐令☐𣪊☐奠☐窐☐

【備注】

組類：賓出

材質：龜腹甲

著録：《佚》一六三、《合》一九五五八、《國考》四・七・一、《北珍》二二〇一

來源：馬衡捐贈北大

原拓號：五・七・一

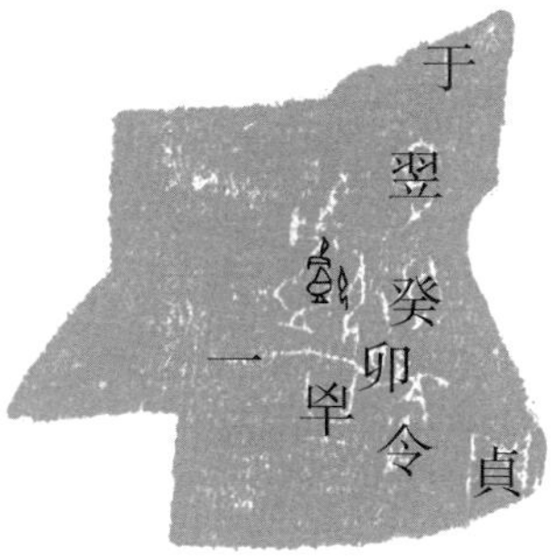

三六五　某日問于翌癸卯彭與令卒等事

本甲正面存辭二條，有界劃綫。反面無字。

（一）　于翌癸卯〼彭。

（二）　貞〼令〼卒〼　一

【備注】

組類：賓出

材質：龜腹甲

著録：《南師》二・一五四、《合》四一〇四、《合》一〇八〇四、《國考》四・七・二、《北珍》二九二

來源：馬衡捐贈北大

原拓號：五・七・二

三六六　子日卜貞王夢不唯有不若事

本甲正面存辭一條。反面無字。

（一）〼子［卜］〼貞：王〼夢，不〼［隹（唯）］㞢（有）不［若］。

【備注】

組類：賓組

材質：龜腹甲

著録：《考塡》四七五、《南師》二·一二〇、《合》一七三九八、《國考》四·七·三、《北珍》一〇八一

來源：馬衡捐贈北大

原拓號：五·七·三

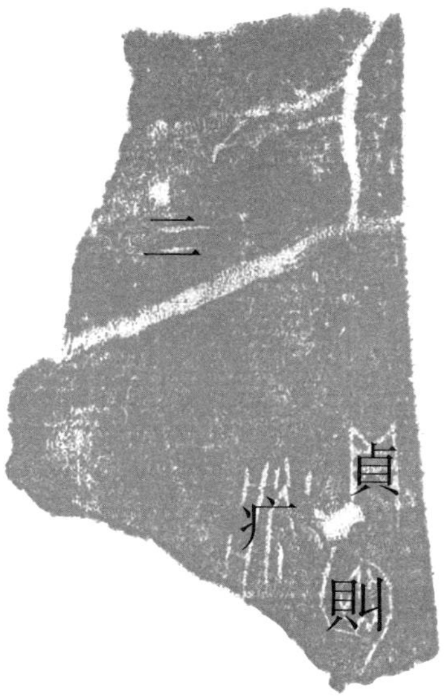

三六七　某日貞則疾事

本甲正面存辭一條。反面無字。

（一）貞：則疒（疾）。　二

【備注】

組類：賓組

材質：龜背甲

著録：《南師》二・一二二、《合》一三七四六、《國考》四・七・四、《北珍》一〇六〇

來源：馬衡捐贈北大

原拓號：五・七・四

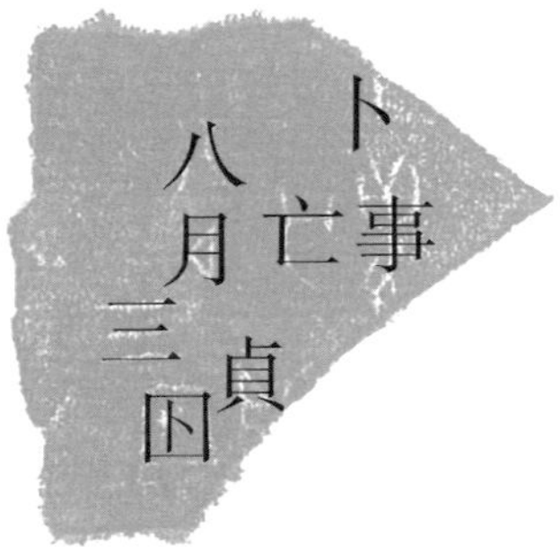

三六八　八月某日卜事問等事

本甲正面存辭二條。反面無字。

（一）☐［卜］，事☐亡☐八月。

（二）［貞］☐囚[一]。　三

【簡釋】

［一］「囚」或比定作「禍」「咎」「憂」等字。

【備注】

組類：賓組

材質：龜背甲

著録：《合》一九七四七、《國考》四・八・一、《北珍》一〇四七

來源：馬衡捐贈北大

原拓號：五・八・一

三六九　戊亡其刿與丙申辛丑等日古問事

本骨正面存辭四條，有界劃綫。反面無字。

（一）［戊］〔一〕⧄［其］⧄

（二）戊亡其刿。

（三）丙申卜，叀（古）。

（四）辛丑卜，叀（古）。〔二〕

【簡釋】

〔一〕「戊」或比定作「或」。

〔二〕本骨可綴《合補》一九六一，綴合後釋文可補爲「戊弗其𢦏」。詳見蔡哲茂綴，《〈甲骨文合集〉新綴第六至八則》第六則。

【備注】

組類：賓組

材質：牛肩胛骨

著録：《佚》一四二、《南師》二·九七、《合》四二七四、《國考》四·八·二、《北珍》二一一〇

來源：馬衡捐贈北大

原拓號：五·八·二

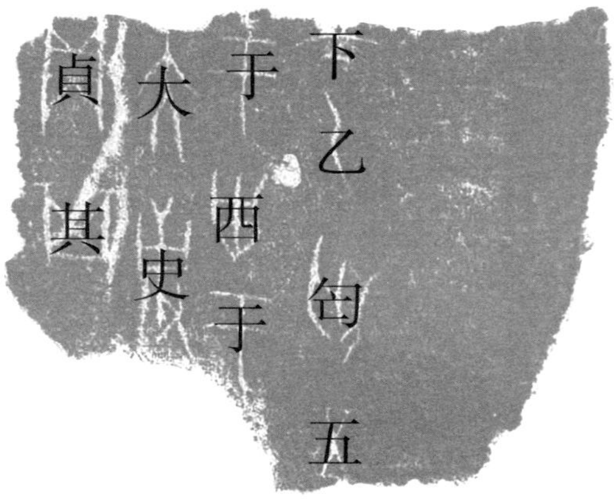

三七〇　某日貞大史于西于下乙勾事

本甲正面存辭一條。反面無字。

（一）　貞：其大史于西，于下乙勾。五☐

【備注】

組類：賓組

材質：龜腹甲

著録：《續》一・四六・四（不全）、《佚》一〇、《合》一六七二、《國考》四・八・三、《北珍》三〇一

來源：馬衡捐贈北大

原拓號：五・八・三

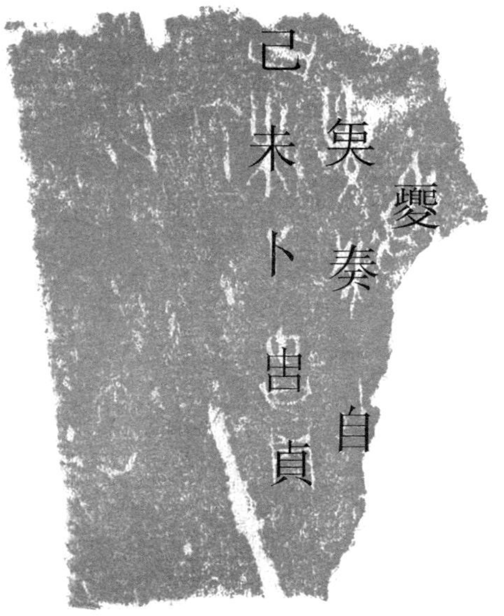

三七一　己未卜古貞奞奏自夒事

本骨正面存辭一條。反面無字。

（一）　己未卜，𡆥（古）貞：奞奏［自夒］☐〔一〕

【簡釋】

〔一〕本骨可綴《宫國學》三八一，綴合後釋文可補爲「己未卜，𡆥（古）貞：奞奏自夒，𢀛（禦）于上甲。三月。一」。詳見李愛輝綴，《拼五》第一一〇二則。

【備注】

組類：賓組

材質：牛肩胛骨

著録：《南師》二·一五三、《合》三八二八（全）、《合》一四三七九、《國考》四·八·四、《北珍》二一〇九（全）

來源：馬衡捐贈北大

原拓號：五·八·四

三七二　庚午宂問寧犬等事

本甲正面存辭二條。反面無字。

（一）　庚［午］□宂□罒（寧）□犬□

（二）　□［宂］□　三

【備注】

組類：賓組

材質：龜腹甲

著録：《合》三六八〇（不全）、《國考》四·九·一、《北珍》二五六二（不全）

來源：馬衡捐贈北大

原拓號：五·九·一

三七三　乙酉問戠坚事

本骨正面存辭一條。反面無字。

（一）乙酉☐戠〔一〕坚☐二☐　一

【簡釋】

〔一〕「戠」或比定作「捷」「翦」等字。

【備注】

組類：自賓

材質：牛肩胛骨

著録：《佚》一四一、《合》六七七四、《國考》四・九・二、《北珍》八五三

來源：馬衡捐贈北大

原拓號：五・九・二

三七四　甲辰卜王勿尊酌事

本甲正面存辭一條。反面無字。

（一）［甲］辰卜，王：［弓（勿）］尊□酌。

【備注】

組類：𠂤賓

材質：龜腹甲

著録：《續》二·七·一〇（全）、《考墳》四五九、《合》一五八一四、《國考》四·九·三、《北珍》二六二

來源：馬衡捐贈北大

原拓號：五·九·三

三七五　壬申邑示三屯骨臼刻辭

本骨正反面無字。臼面存辭一條。

（一）壬申邑示三屯。収。

【備注】

組類：賓組

材質：牛肩胛骨

著録：《續》五・一一・五（不全）、《佚》一六〇、《合》一七五六八、《國考》四・九・四、《北珍》一八九二

來源：馬衡捐贈北大

原拓號：五・九・四

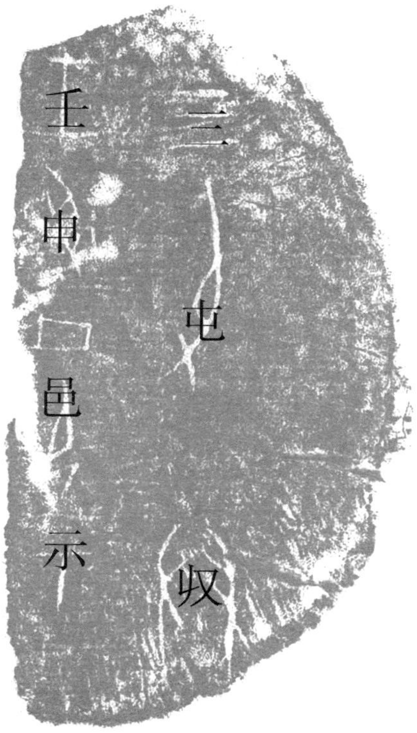

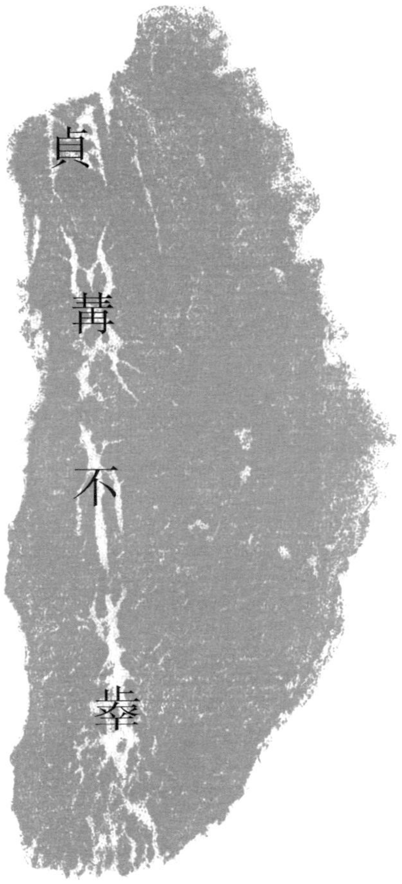

三七六　某日貞遘不逸事

本骨正面無字。反面存辭一條。

（一）貞：冓（遘）不𡴘（逸）。

【備注】

組類：賓組

材質：牛肩胛骨

著録：《考塡》三九六、《合》五九二九、《國考》四・一〇・一、《北珍》九二一

來源：馬衡捐贈北大

原拓號：五・一〇・一

三七七　丙戌貞丁亥冓與寅日卜貞等事

本甲正面存辭二條。反面無字。

（一）丙［戌］☐貞☐丁亥☐𦉪（冓）☐　一

（二）☐寅卜☐貞☐叀☐

【備注】

組類：賓組

材質：龜腹甲

著録：《佚》一六四、《合》三五一五二、《國考》四·一〇·二、《北珍》二三三八

來源：馬衡捐贈北大

原拓號：五·一〇·二

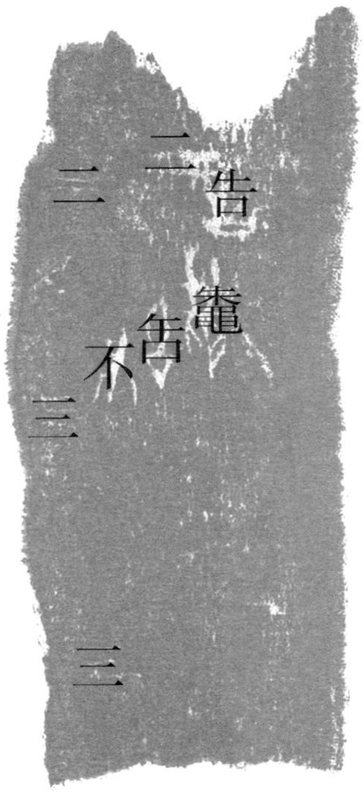

三七八　二告二不𠰷鼄三等字殘辭

本骨正面存辭三條。反面無字。

（一）二告

（二）二　不𠰷鼄　三

（三）三

【備注】

組類：賓組

材質：牛肩胛骨

著録：《合》一七七七二、《國考》四・一〇・三、《北珍》一九〇二

來源：馬衡捐贈北大

原拓號：五・一〇・三

三七九　戊子貞王[illegible]吉事

本甲正面存辭一條。反面無字。

（一）　戊〔子〕⍁〔貞〕：王⍁[illegible]⍁吉。

【備注】

組類：事何

材質：龜腹甲

著録：《合》五二六七、《國考》四·一一·一、《北珍》二〇四一

來源：馬衡捐贈北大

原拓號：五·一一·一

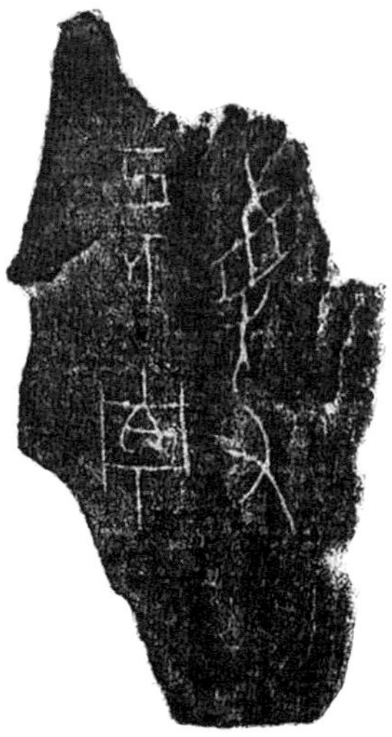

三八〇　己亥問貯受祐事

本骨正面存辭一條。反面無字。

（一）己亥：貯[一]受又（祐）。

【簡釋】

［一］「貯」或比定作「賈」字。

【備注】

組類：非王圓體

材質：牛肩胛骨

著録：《續》二・三〇・六（不全）、《合》四六九二（不全）、《國考》四・一一・二、《北珍》一一五五（不全）

來源：馬衡捐贈北大

原拓號：五・一一・二

三八一　三月某日問禦于上甲事

本骨正面存辭一條。反面無字。

（一）☐卸（禦）于囲（上甲）〔一〕。三月。

一〔二〕

【簡釋】

〔一〕「囲」爲合文。

〔二〕本骨可綴《宮國學》三七一，綴合後釋文可補爲「己未卜，𠧢(古)貞：奏自上甲。三月。　一」。詳見李愛輝綴，《拼五》第一一〇二則。

【備注】

組類：賓組

材質：牛肩胛骨

著録：《續》一·五·五、《南師》二·五一、《合》一一六四(全)、《國考》四·一一·三、《北珍》二一〇(全)

來源：馬衡捐贈北大

原拓號：五·一一·三

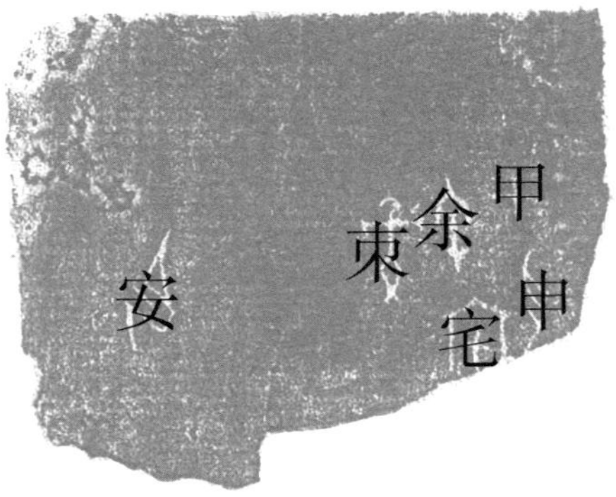

三八二　甲申問余宅束等事

本骨正面存辭二條。反面無字。

（一）　甲申☐余［宅］☐束。

（二）　☐安☐

【備注】

組類：𠂤組

材質：牛肩胛骨

著録：《合》二〇三二七（全）、《國考》四·一一·四、《北珍》一〇九七（全）

來源：馬衡捐贈北大

原拓號：五·一一·四

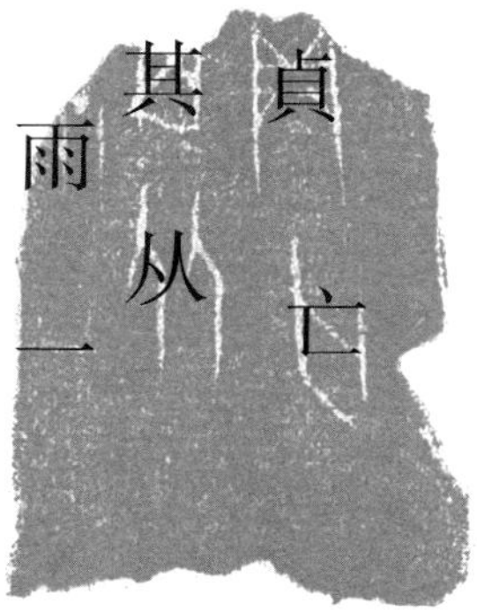

三八三　某日貞亡其從雨事

本骨正面存辭一條。反面無字。

（一）　貞：亡［其］从（從）［雨］。　一

【備注】

組類：賓組

材質：牛肩胛骨

著録：《南師》二・四〇、《合》一八九五二、《合》四〇七二四、《國考》四・一二・一、《北珍》二五四四

來源：馬衡捐贈北大

原拓號：五・一二・一

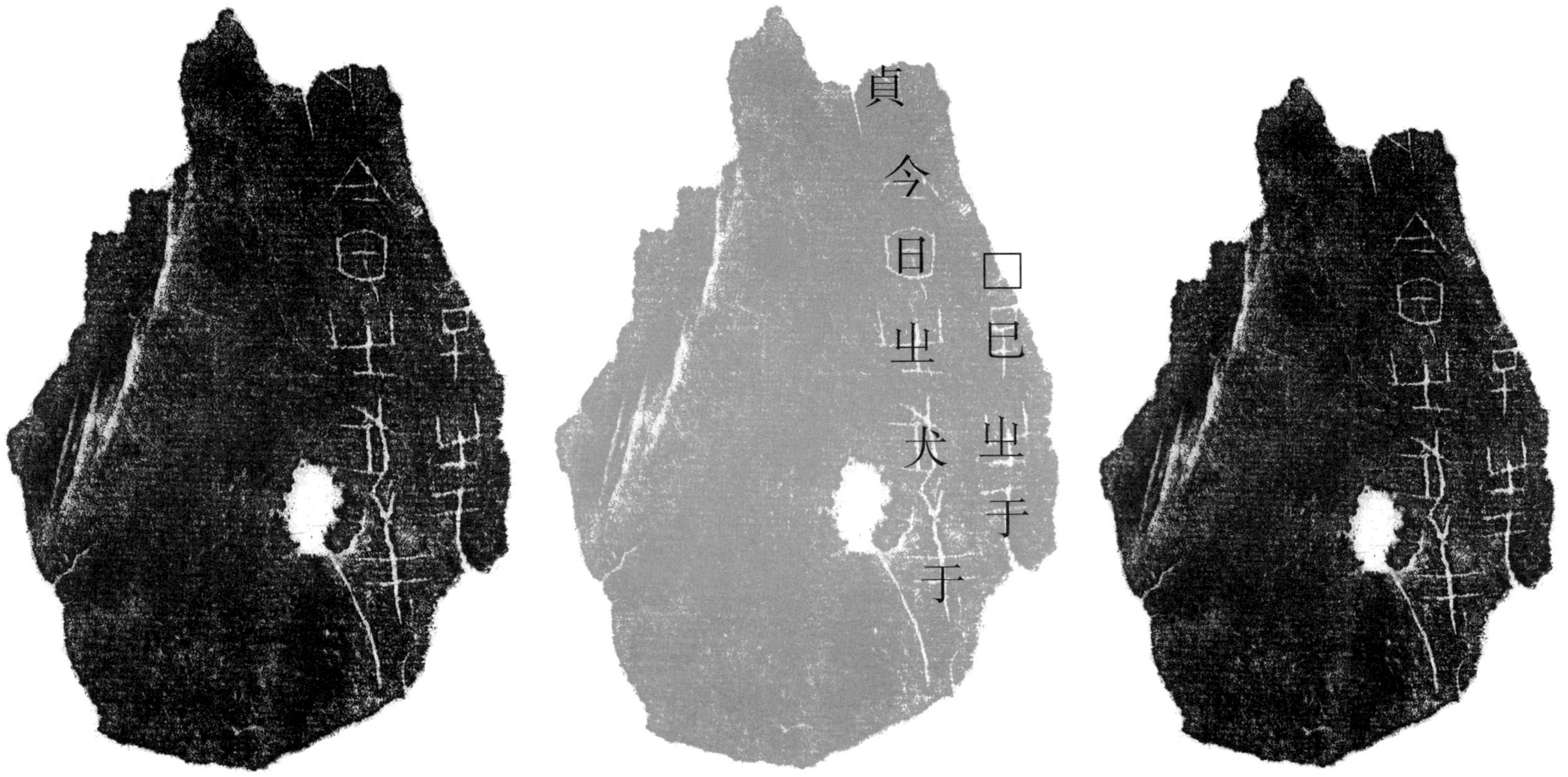

三八四　某日問巳日侑于某與貞今日侑犬等事

本骨正面存辭二條。反面無字。

（一）☐☐巳㞢（侑）于☐

（二）貞：今日㞢（侑）犬于☐

【備注】

組類：賓組

材質：牛肩胛骨

著録：《合》一五〇九二、《國考》四・一二・二、《北珍》一六七

來源：馬衡捐贈北大

原拓號：五・一二・二

三八五　某日問陷擒事

本甲正面存辭一條。反面無字。

（一）　〼⿶凵鹿（陷），㚔（擒）。

【備注】

組類：賓組

材質：龜腹甲

著録：《續》三·四六·一、《國考》四·一二·三、《北珍》八三

來源：馬衡捐贈北大

原拓號：五·一二·三

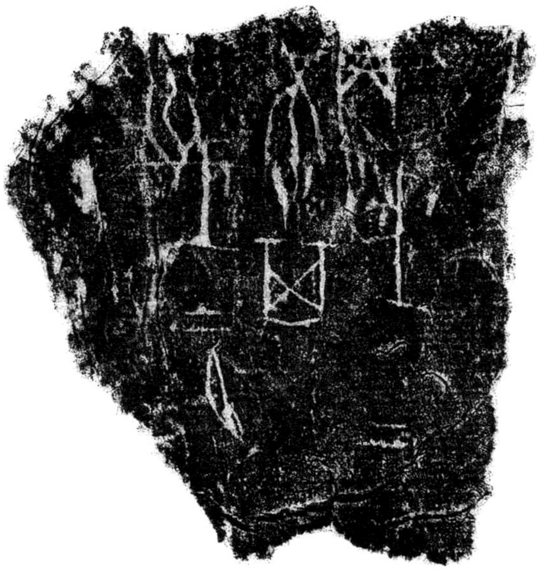

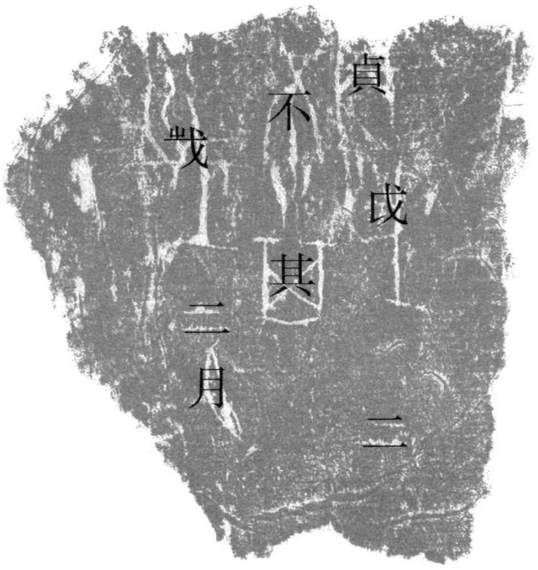

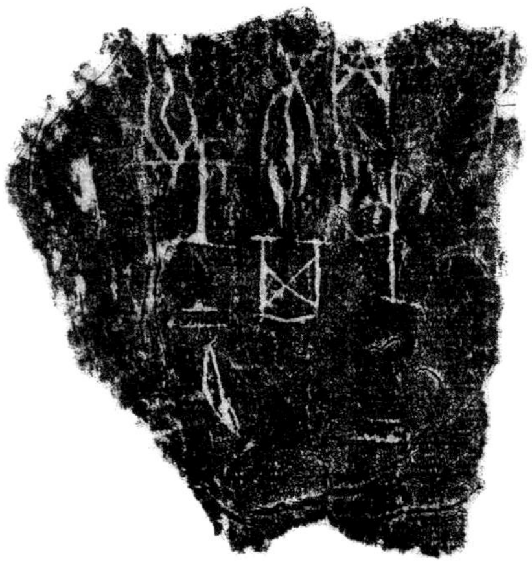

三八六　二月某日貞戊不其𢦏事

本骨正面存辭一條。反面無字。

（一）［貞］：戊〔一〕不其𢦏〔二〕。二月。

二

【簡釋】

〔一〕「戊」或比定作「或」。

〔二〕「𢦏」或比定作「捷」「翦」等字。

【備注】

組類：賓組

材質：牛肩胛骨

著録：《南師》二·九六、《合》七七〇五、《國考》四·一二·四、《北珍》八五九

來源：馬衡捐贈北大

原拓號：五·一二·四

三八七　某日卜㝉貞今𡆥収征土方與十一月辛巳卜㝉貞今𡆥王比乘伐下危等事

本骨正面存辭三條。反面無字。

（一）☐［卜］，㝉貞：今𡆥〔一〕収，正（征）土方。

（二）辛巳卜，㝉貞：今𡆥王［比］☐乘伐下危〔二〕，受㞢（有）又（祐）。十一月〔三〕。

（三）一　小告

【簡釋】

〔一〕「𡆥」或比定作「早」「春」等字。下同。

〔二〕「危」或比定作「兑-辯」字。

〔三〕「十一月」爲合文。

【備注】

組類：賓組

材質：牛肩胛骨

著録：《續》三・八・九（不全）、《合》六四一三、《國考》四・一三・一、《北珍》八〇九

來源：馬衡捐贈北大

原拓號：五・一三・一

一
小告
辛巳卜宾貞今𠀠王比
乘伐下危受㞢又
一
十月
卜宾貞今𠀠収正土方

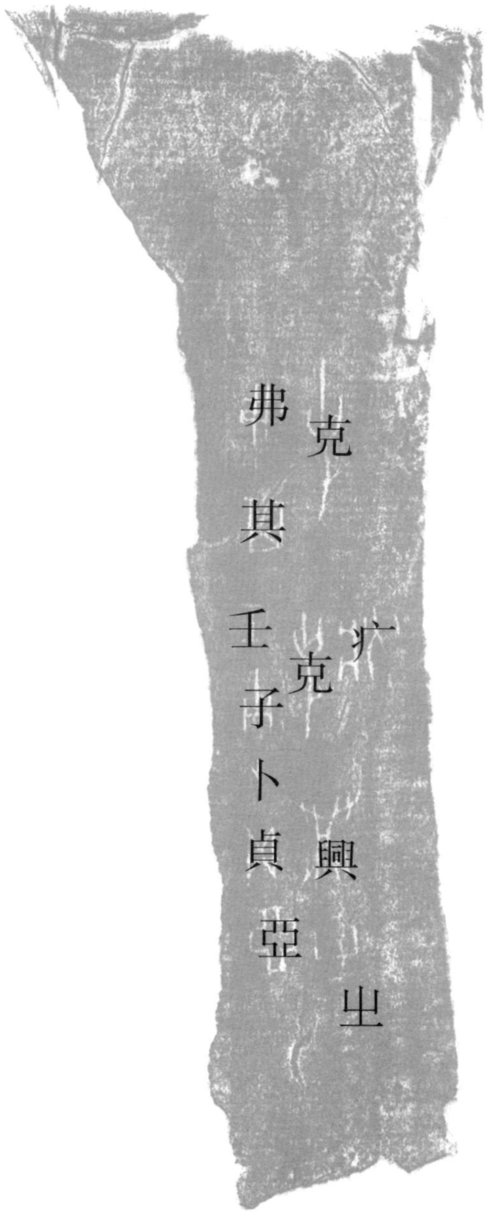

三八八　壬子卜貞亞克興有疾與弗其克等事

本骨正面存辭二條。反面無字。

（一）壬子卜，貞：亞克興㞢（有）疒（疾）。

（二）弗其克。

【備注】

組類：賓組

材質：牛肩胛骨

著録：《南師》二・一二一、《合》一三七五四（全）、《國考》四・一三・二、《北珍》一〇五九（全）

來源：馬衡捐贈北大

原拓號：五・一三・二

三八九　丙寅卜古貞興多迺等事

本骨反面存辭三條。正面即《宮國學》二九六。

（一）〼□〼

（二）丙寅卜，𠙵(古)貞：同(興)多迺。

（三）〼同(興)迺。

【備注】

組類：賓組

材質：牛肩胛骨

著録：《南師》二・一五七、《合》一〇一三二反(全)、《北珍》一五反(全)

來源：馬衡捐贈北大

原拓號：五・一四・一

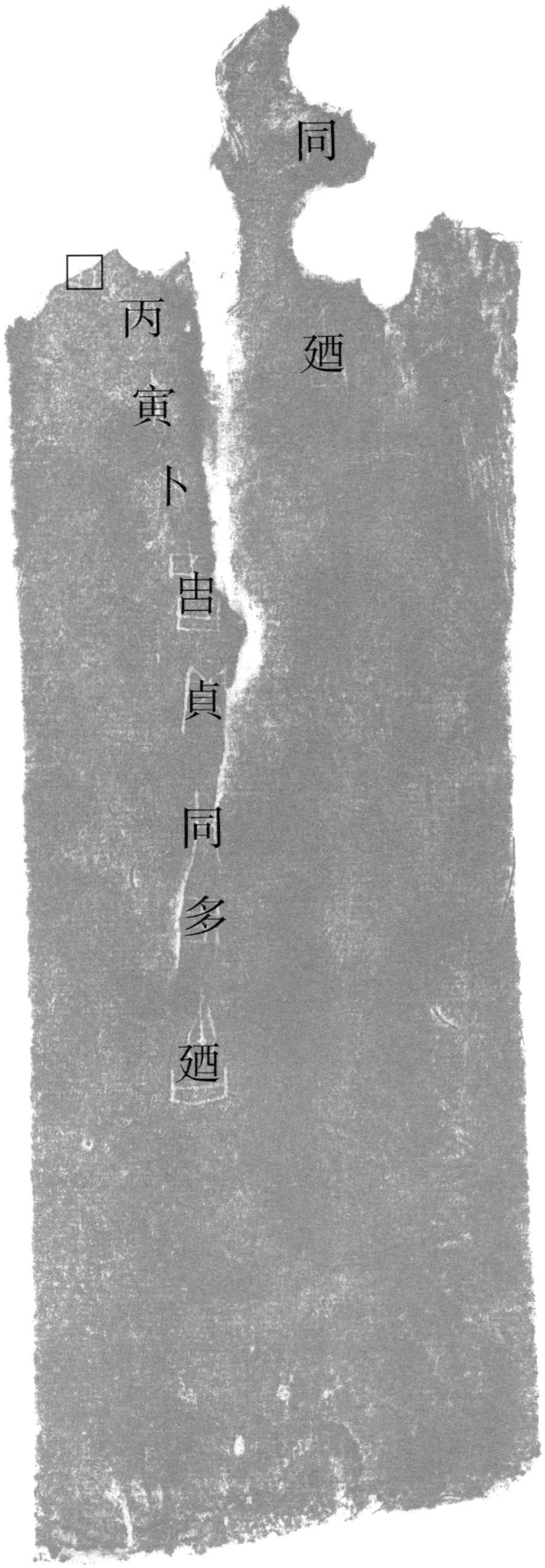

三九〇　某日問[illegible]堪王事

本骨正面存辭一條。反面無字。

（一）☐[illegible]☐［王］史（事）。

【備注】

組類：賓組

材質：牛肩胛骨

著録：《南師》二・一四九、《合》五四六五（全）、《國考》四・一五・一、《北珍》一一三二（全）

來源：馬衡捐贈北大

原拓號：五・一五・一

三九一 戊申癸亥等日卜殻問事

本骨正面存辭二條。反面無字。

（一）戊申卜，殻。 三(四)

（二）癸亥卜，殻。

【備注】

組類：賓組

材質：牛肩胛骨

著録：《南師》二・一六六、《合》三五三一(全)、《國考》四・一五・二、《北珍》二〇五二(全)

來源：馬衡捐贈北大

原拓號：五・一五・二

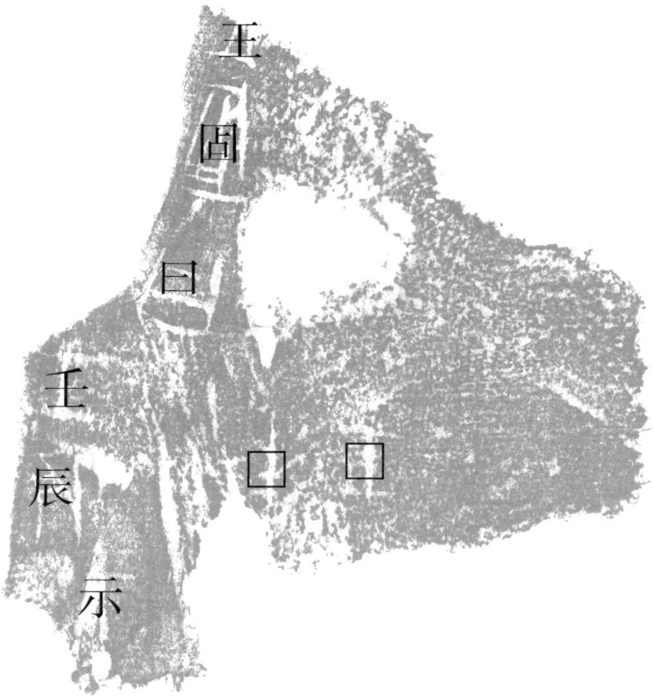

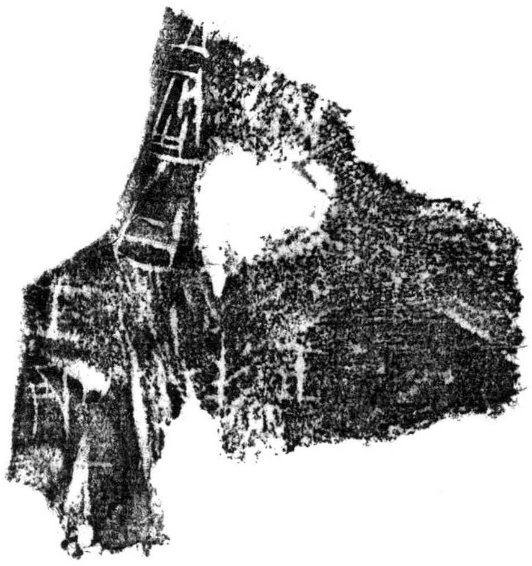

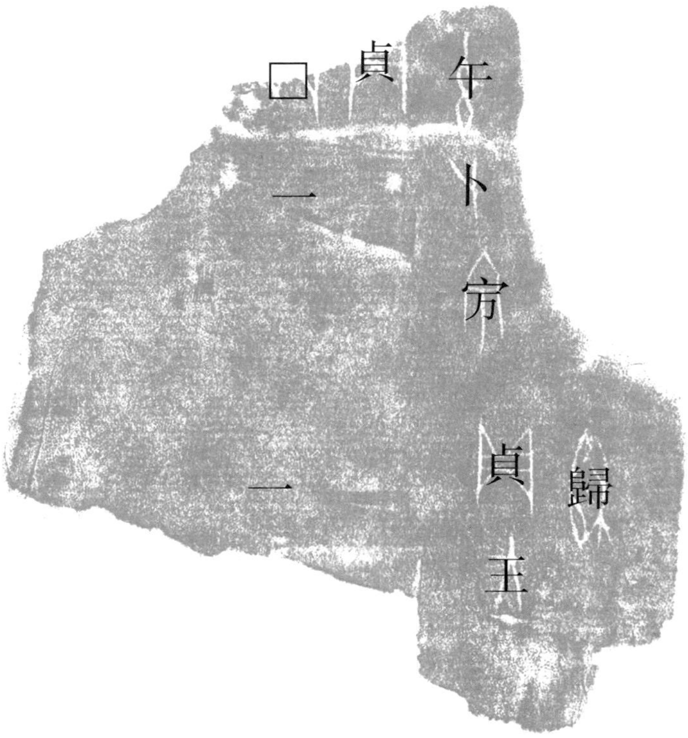

三九二　午日卜㝑貞與貞王歸等事

本甲正反面各存辭二條。

〔正面〕

（一）〼午卜，㝑［貞］：□〼　一

（二）貞：王歸。　一

〔反面〕

（一）王固（占）曰〼□〼□〼

（二）壬辰示〼〔一〕

【簡釋】

〔一〕《合集來源表》誤以《南師》二·二五爲本甲反面（上册，第一三八頁）。

【備注】

組類：賓組

材質：龜腹甲

著録：〔正〕《續》三·三九·一（不全）、《南師》二·一一五、《國考》四·一五·三；〔反〕《續研》三·三九·一、《國考》四·一五·四；〔正反〕《合》五一九三、《北珍》一一四三

來源：馬衡捐贈北大

原拓號：〔正〕五·一五·四、〔反〕五·一五·三

三九三　壬戌問翌日與子日𠂤問凿等事

本甲正面存辭二條，有界劃綫。反面無字。

（一）壬［戌］☐翌☐用☐　一

（二）☐子☐𠂤☐凿子☐救☐

【備注】

組類：𠂤組

材質：龜腹甲

著録：《合》二〇〇五二、《國考》四・一六・一、《北珍》二五八四（拓片倒置）

來源：馬衡捐贈北大

原拓號：五・一六・一

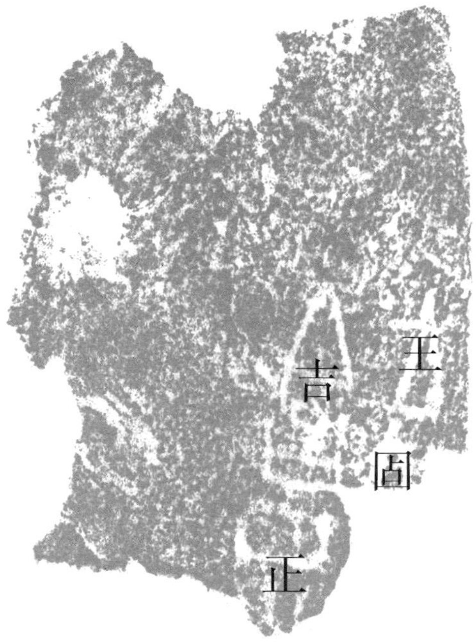

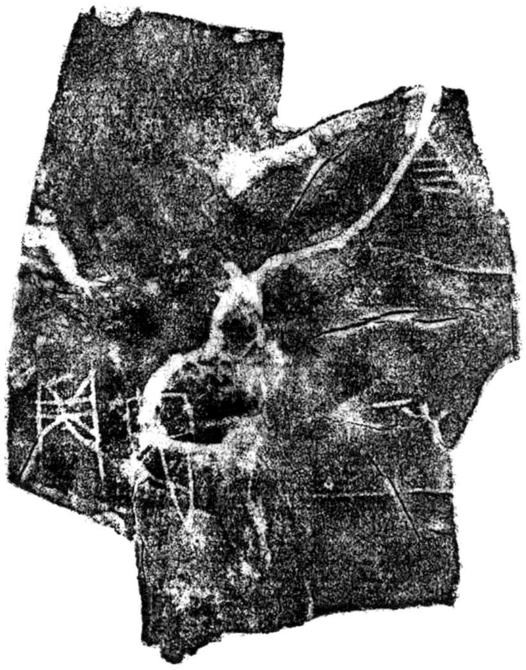
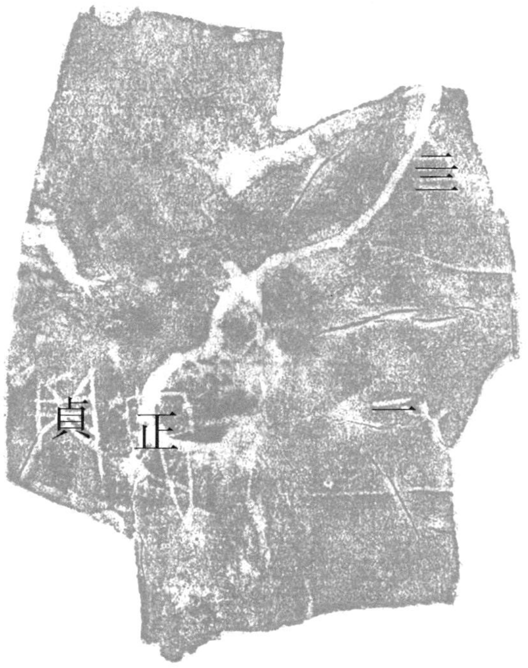

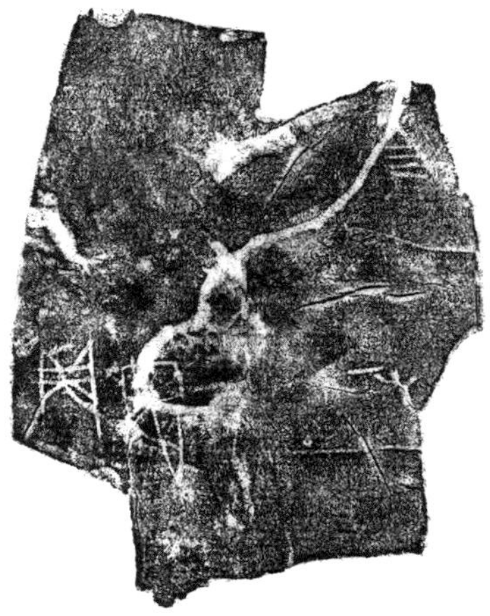

三九四　某日貞正等事

本甲正面存辭二條。反面存辭一條。

〔正面〕

（一）貞☐正☐　一

（二）　三（四）

〔反面〕

（一）王［固（占）］☐吉。［正］☐

【備注】

組類：賓組

材質：龜背甲

著録：〔正〕《國考》四・一六・三、《北珍》二六四四；〔反〕《國考》四・一六・四；〔正反〕《合》一六二五三

來源：馬衡捐贈北大

原拓號：〔正〕五・一六・四、〔反〕五・一六・二

三九五　壬辰卜貞𦎫亡災等事

本甲正面存辭二條。反面無字。

（一）壬辰卜，□𦎫□亡𡿧（災）。隻（獲）□

（二）□貞□𦎫，亡𡿧（災）。

【備注】

組類：黄組

材質：龜腹甲

著録：《續》三·二三·三、《合》三七五九四、《國考》四·一六·二、《北珍》一〇八

來源：馬衡捐贈北大

原拓號：五·一六·三

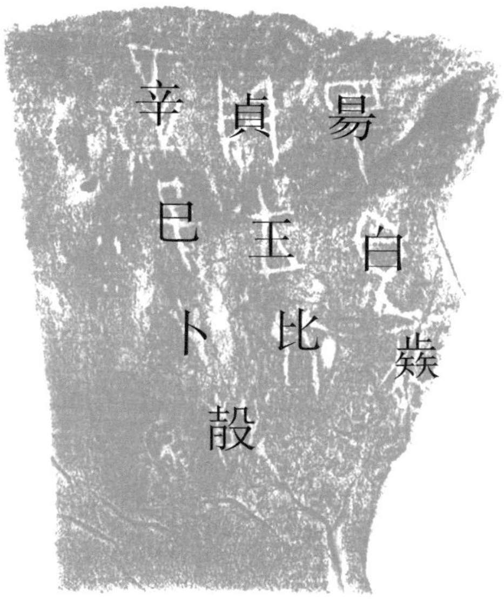

三九六　辛巳卜㱿貞王比昜伯𡚁事

本骨正面存辭一條。反面無字。

（一）辛巳卜，㱿貞：王比昜白（伯）[𡚁]。

【備注】

組類：賓組

材質：牛肩胛骨

著録：《南師》二・一四八、《合》三三八〇（全）、《國考》四・一七・一、《北珍》八五二（全）

來源：馬衡捐贈北大

原拓號：五・一七・一

三九七　甲申卜㱿問翌日事

本骨正面存辭一條。反面無字。

（一）甲申卜，㱿☐翌☐☐☐

【備注】

組類：賓組

材質：牛肩胛骨

著録：《國考》四・一七・三、《北珍》一七三〇

來源：馬衡捐贈北大

原拓號：五・一七・二

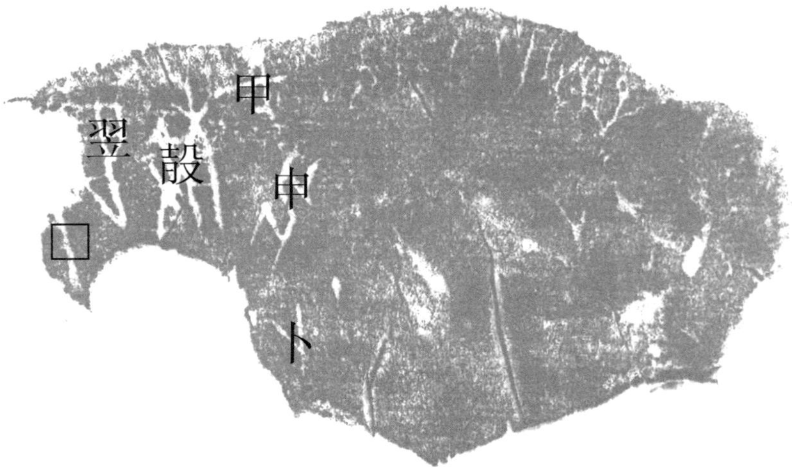

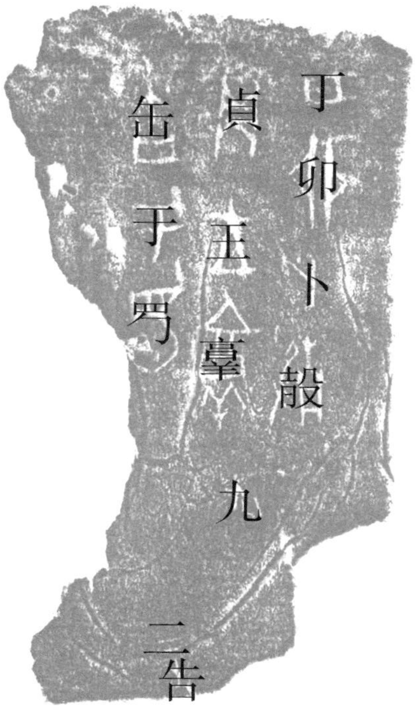

三九八　丁卯卜殻貞王𦎫缶于𡆥事

本骨正面存辭一條。反面無字。

（一）丁卯卜，殻貞：王𦎫缶于𡆥。　九

二〔告〕

【備注】

組類：賓組

材質：牛肩胛骨

著録：《續》一・五二・一、《合》六八六二（全）、《國考》四・一七・二、《北珍》八一八（全）

來源：馬衡捐贈北大

原拓號：五・一七・三

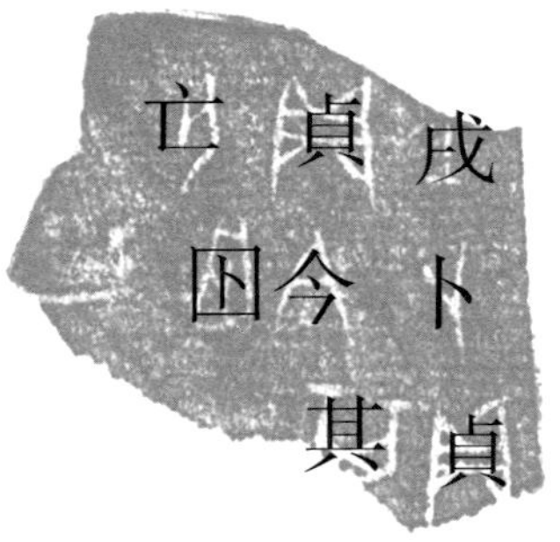

三九九　戌日卜貞今亡囚等事

本甲正面存辭二條，有界劃綫。反面無字。

（一）☐戌卜☐貞：今☐亡囚〔一〕。

（二）貞☐［其］☐

【簡釋】

〔一〕「囚」或比定作「禍」「咎」「憂」等字。

【備注】

組類：賓組

材質：龜背甲

著録：《國考》四・一八・一、《北珍》九七七

來源：馬衡捐贈北大

原拓號：五・一八・一

四〇〇　癸酉癸未癸卯等日卜争貞旬亡囚事

本甲正面存辭五條，有界劃綫。反面無字。

（一）　三

（二）　癸［酉］☐貞：［旬］☐囚[一]☐

三

（三）　癸☐卜☐旬☐

（四）　癸未卜，争貞：旬亡囚。一月。　三

（五）　癸卯卜，争貞☐亡☐[二]

【簡釋】

〔一〕「囚」或比定作「禍」「咎」「憂」等字。下同。

〔二〕本甲可綴《合》一六七六〇，即《合補》四八三六。詳見常玉芝綴，《綴彙》第二七八組。綴合後釋文可補爲「癸酉卜，争貞：旬亡囚。十一月。　三/癸巳卜，争貞：旬亡囚。十二月。　三」。可續綴《英藏》一五九八，綴合後釋文可補爲「癸酉卜，穷貞：旬亡囚。七月。　三」。詳見林宏明綴，《甲骨新綴第五六六至五六八例》第五六七例。又可續綴《合》一六六七二、《合》一六七〇五、《合》一六七一四、《合》一六六九六、《合補》四八三五，詳見張軍濤綴，《賓組

四一四

卜旬腹甲新綴五則》第一、二則，《賓組卜旬腹甲新綴三則》第一則。

【備注】

組類：賓組

材質：龜腹甲

著録：《續》四·四七·三、《合》一六六四一、《國考》四·一八·二、《合補》四八三六上半、《北珍》一〇一二

來源：馬衡捐贈北大

原拓號：五·一八·二

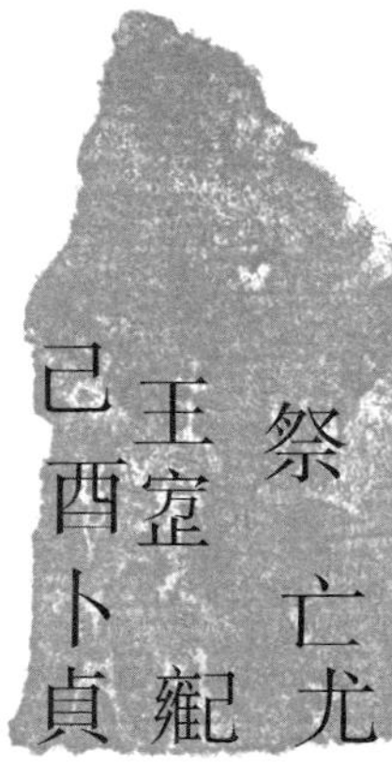

四〇一　己酉卜貞王儐雍己祭亡尤事

本甲正面存辭一條。反面無字。

（一）己酉卜，貞：王宾（儐）雍己〔一〕祭，亡尤。

【簡釋】

〔一〕「雍己」爲合文。

【備注】

組類：黄組

材質：龜背甲

著録：《南師》二·二二八、《合》三五六一三、《國考》四·一八·三、《北珍》四八三

來源：馬衡捐贈北大

原拓號：五·一八·三

四〇二　一月己丑卜宆貞令射朋防與小臣令某黍等事

本甲正面存辭三條。反面無字。

（一）己丑卜，宆貞：令射朋衙（防）。一月。　三

（二）☐一月。

（三）☐小臣令☐黍。〔一〕

【簡釋】

〔一〕本甲可綴《合》一八三八四、《山東》六三二。綴合後釋文可補爲「貞：王心𢝊（蕩），亡來媗（艱）自方。一月。　三」。詳見蔡哲茂綴，《綴集》第三五〇組。

【備注】

組類：賓組

材質：龜腹甲

著録：《續》三·四七·一（不全）、《存補》二·四三·一、《合》一三、《國考》四·一八·四、《北珍》二

來源：馬衡捐贈北大

原拓號：五·一八·四

四〇三　己酉卜貞王儐歲叙亡尤等事

本甲正面存辭二條。反面無字。

（一）己酉卜，貞：王宆（儐）歲☐尤。

（二）貞：王☐叙☐

【備注】

組類：黄組

材質：龜背甲

著録：《南師》二・二四〇、《合》三八五九六、《合》四一八八五、《國考》四・一九・一、《北珍》五六六

來源：馬衡捐贈北大

原拓號：五・一九・一

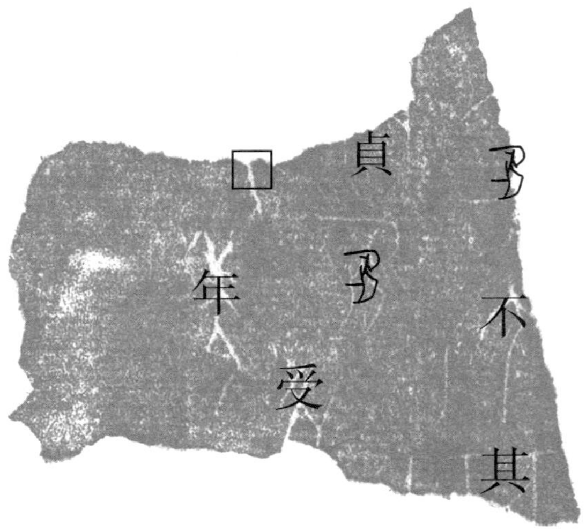

四〇四　某日貞鴐受年等事

本骨正面存辭三條。反面無字。

（一）☐[(鴐)]不其☐

（二）☐[貞]：(鴐)[受]☐

（三）☐□年☐[一]

【簡釋】

[一]本骨可綴《宮國學》四三七，綴合後釋文可補爲「☐[(鴐)]不其☐/☐曰：受年☐」。詳見林宏明綴，《甲骨新綴第八六二至八六三例》第八六二例。

【備注】

組類：賓組

材質：牛肩胛骨

著録：《佚》一五七、《合》九八〇〇、《國考》四・一九・二、《北珍》一九

來源：馬衡捐贈北大

原拓號：五・一九・二

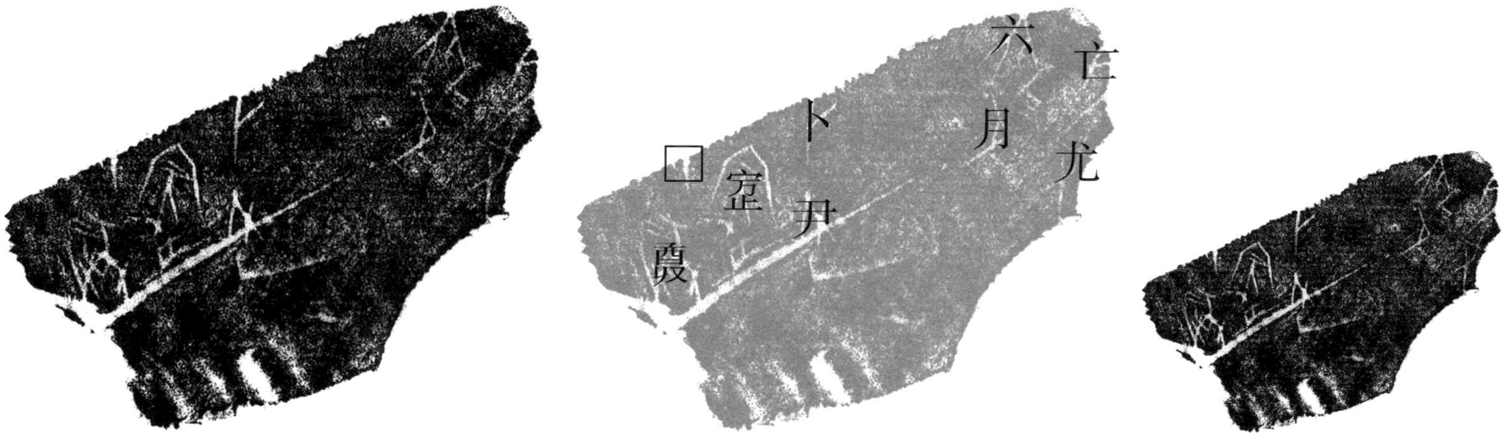

四〇五　六月某日卜尹問儐祼亡尤等事

本甲正面存辭二條。反面無字。

（一）〼卜，尹〼㝎（儐）□𡨦（祼）〼

（二）〼［亡］尤。六月。

【備注】

組類：出組

材質：龜背甲

著録：《合》二五五五一、《國考》四・一九・三、《北珍》四三〇

來源：馬衡捐贈北大

原拓號：五・一九・三

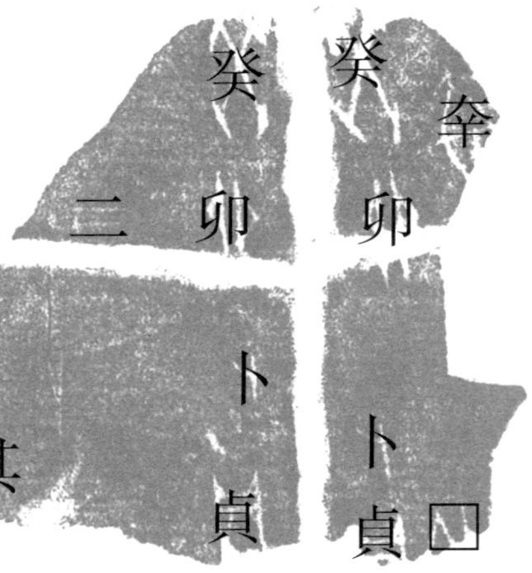

四〇六　癸卯卜貞㚔等事

本甲正面存辭二條。反面無字。

（一）癸卯卜，[貞]：㚔〼□〼

（二）癸卯卜，[貞]〼[弗其]〼　二

【備注】

組類：賓組

材質：龜腹甲

著録：《國考》四·一九·四、《北珍》九二三

來源：馬衡捐贈北大

原拓號：五·一九·四

四〇七　癸未卜貞旬亡吠等事

本甲正面存辭二條。反面無字。

（一）癸［未］☐貞：☐亡☐。

（二）☐未卜☐□貞☐旬亡吠〔一〕。

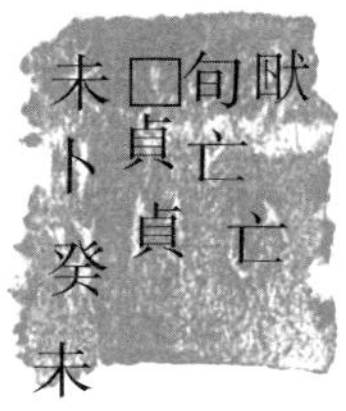

【簡釋】

〔一〕「吠」或比定作「禍」「咎」「憂」等字。

又，本甲可綴《合》三六八五〇、《合》三七九二一（《合》三六九二一）、《合補》一三一四四。詳見孫亞冰綴，《〈合集〉試綴一則》及文下評論，和門藝綴，《彙綴》第七五六組。

【備注】

組類：黃組

材質：龜腹甲

著録：《續》三·三二·五、《國考》四·二〇·一、《合》三六九三〇

來源：馬衡捐贈北大

原拓號：五·二〇·一

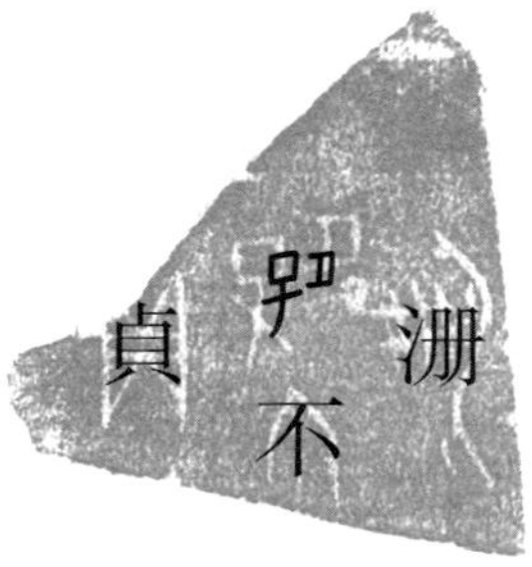

四〇八　某日貞夘不洀事

本甲正面存辭一條。反面未録。

（一）　貞：夘不洀。〔一〕

【簡釋】

〔一〕本甲可綴《宫國學》二七八，綴後即《合》一七九九七。

【備注】

組類：賓組

材質：龜腹甲

著録：《合》一七九九七正上半、《國考》四・二〇・二、《北珍》一六三上半

來源：馬衡捐贈北大

原拓號：五・二〇・二

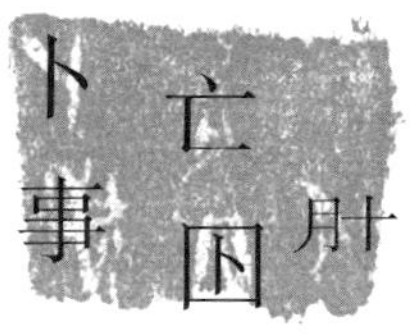

四〇九　十月某日卜事問亡囚事

本甲正面存辭一條。反面無字。

（一）　☐［卜，事］☐亡囚〔一〕。十月。

【簡釋】

〔一〕「囚」或比定作「禍」「咎」「憂」等字。

【備注】

組類：賓組

材質：龜腹甲

著録：《國考》四·二〇·三、《北珍》一〇五〇

來源：馬衡捐贈北大

原拓號：五·二〇·三

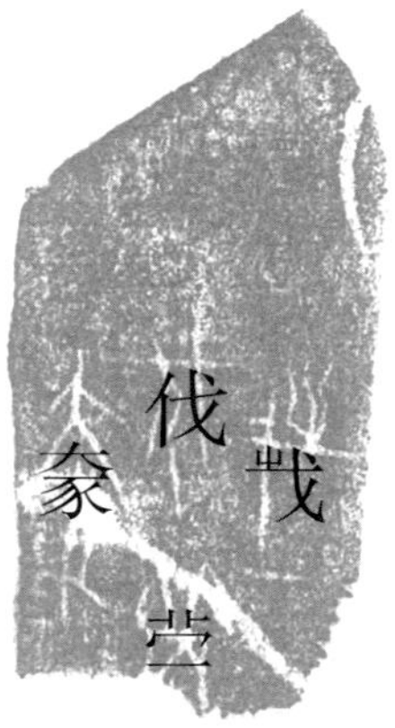

四一〇　某日問豙伐芒𢦏事

本甲正面存辭一條。反面無字。

（一）　☐豙伐[芒]，𢦏[一]。

【簡釋】

[一]「𢦏」或比定作「捷」「翦」等字。

【備注】

組類：𠂤賓

材質：龜腹甲

著録：《南師》二・九八、《合》六五六二、《國考》四・二〇・四、《北珍》八五八

來源：馬衡捐贈北大

原拓號：五・二〇・四

四一一　某日問獲鹿二狐一事

本甲正面存辭一條。反面無字。

（一）☐[卬〔一〕]。隻（獲）鹿二、[狐]一。〔二〕

【簡釋】

〔一〕「卬」或比定作「孚」字。

〔二〕本甲可綴《合》三七三八六，綴合後釋文可補爲「丁卯☐[巡]于☐往[來]亡[𢦏（災）]。[兹]卬（孚）。隻(獲)鹿二、狐一」。詳見蔣玉斌綴，《蔣玉斌甲骨綴合總表》第二五二組。

【備注】

組類：黄組

材質：龜腹甲

著録：《合》三七四二〇、《國考》四·二一·一、《北珍》一〇七（全）

來源：馬衡捐贈北大

原拓號：五·二一·一

四一二　九月庚戌卜王貞瞽伯事

本骨正面存辭一條。反面無字。

（一）［庚］戌卜，王貞：［瞽］白（伯）亡囗。九月。

【備注】

組類：自組

材質：牛肩胛骨

著録：《國考》四・二一・二

來源：馬衡捐贈北大

原拓號：五・二一・二

四一三　僞刻龜腹甲

本甲正面皆僞刻。反面無字。不録。〔一〕

【簡釋】

〔一〕詳見蔡哲茂《北京大學珍藏甲骨文字〉辨僞舉例》第二二例。

【備注】

組類：僞刻

材質：龜腹甲

著録：《國考》四・二一・三、《北珍》一〇一六

來源：馬衡捐贈北大

原拓號：五・二一・三

四一四　辛未徇卜我出事

本骨正面存辭一條。反面無字。

（一）辛未徇卜：我出。

【備注】

組類：子組

材質：牛肩胛骨

著録：《續》三・三五・八、《合》二一六一六（不全）、《國考》四・二一・四、《北珍》一一二八

來源：馬衡捐贈北大

原拓號：五・二一・四

四一五　某日貞王儐叙亡尤事

本甲正面存辭一條。反面無字。

（一）貞：王㝉（儐）叙，亡尤。

【備注】

組類：黄組

材質：龜背甲

著録：《南師》二・二四五、《合》四一八九〇、《國考》四・二二一・一、《北珍》五八七

來源：馬衡捐贈北大

原拓號：五・二二・一

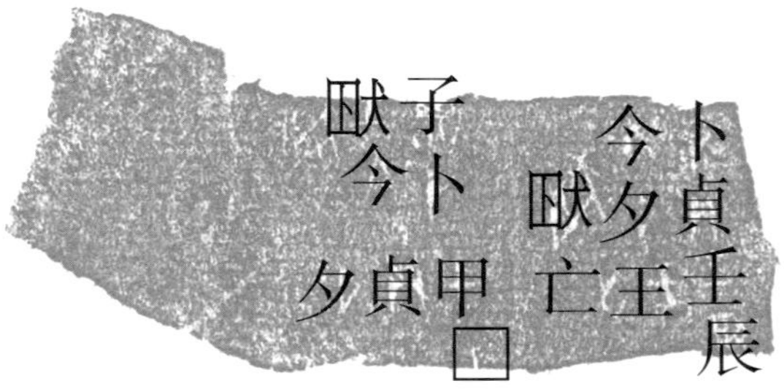

四一六　壬辰等日卜貞王今夕亡畎事

本甲正面存辭四條。反面無字。

（一）壬辰☑王☑亡☑

（二）甲☐☑貞☑夕☑

（三）☑卜，貞☑今夕☑畎〔一〕。

（四）☑子卜☑今☑畎。〔二〕

【簡釋】

〔一〕「畎」或比定作「禍」「咎」「憂」等字。下同。

〔二〕本甲可綴《合補》一二五二二，綴合後釋文可補爲「戊戌卜，貞：王今夕亡畎。/庚子卜，貞：王今夕亡畎」。詳見門藝綴，《黃組新綴第一一二至一一三組（附校重二組）》第一一三組。

【備注】

組類：黃組

材質：龜腹甲

著録：《國考》四・二二・二、《北珍》一二七八

來源：馬衡捐贈北大

原拓號：五・二二・二

四一七　貞其來女等事

本甲正面存辭二條。反面無字。

（一）貞：其來女。一

（二）［貞：不］☐〔一〕

【簡釋】

〔一〕本甲餘字爲僞刻。

【備注】

組類：賓出

材質：龜背甲

著録：《合》六六八、《國考》四·二二一·三、《北珍》九五六

來源：馬衡捐贈北大

原拓號：五·二二一·三

四一八　一不告鼄二告等殘辭

本骨正面存辭三條。反面無字。

（一）一

（二）一　不告鼄

（三）二告　不告鼄

【備注】

組類：賓組

材質：牛肩胛骨

著録：《合》一七七七四、《國考》四・二二・四、《北珍》一九〇八

來源：馬衡捐贈北大

原拓號：五・二二・四

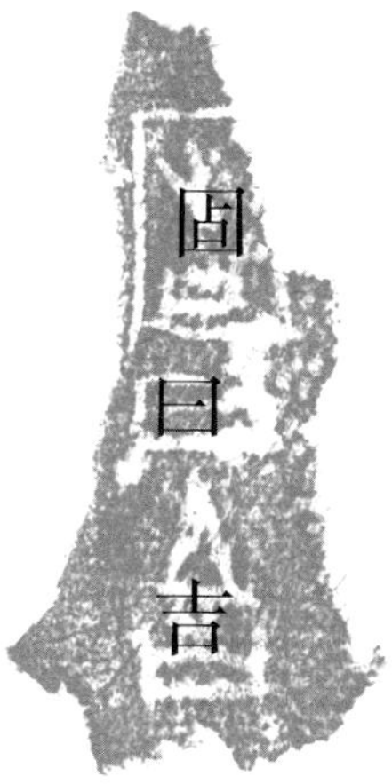

四一九　卯日卜殻貞禱婦等事

本甲正反面各存辭一條。

〔正面〕

（一）□卯卜，殻[貞]：桒(禱)帚(婦)☐

〔反面〕

（一）☐固(占)曰：吉。

【備注】

組類：賓組

材質：龜腹甲

著録：〔正〕《國考》四・二三・一；〔反〕《國考》四・二三・二；〔正反〕《合》一五二六六、《北珍》一一四九

來源：馬衡捐贈北大

原拓號：〔正〕五・二三・二；〔反〕五・二三・一

四二〇　寅日卜貞翌己卯告事

本甲正面存辭一條。反面無字。

（一）〼寅卜，貞：［翌］己卯〼告〼

【備注】

組類：賓出

材質：龜腹甲

著録：《國考》四・二三・三、《北珍》二三〇

來源：馬衡捐贈北大

原拓號：五・二三・三

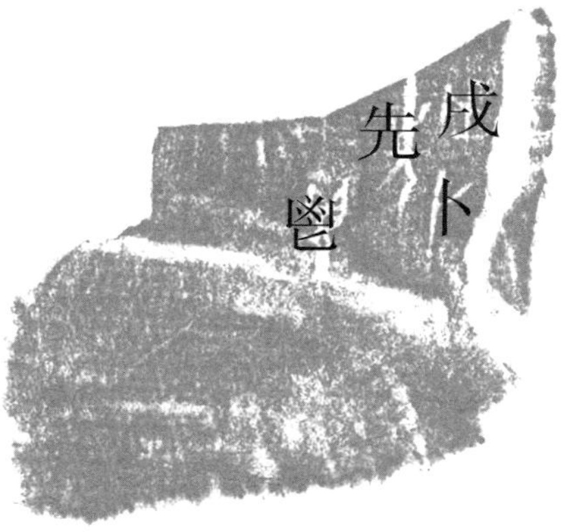

四二一　戊日卜先邑事

本甲正面存辭一條。反面無字。

（一）　〼戊卜〼先〼邑。

【備注】

組類：賓出

材質：龜背甲

著録：《續》二·二六·一二（不全）、《合》一五二九六、《國考》四·二三·四、《北珍》二二九七

來源：馬衡捐贈北大

原拓號：五·二三·四

四二三　不告黿殘辭

本骨正面存辭一條。反面無字。

（一）　不告黿[一]

【簡釋】

[一]原拓本倒置，拓本右側記有「倒」字。

【備注】

組類：賓組

材質：牛肩胛骨

著録：《國考》四・二四・一、《北珍》一八九六（全）

來源：馬衡捐贈北大

原拓號：五・二四・一

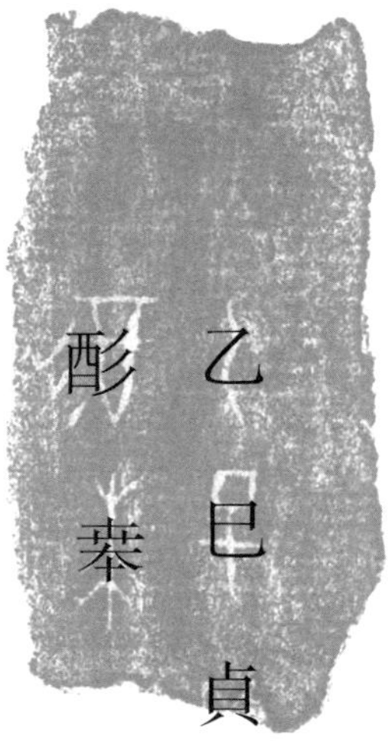

四二三　乙巳貞酌禱事

本骨正面存辭一條。反面無字。

（一）乙巳［貞］□酌奉（禱）□

【備注】

組類：賓組

材質：牛肩胛骨

著録：《續》二・七・三（不全）、《南師》二・七〇、《合》一五六九二、《國考》四・二四・二、《北珍》二六八

來源：馬衡捐贈北大

原拓號：五・二四・二

四二四　某日問工典其翌事

本甲正面存辭一條。反面無字。

（一）　☐工典其翌。

【備注】

組類：黄組

材質：龜腹甲

著録：《南師》二・二三七、《合》三八三〇一（全）、《國考》四・二四・三、《北珍》四六七（全）

來源：馬衡捐贈北大

原拓號：五・二四・三

四二五　午日卜争貞呼先事

本骨正面未録。反面存辭一條。

（一）　☐午卜，争貞：乎（呼）先☐☐

【備注】

組類：賓組

材質：牛肩胛骨

著録：《南師》二·七四、《合》四五七七反（全）、《國考》四·二四·四、《北珍》二〇七四（全）

來源：馬衡捐贈北大

原拓號：五·二四·四

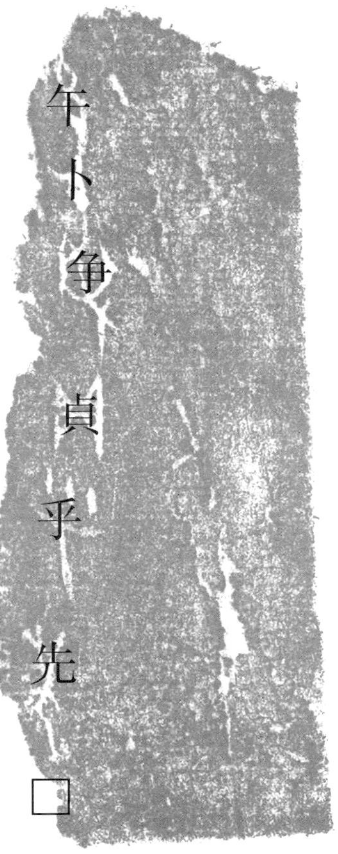

四二六　某日貞于來辛未祀河等事

本甲正面存辭二條，有界劃綫。反面無字。

（一）[貞]☐比☐取☐七月。　二

（二）貞：于來[辛]未☐河。

【備注】

組類：賓組

材質：龜腹甲

著録：《續》一・三五・五、《合》一四五八二、《國考》四・二五・一、《北珍》二五五

來源：馬衡捐贈北大

原拓號：五・二五・一

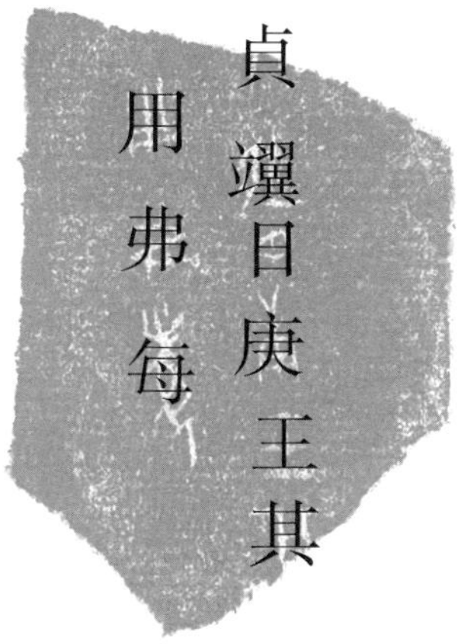

四二七　某日貞翌日庚王其弗悔事

本骨正面存辭一條。反面無字。

（一）〼[貞]：𨗿(翌)日庚王[其]〼用，弗每(悔)。

【備注】

組類：黄組

材質：牛肩胛骨

著録：《南師》二・二五四、《合》三六三三八五、《合》四一八九七、《國考》四・二五・二、《北珍》二三二六

來源：馬衡捐贈北大

原拓號：五・二五・二

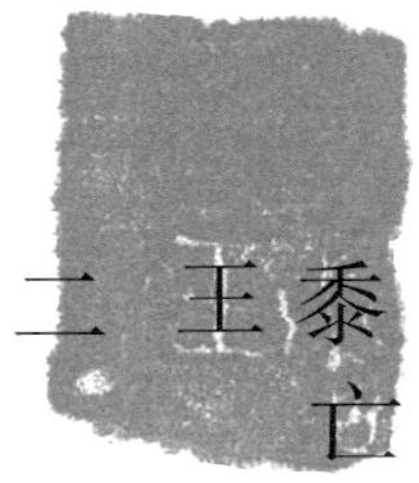

四二八　某日問黍事

本甲正面存辭一條。反面無字。

（一）☐黍亡☐王☐　二

【備注】

組類：賓組

材質：龜腹甲

著録：《國考》四・二五・三、《北珍》二九〇三

來源：馬衡捐贈北大

原拓號：五・二五・三

四二九　某日問令望乘等事

本骨正面存辭三條，有界劃綫。反面無字。

（一）令望乘。

（二）☐［望］乘。

（三）☐☐。

【備注】

組類：賓組

材質：牛肩胛骨

著録：《南師》二·一〇〇、《合》三九九四、《國考》四·二五·四、《北珍》八四七

來源：馬衡捐贈北大

原拓號：五·二五·四

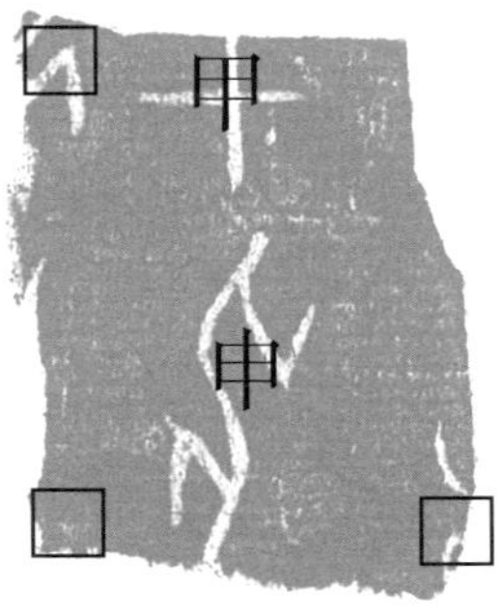

四三〇　某日問甲申等事

本甲正反面各存辭一條。

〔正面〕

（一）▨□▨甲申▨□□▨

〔反面〕

（一）▨□□▨邑□▨

【備注】

組類：賓組

材質：龜腹甲

著録：〔正〕《南師》二・一六四、《國考》四・二六・一、《北珍》一六三〇；〔反〕《南師》二・一六五、《國考》四・二六・二；〔正反〕《合》四〇〇一

來源：馬衡捐贈北大

原拓號：〔正〕五・二六・二、〔反〕五・二六・一

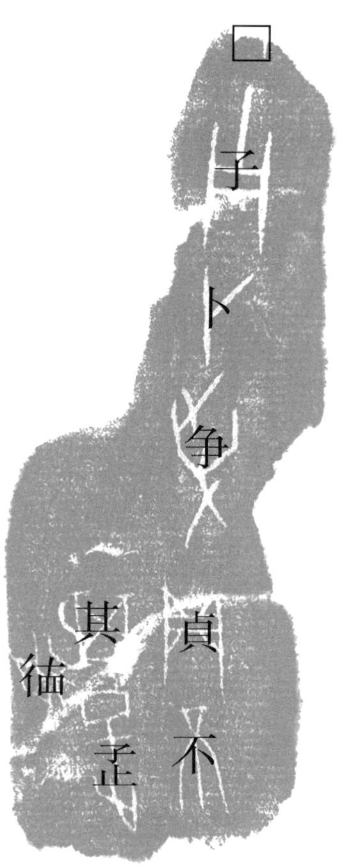

四三一　某日貞不其壬衎與子日卜争問等事

本甲正面存辭二條。反面無字。

（一）貞：不其壬衎〔一〕。

（二）□子卜，争〼〔二〕

【簡釋】

〔一〕「衎」或比定作「循」「徝」等字。

〔二〕本甲可遥綴《合》七二四五，即《合補》九〇一。綴合後釋文可補對貞「己亥卜，永貞：壬衎。/貞：不其壬衎」。詳見《綴彙》第五四三組。

【備注】

組類：賓組

材質：龜腹甲

著録：《佚》一三四、《南師》二・一五八、《京》二三三〇、《合》七二四四、《國考》四・二六・三、《合補》九〇一甲、《北珍》八九五

來源：馬衡捐贈北大

原拓號：五・二六・三

四三三一　某日問其有來等事

本骨正反面各存辭一條。

〔正面〕

（一）☐固（占）曰：其㞢（有）［來］☐

〔反面〕

（一）☐☐田？☐

【備注】

組類：賓組

材質：牛肩胛骨

著録：〔正〕《國考》四・二六・四；〔反〕《國考》四・二六・五；〔正反〕《北珍》二一七四

來源：馬衡捐贈北大

原拓號：〔正〕五・二六・五，〔反〕五・二六・四

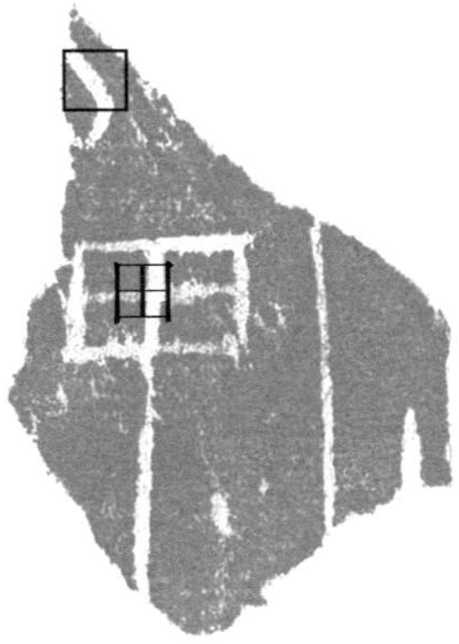

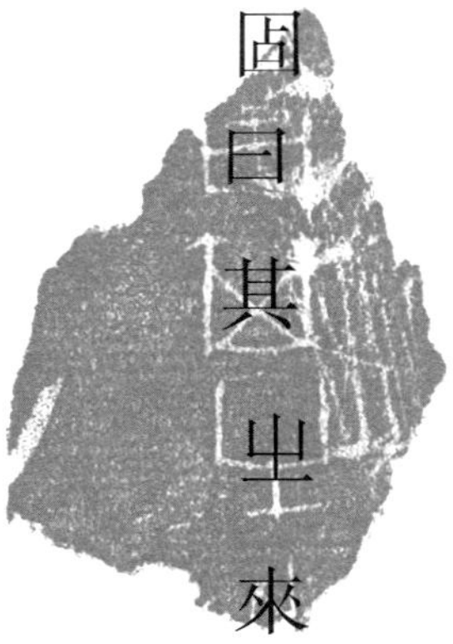

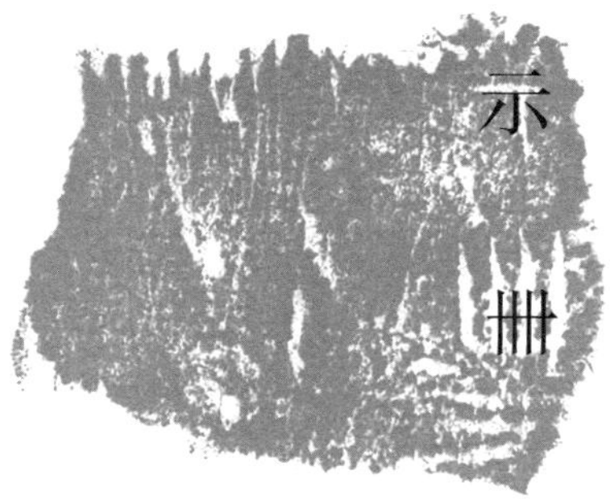

四三三　丁酉卜永貞今事與示四十甲橋刻辭

本甲正面存辭一條，有界劃綫。反面存辭一條。

〔正面〕

（一）丁酉卜，永貞：今☐

〔反面〕

（一）☐示卌（四十）。

【備注】

組類：賓組

材質：龜腹甲

著録：〔正〕《南師》二・七、《國考》四・二七・一、《北珍》二一二四；〔反〕《南師》二・八、《國考》四・二七・二；〔正反〕《合》三八八六

來源：馬衡捐贈北大

原拓號：〔正〕五・二七・二、〔反〕五・二七・一

四三四　某日卜㱿貞我作邑等事

本骨正面存辭五條。反面無字。

（一）☐［我乍（作）］☐

（二）☐［我］乍（作）［邑］☐

（三）☐［卜，㱿］貞：我☐

（四）☐卜，㱿貞：［我］☐

（五）☐□［㱿貞］☐（一）

【簡釋】

（一）本骨可綴《合》一三四九九，綴合後釋文可補爲「我作邑」。詳見李愛輝綴，《甲骨拼合第四四一至四四五則》第四四二則。

【備注】

組類：賓組

材質：牛肩胛骨

著録：《南師》二·一一七、《考墳》三六五、《合》一三五〇一、《國考》四·二七·三、《北珍》一一六五（拓片倒置）

來源：馬衡捐贈北大

原拓號：五·二七·三

四三五　某日問旬亡囚等事

本骨正面無字。反面存辭三條。

（一）〼旬亡囚[一]。

（二）〼固（占）曰：㞢（有）求（咎）。

（三）〼㞢（有）[新]〼

【簡釋】

[一]「囚」或比定作「禍」「咎」「憂」等字。

【備注】

組類：賓組

材質：牛肩胛骨

著録：《南師》二・一三二、《考墳》六四、《合》一六九四二、《國考》四・二七・四、《北珍》二〇四三

來源：馬衡捐贈北大

原拓號：五・二七・四

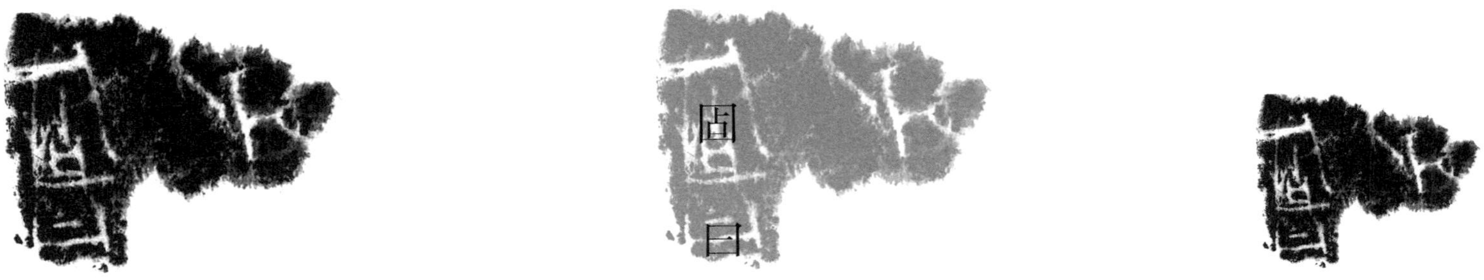

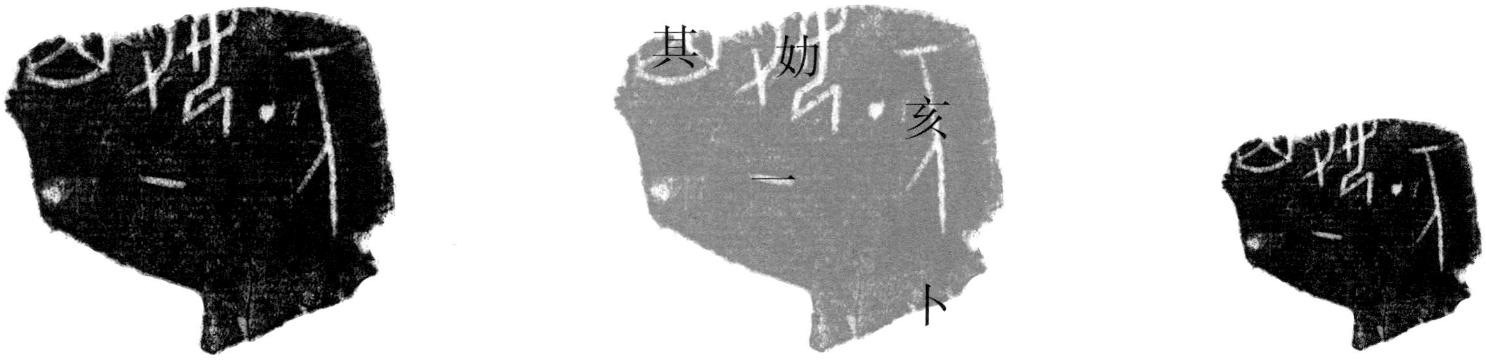

四三六　亥日問妫等事

本甲正反面各存辭一條。

〔正面〕

（一）☐亥［卜］☐［妫］☐［其］　一

〔反面〕

（一）☐固（占）曰☐〔一〕

【簡釋】

〔一〕本甲可綴《合補》六三六七正、《北珍》二一八七正，綴合後釋文可補爲「☐亥卜，争☐妫。［王］☐其☐　一」。詳見劉影、李愛輝綴，《拼四》第八六九則。

【備注】

組類：賓組

材質：龜腹甲

著録：〔正〕《國考》四・二八・一、《北珍》一一〇四；〔反〕《國考》四・二八・二

來源：馬衡捐贈北大

原拓號：〔正〕五・二八・二、〔反〕五・二八・一

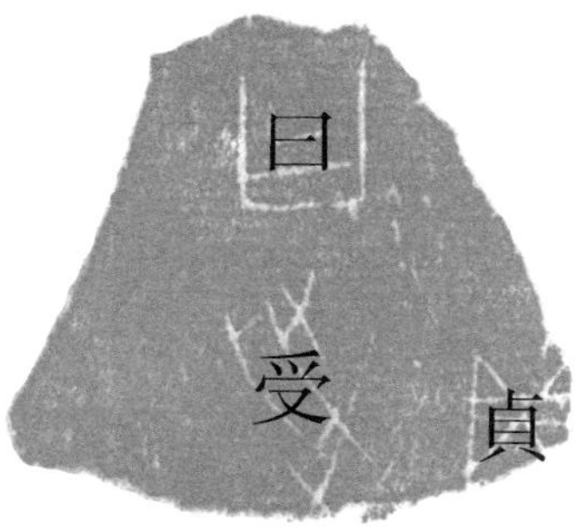

四三七　某日貞等事

本骨正面存辭二條。反面無字。

（一）☐［貞］☐

（二）☐曰：受☐〔一〕

【簡釋】

〔一〕本骨可綴《宮國學》四〇四，綴合後釋文可補爲「☐［?（鴐）］不其☐／☐曰：受年☐」。詳見林宏明綴，《甲骨新綴第八六二至八六三例》第八六二例。又，原拓本倒置，拓本右側記有「倒」字。

【備注】

組類：賓組

材質：牛肩胛骨

著録：《國考》四・二八・三、《北珍》二六三八

來源：馬衡捐贈北大

原拓號：五・二八・三

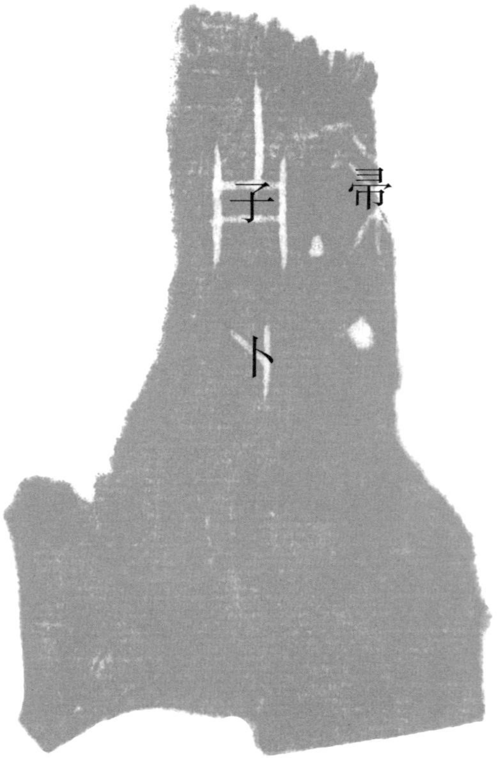

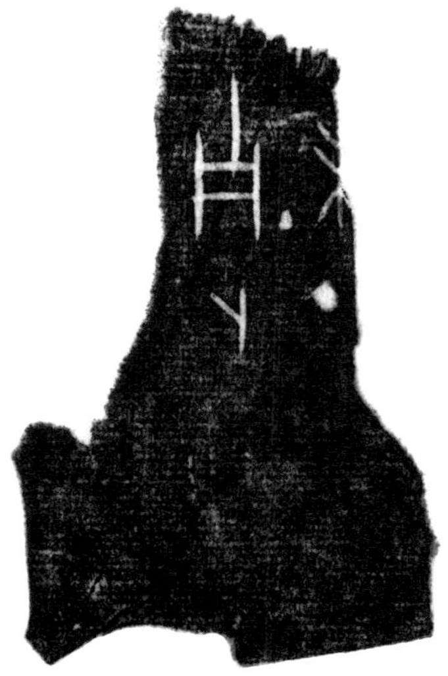

四三八　子日卜婦事

本甲正面存辭一條。反面無字。

（一）〼子卜〼［帚（婦）］〼〔一〕

【簡釋】

〔一〕本甲可綴《合》一四〇四二正、《合補》一〇〇八、《合補》三八五正，綴合後釋文可補爲「庚子卜，亘貞：婦姘娩，妨」。詳見李延彥、劉影綴，《拼四》第八六八則。

【備注】

組類：賓組

材質：龜腹甲

著録：《國考》四・二八・四、《北珍》一七一七

來源：馬衡捐贈北大

原拓號：五・二八・四

四三九　丁未卜等事

本甲正面存辭二條，有界劃綫。反面無字。

（一）丁未卜☐

（二）☐□☐

【備注】

組類：賓組

材質：龜甲

著録：《國考》四・二九・一、《北珍》一六五四

來源：馬衡捐贈北大

原拓號：五・二九・一

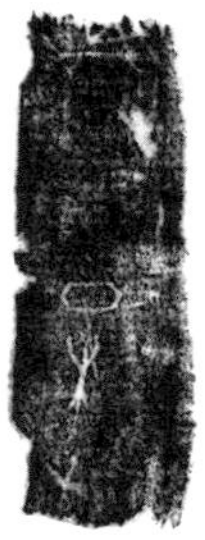

四四〇　某日問儐歲亡尤事

本甲正面存辭一條。反面無字。

（一）□宔（儐）□歲□尤。

【備注】

組類：黄組

材質：龜腹甲

著録：《國考》四・二九・二、《北珍》五五一

來源：馬衡捐贈北大

原拓號：五・二九・二

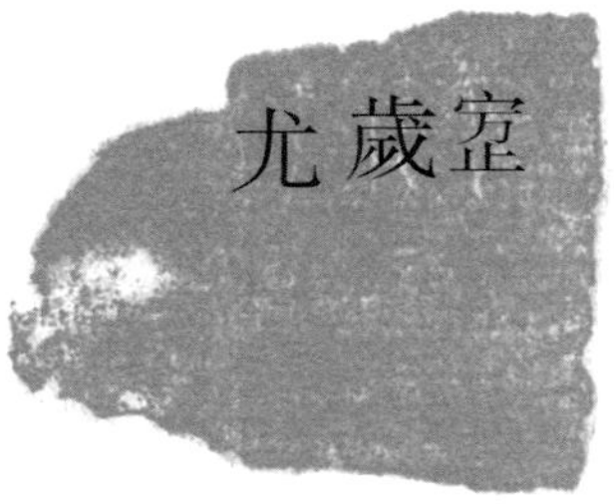

四四一　庚寅卜貞今夕師不振等事

本骨正面存辭二條。反面無字。

（一）庚寅卜，貞：今夕[自(師)不]⍁　一

（二）⍁今⍁屋(振)。[一]

【簡釋】

[一]本骨可綴《合》四一七四八，綴合後釋文可補爲「辛卯卜，貞：今夕自(師)不屋(振)」。詳見林宏明綴，《契合集》第一八七例。

【備注】

組類：黄組

材質：牛肩胛骨

著録：《南師》二・二五〇、《合》四一七五一、《國考》四・二九・三、《北珍》一二九七

來源：馬衡捐贈北大

原拓號：五・二九・三

四四二　某日貞等事

本甲正面存辭二條。反面無字。

（一）貞：叀☐　一

（二）貞：不☐　一

【備注】

組類：賓組

材質：龜背甲

著録：《國考》四・二九・四、《北珍》二二七三

來源：馬衡捐贈北大

原拓號：五・二九・四

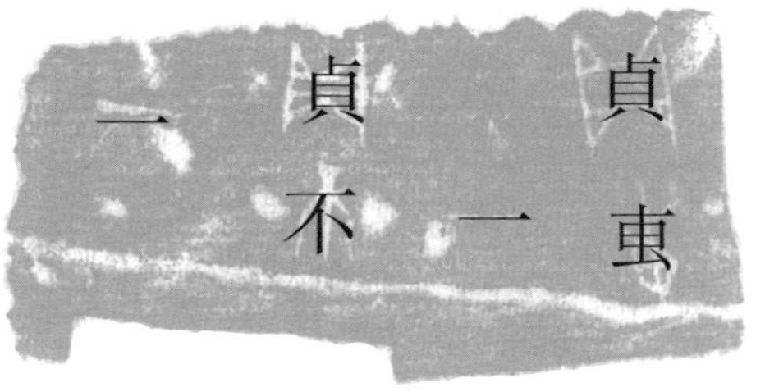

四四三　某日問方其來事

本骨正面存辭一條。反面無字。

（一）☐［方］其來，王自☐

【備注】

組類：賓組

材質：牛肩胛骨

著録：《合》六七二六、《國考》四・三〇・一、《北珍》九五九

來源：馬衡捐贈北大

原拓號：五・三〇・一

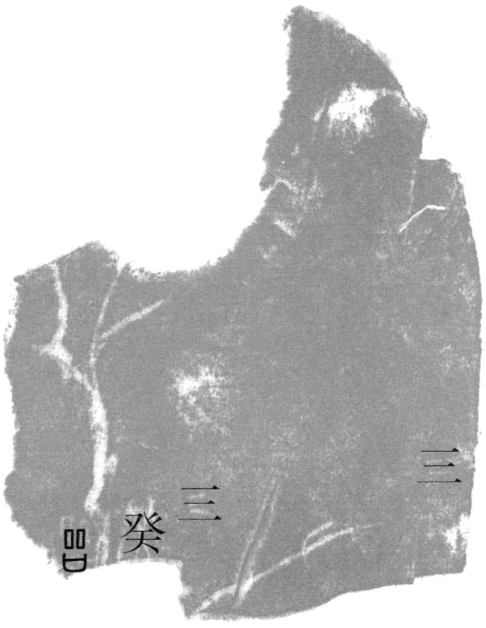

四四四　癸日□問等事

本甲正面存辭二條。反面無字。

（一）［癸］⊠［□］⊠　三

（二）　三

【備注】

組類：賓組

材質：龜腹甲

著録：《國考》四・三〇・二、《北珍》二三四三

來源：馬衡捐贈北大

原拓號：五・三〇・二

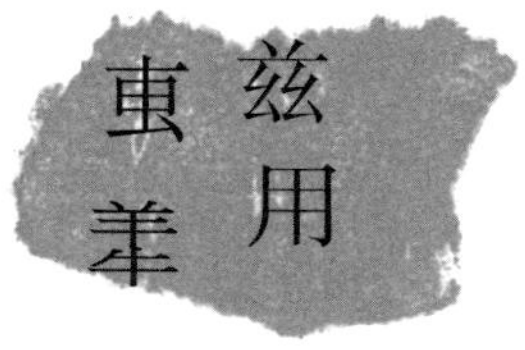

四四五　某日問叀羊事

本甲正面存辭一條。反面無字。

（一）　叀［羊］。茲用。〔一〕

【簡釋】

〔一〕本甲可綴《宮國學》一三，綴後即《合》三五九三四、《北珍》六八〇。

【備注】

組類：黃組

材質：龜腹甲

著録：《合》三五九三四上部、《國考》四·三〇·三、《北珍》六八〇上部

來源：馬衡捐贈北大

原拓號：五·三〇·三

四四六　五月某日貞勿侑于丁事

本甲正面存辭一條。反面無字。

（一）　貞：𢎘（勿）[㞢（侑）]于丁。五月。

【備注】

組類：賓組

材質：龜腹甲

著録：《續》一・四五・七（不全）、《合》一九四二、《國考》四・三〇・四、《北珍》一五九

來源：馬衡捐贈北大

原拓號：五・三〇・四

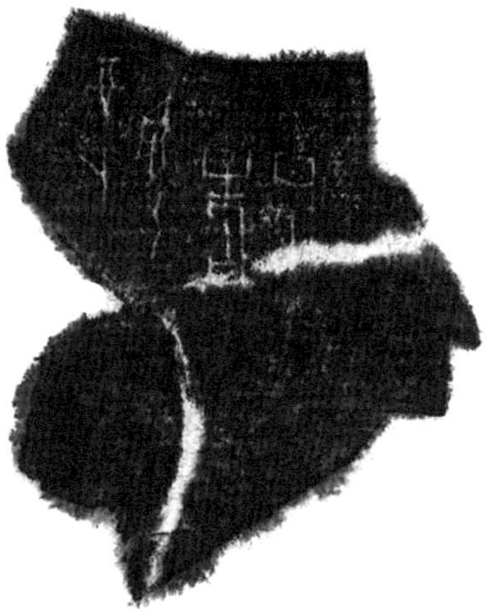

四四七　酉日卜翌乙侑匚丁事

本甲正面存辭一條。反面無字。

（一）☐酉卜☐翌乙☐㞢（侑）匚☐丁十☐

【備注】

組類：賓出

材質：龜腹甲

著録：《續》六・二六・二（不全）、《佚》五〇、《合》一九四四、《國考》四・三一・一、《北珍》一八〇

來源：馬衡捐贈北大

原拓號：五・三一・一

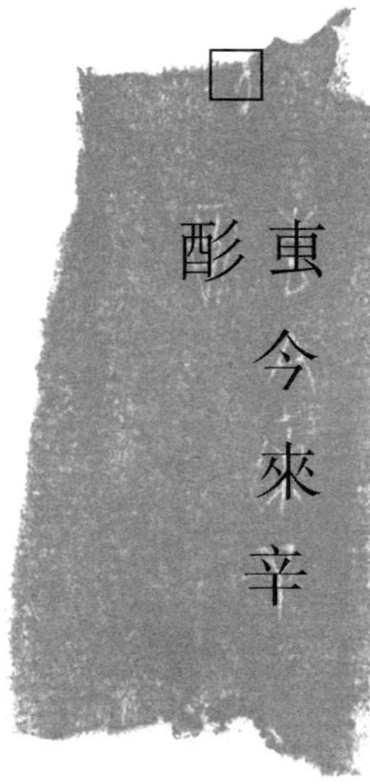

四四八　某日問叀今來辛𫑡等事

本骨正面存辭二條。反面無字。

（一）　叀今來辛𫑡。

（二）　□□□

【備注】

組類：無名

材質：牛肩胛骨

著録：《續》二·六·六、《合》三〇八五五、《國考》四·三一·二、《北珍》四五四

來源：馬衡捐贈北大

原拓號：五·三一·二

四四九　某日貞今寅事

本骨正面存辭一條。反面無字。

（一）　貞：今☐寅□☐　一

【備注】

組類：賓組

材質：牛肩胛骨

著録：《國考》四·三一·三、《北珍》二五二三

來源：馬衡捐贈北大

原拓號：五·三一·三

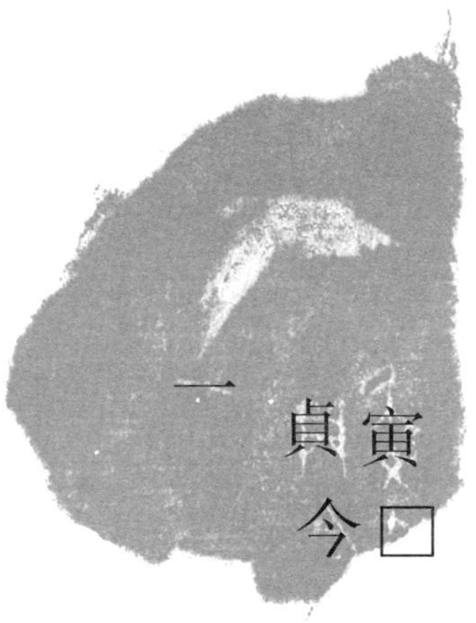

四五〇　某日貞𠂤般其有囚事

本骨正面存辭一條。反面無字。

（一）　貞：𠂤般其㞢(有)囚〔一〕。

【簡釋】

〔一〕「囚」或比定作「禍」「咎」「憂」等字。

【備注】

組類：賓組

材質：牛肩胛骨

著録：《佚》一九三、《南師》二・一四七、《合》四二二六、《國考》四・三一・四、《北珍》一一二〇

來源：馬衡捐贈北大

原拓號：五・三一・四

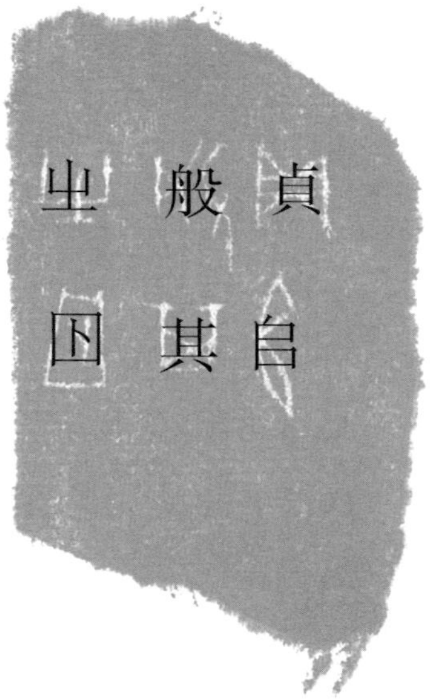

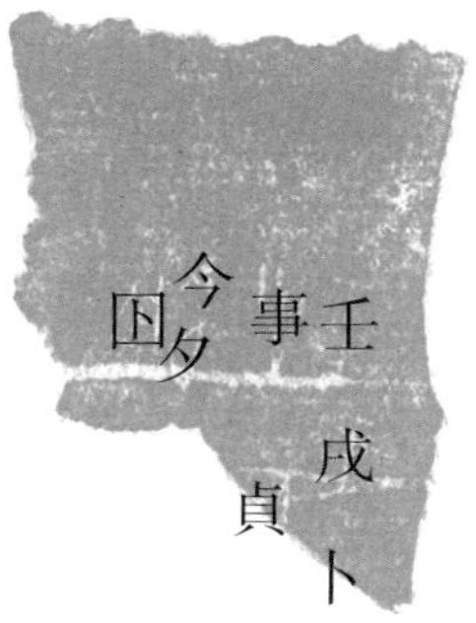

四五一　壬戌卜事貞今夕囚事

本甲正面存辭一條。反面無字。

（一）壬戌［卜］，事［貞］：今夕☐囚〔一〕。

【簡釋】

〔一〕「囚」或比定作「禍」「咎」「憂」等字。

【備注】

組類：賓組

材質：龜腹甲

著録：《南師》二・一二五、《國考》四・三二・一、《北珍》一七八八

來源：馬衡捐贈北大

原拓號：五・三二・一

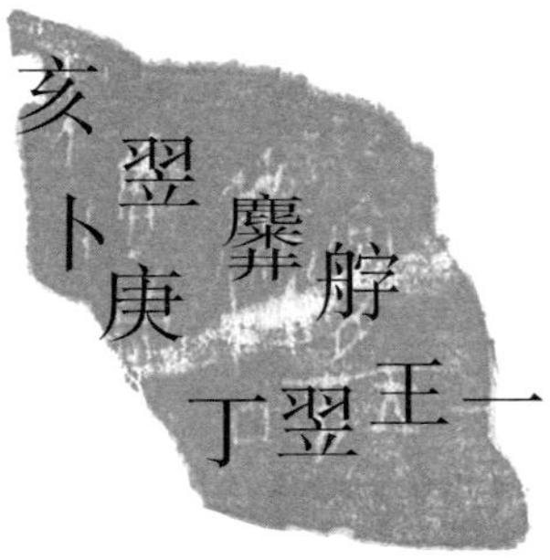

四五二　亥日卜翌庚阱于舿等事

本甲正面存辭二條，有界劃綫。反面無字。

（一）丁☐翌☐王☐　一

（二）☐亥卜☐翌庚☐麇（阱）☐舿。〔一〕

【簡釋】

〔一〕本甲可綴《合》一九五九〇，綴合後釋文可補爲「癸亥卜，貞：翌庚午其徃麇（阱）□舿」。詳見李愛輝綴，《拼五》第一一四三則。

【備注】

組類：賓組

材質：龜腹甲

著録：《續》三・四五・二、《佚》一三六、《合》一〇六七六、《國考》四・三二・二、《北珍》八四

來源：馬衡捐贈北大

原拓號：五・三二・二

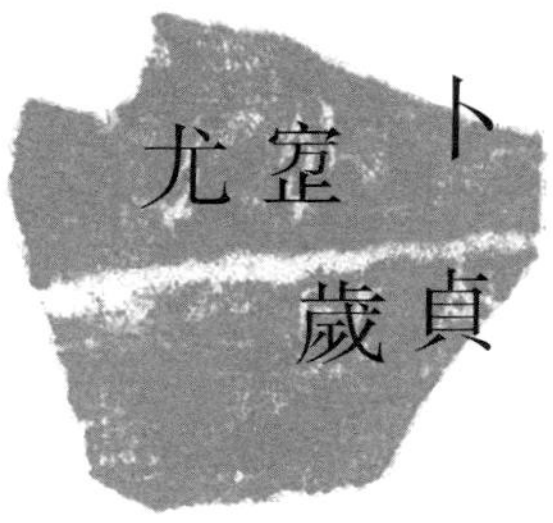

四五三　某日卜貞儐歲尤事

本甲正面存辭一條。反面無字。

（一）　☐卜，[貞]☐宾（儐）歲，☐尤。

【備注】

組類：黄組

材質：龜背甲

著録：《國考》四・三二一・三、《北珍》五五三

來源：馬衡捐贈北大

原拓號：五・三二一・三

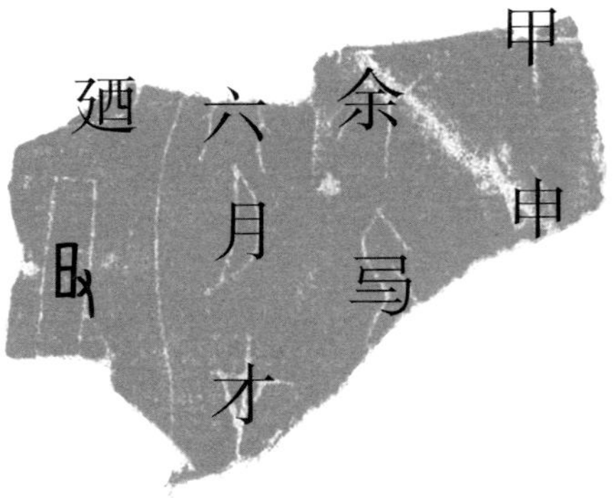

四五四　六月甲申問余勿與廼卧等事

本甲正面存辭二條，有界劃綫。反面無字。

（一）［甲申］☐［余弓（勿）］☐［六］月。才（在）☐

（二）☐［廼］卧☐〔一〕

【簡釋】

〔一〕本甲可綴《北珍》二四五五，綴合後釋文可補爲「甲申☐余［弓（勿）］☐六月。才（在）☐／廼卧☐」。詳見何會綴，《拼續》第四五〇則。

【備注】

組類：賓組

材質：龜腹甲

著録：《合》一八六六一、《國考》四·三二·四、《北珍》一五八四

來源：馬衡捐贈北大

原拓號：五·三二·四

四五五　戊戌癸丑等日卜貞王今夕亡畎事

本甲正面存辭二條。反面無字。

（一）戊［戌］☐貞☐

（二）癸丑卜，貞：王今夕亡［畎］[一]。

【簡釋】

［一］「畎」或比定作「禍」「咎」「憂」等字。

【備注】

組類：黄組

材質：龜腹甲

著録：《南師》二·二五九、《合》四一九〇六、《國考》四·三三·一、《北珍》一二九四

來源：馬衡捐贈北大

原拓號：五·三三·一

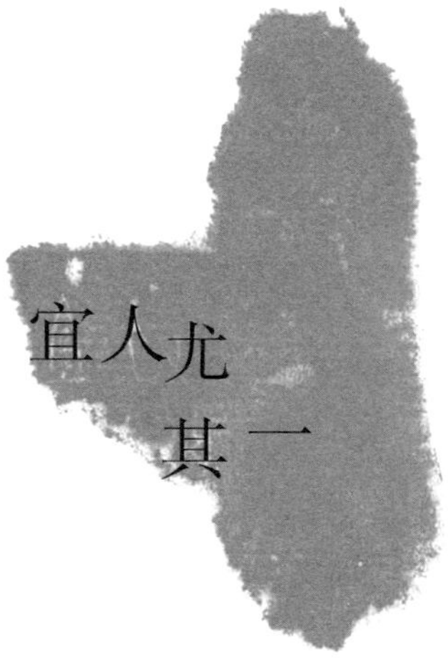

四五六　某日問宜等事

本甲正面存辭二條。反面無字。

（一）⧄宜⧄人⧄尤⧄

（二）⧄其⧄　一

【備注】

組類：黃組

材質：龜腹甲

著録：《佚》一九二、《合》三五三六七、《國考》四・三三・二、《北珍》六一〇（全）

來源：馬衡捐贈北大

原拓號：五・三三・二

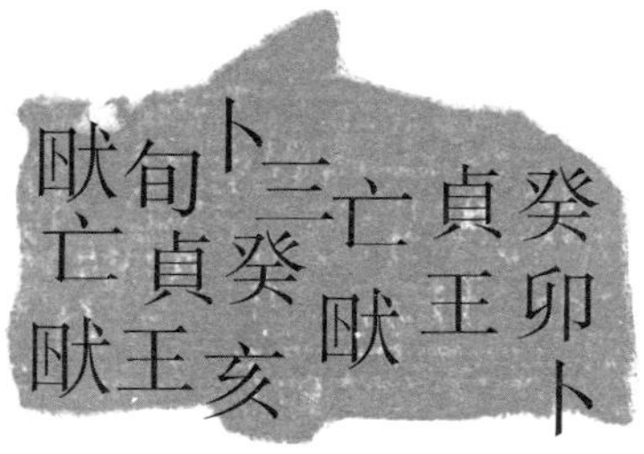

四五七　癸卯癸亥等日卜貞王旬亡𡆥事

本甲正面存辭三條。反面無字。

（一）癸卯［卜］，貞：王⍁亡𡆥〔一〕。　三

（二）癸亥⍁貞王⍁亡𡆥。

（三）⍁卜⍁旬⍁𡆥。

【簡釋】

〔一〕「𡆥」或比定作「禍」「咎」「憂」等字。下同。

【備注】

組類：黄組

材質：龜腹甲

著録：《續》六·四·三、《合》三九〇五一上半、《國考》四·三三·三、《北珍》一三六六上半

來源：馬衡捐贈北大

原拓號：五·三三·三

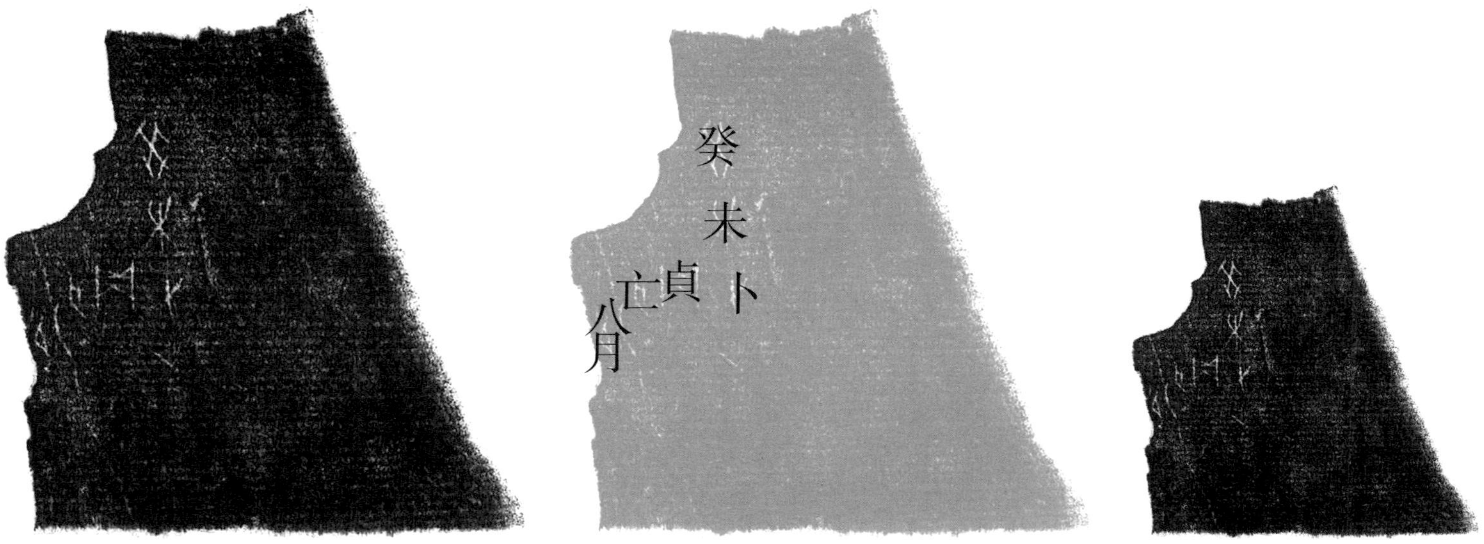

四五八　八月癸未卜貞某事

本骨正面存辭一條。反面無字。

（一）癸未卜☐貞：☐亡☐八月〔一〕。

【簡釋】

〔一〕「八月」爲合文。

【備注】

組類：賓組

材質：牛肩胛骨

著録：《國考》四・三三・四、《北珍》一七〇〇（全）

來源：馬衡捐贈北大

原拓號：五・三三・四

四五九　癸未卜王等事

本骨正面存辭二條。反面無字。

（一）癸未卜，王。

（二）癸［未］☒

【備注】

組類：出組

材質：牛肩胛骨

著録：《國考》四・三四・一、《北珍》一二〇七

來源：馬衡捐贈北大

原拓號：五・三四・一

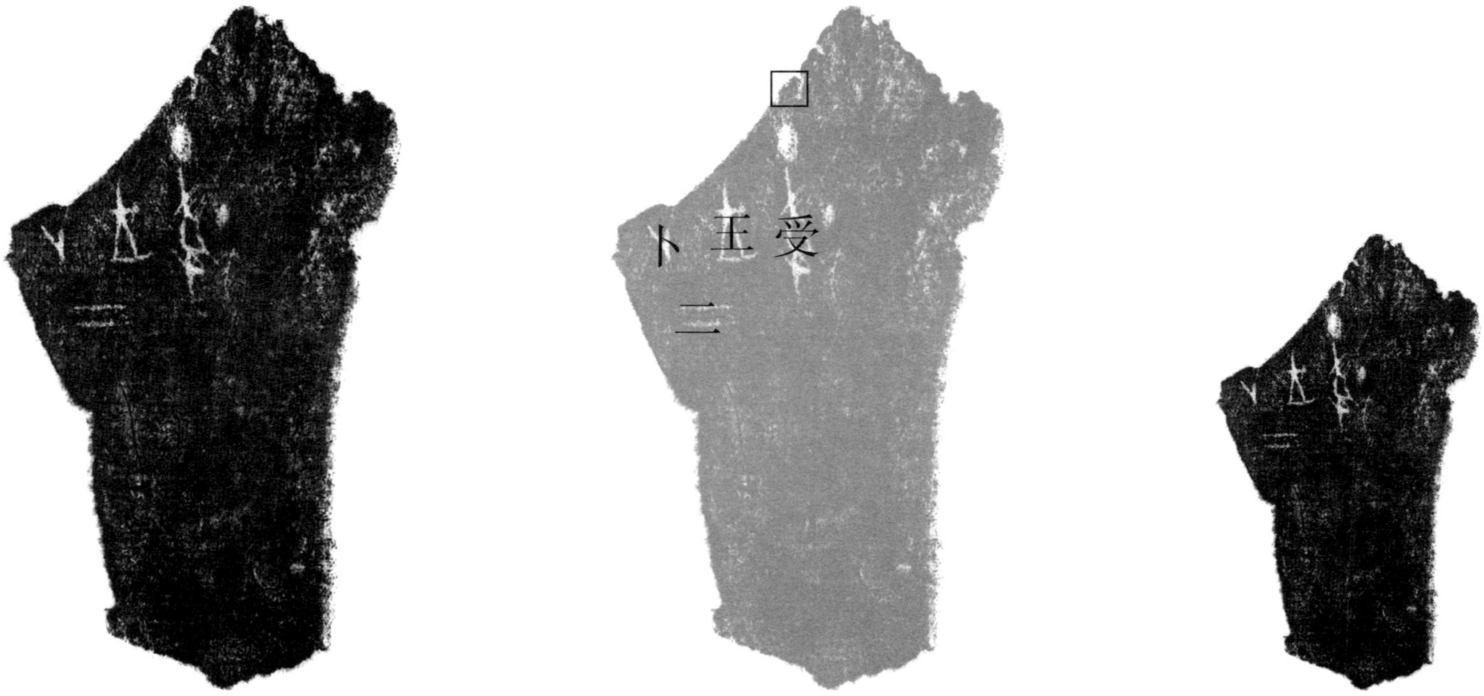

四六〇　某日卜王事

本骨正面存辭一條。反面無字。

（一）□卜□王□□受□　二

【備注】

組類：賓組

材質：牛肩胛骨

著録：《國考》四・三四・二、《北珍》二五六八

來源：馬衡捐贈北大

原拓號：五・三四・二

四六一　辛巳庚辰等日卜事

本骨正面存辭二條。反面無字。

（一）辛巳卜。

（二）庚辰卜。

【備注】

組類：𠂤賓

材質：牛肩胛骨

著録：《南師》二·一六七、《合》四〇二三〇、《國考》四·三四·三、《北珍》一六七九

來源：馬衡捐贈北大

原拓號：五·三四·三

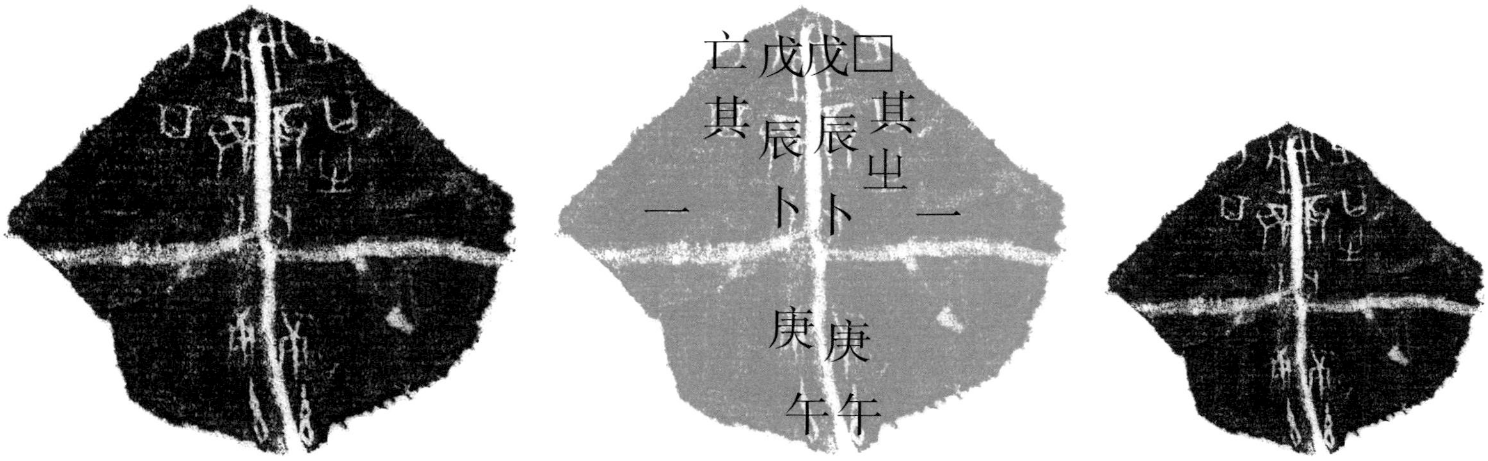

四六二　庚午戊辰等日卜事

本甲正面存辭四條。反面無字。

（一）庚午▨

（二）庚午▨

（三）戊辰卜，□其㞢▨　一

（四）戊辰卜，［亡］其▨　一

【備注】

組類：賓組

材質：龜腹甲

著録：《國考》四・三四・四、《北珍》一六五九

來源：馬衡捐贈北大

原拓號：五・三四・四

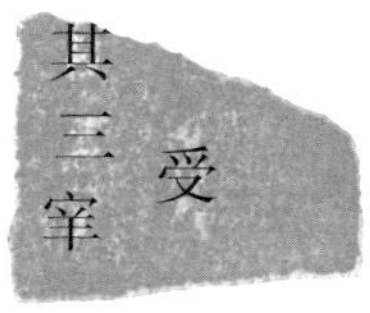

四六三　某日問其三宰事

本甲正面存辭一條。反面無字。

（一）☐其三宰☐受☐

【備注】

組類：黃組

材質：龜腹甲

著録：《國考》四·三五·一、《北珍》七五七

來源：馬衡捐贈北大

原拓號：五·三五·一

四六四　午日卜[illegible]羌事

本甲正面存辭一條。反面無字。

（一）〼午卜〼[illegible]〼羌〼　三

【備注】

組類：賓組

材質：龜腹甲

著録：《合》二六五、《國考》四・三五・二、《北珍》二三三六

來源：馬衡捐贈北大

原拓號：五・三五・二

四六五　某日問牛犬事

本甲正面存辭一條。反面無字。

（一）☐牛九犬☐　二　三

【備注】

組類：賓組

材質：龜腹甲

著録：《續》二・二五・八、《合》一一一〇〇、《國考》四・三五・三、《北珍》三三一

來源：馬衡捐贈北大

原拓號：五・三五・三

四六六　某日問勿牛用等事

本甲正面存辭二條。反面無字。

（一）叀☐

（二）☐勿牛☐用。　二

【備注】

組類：黃組

材質：龜腹甲

著録：《國考》四・三五・四

來源：馬衡捐贈北大

原拓號：五・三五・四

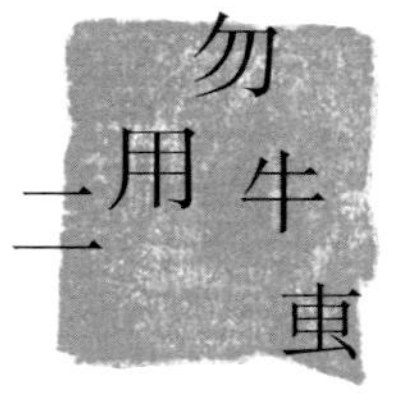

四六七　某日問勿牛事

本甲正面存辭一條。反面無字。

（一）〼勿牛〼

【備注】

組類：黃組

材質：龜腹甲

著録：《國考》四・三五・五

來源：馬衡捐贈北大

原拓號：五・三五・五

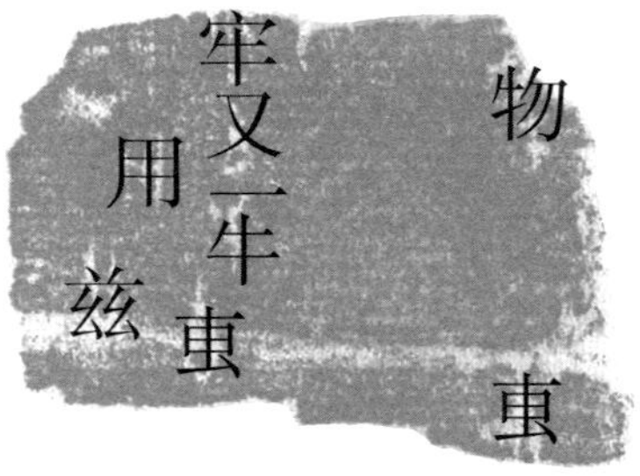

四六八　某日問物與其牢又一牛等事

本甲正面存辭四條。反面無字。

（一）叀☐

（二）叀☐茲☐

（三）☐［物］☐

（四）☐牢又一牛☐用。

【備注】

組類：黃組
材質：龜腹甲
著録：《國考》四・三五・六
來源：馬衡捐贈北大
原拓號：五・三五・六

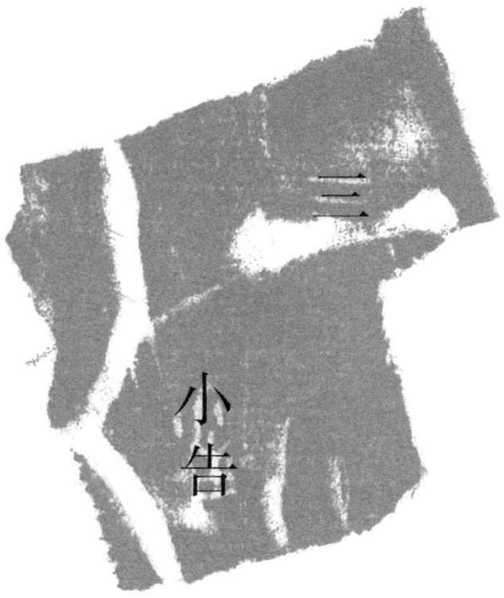

四六九　三小告殘辭

本甲正面存辭一條。反面無字。

（一）　三　小告

【備注】

組類：賓組

材質：龜背甲

著録：《國考》四・三六・一、《北珍》一九八二

來源：馬衡捐贈北大

原拓號：五・三六・一

四七〇　小告殘辭

本甲正面存辭一條。反面無字。

（一）　小告

【備注】

組類：賓組

材質：龜腹甲

著録：《國考》四・三六・二、《北珍》一九七六（不全）

來源：馬衡捐贈北大

原拓號：五・三六・二

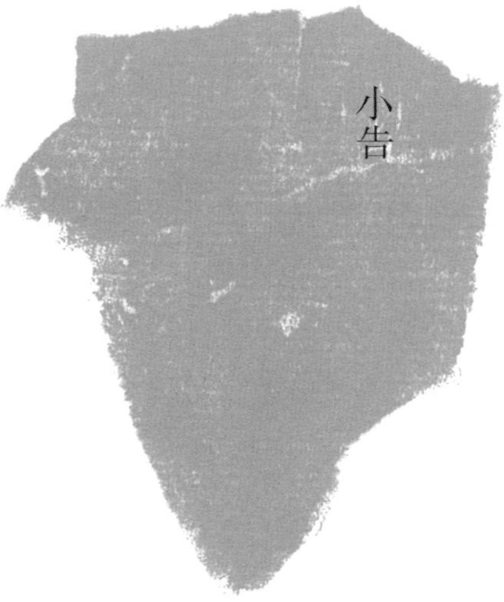

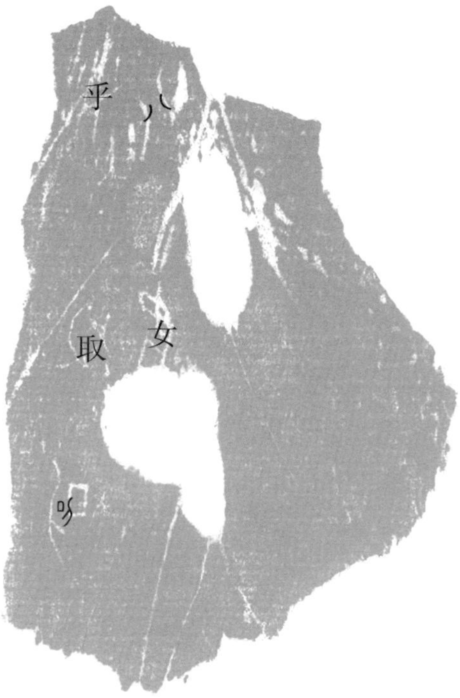

四七一　某日問取𠮙女與呼八等事

本骨正反面存辭各二條。

〔正面〕

（一）　二告

（二）　三　二告

〔反面〕

（一）　取𠮙女。

（二）　☐乎（呼）☐八☐

【備注】

組類：賓組

材質：牛肩胛骨

著録：〔正〕《國考》四・三六・三；〔反〕《國考》四・三六・四；〔正反〕《合》六七六、《北珍》一九五九

來源：馬衡捐贈北大

原拓號：〔正〕五・三六・四、〔反〕五・三六・三

索引表

表一　本書著録情況一覽表

本書編號	《國學門》原拓號	《合》《合補》編號	《續》編號	《國考》編號	其他著録號	《北珍》編號
一	二・一・一			國考一・一・一	南師二・一七〇	
二	二・二・一			國考一・二・一	南師二・二六九	
三	二・二・二			國考一・二・二		
四	二・二・三			國考一・二・三		
五	二・三・一			國考一・三・一		
六	二・三・二			國考一・三・二	南師二・二七〇	
七	二・三・三			國考一・三・三		
八	二・三・四			國考一・三・四		
九	二・四・一	合三六一五六	續六・七・四(不全)	國考一・四・一	佚八六一	北珍六七五
一〇	二・四・二	合三五六七九		國考一・四・二	南師二・二三〇 考墳三三八	北珍四八五
一一	二・四・三	合三二四(不全)	續一・一二・八(不全)	國考一・四・三	佚一五四(全)	
一二	二・五・一	合三五七一三	續一・一二・五	國考一・五・一		北珍四九一
一三	二・五・二	合三五九三四下部 合四一七二二		國考一・五・二	南師二・二三二	北珍六八〇下部
一四	二・五・三	合三五九四七	續一・二六・二	國考一・五・三		北珍六五九
一五	二・五・四	合六一二〇正 合補一八二九		國考一・五・四	南師二・五二 存補五・四三六・一	北珍七七六正
一六	〔正〕二・六・一 〔反〕二・六・二	〔正反〕合一六二八		〔正〕國考一・六・一 〔反〕國考一・六・二	〔正〕南師二・三 〔反〕南師二・四	〔正反〕北珍二三八八
一七	二・六・三	合三五九九九	續一・二六・九	國考一・六・三		北珍六六三
一八	二・六・四	合三五八五〇	續一・二四・六(不全)	國考一・六・四		北珍六九二
一九	二・七・一	合三八五八三	續二・一〇・四	國考一・七・一		北珍五四〇
二〇	二・七・二	合三九〇六九(不全)	續六・三・二(不全)	國考一・七・三		北珍一三一九(全)
二一	二・七・三	合三五九五五(全)	續一・二六・一〇(不全)	國考一・七・二		
二二	二・八・一			國考一・八・一		北珍五〇五
二三	二・八・二	合二二八六一	續一・一二・四	國考一・八・二		北珍三四〇
二四	二・八・三	合三五四四〇	續一・二六・一一	國考一・八・三	佚一七六	

本書編號	《國學門》原拓號	《合》《合補》編號	《續》編號	《國考》編號	其他著録號	《北珍》編號
二五	二·八·四	合三三一	續一·三九·三	國考一·八·四	佚一八一	北珍二〇七
二六	二·九·一			國考一·九·一		北珍五三五
二七	二·九·二		續六·六·六	國考一·九·二		北珍一二六三
二八	二·九·三	合三七八八二		國考一·九·三		北珍一三七七
二九	二·九·四	合三六〇二五	續一·二七·二(不全)	國考一·九·四		北珍五〇四
三〇	〔正〕二·一〇·一 〔反〕二·一〇·二	〔正〕合一三六一九	〔正〕續一·二八·六(不全) 〔反〕續研一·二八·六	〔正〕國考一·一〇·一 〔反〕國考一·一〇·二	〔正〕佚五二四 〔正〕南師二·五三	
三一	二·一〇·三	合六一六八	續一·一〇·三	國考一·一〇·三		北珍七六三
三二	二·一一·一	合三九〇七一(不全)		國考一·一一·一	考塡五一二	北珍一三一八(全)
三三	二·一一·二	合三八四八二	續二·四·七	國考一·一一·二		北珍五三三
三四	二·一一·三	合一六八九五正	續四·四八·四(不全)	國考一·一一·三		北珍九九五正
三五	二·一一·四	合三五五九九	續一·一一·一〇(不全)	國考一·一一·四	佚一七九	北珍四八一
三六	二·一二·一			國考一·一二·一		北珍五〇六
三七	二·一二·二	合三二一一五	續一·四·五(不全)	國考一·一二·二	佚一四〇(不全)	北珍四六二
三八	二·一二·三	合一四〇七		國考一·一二·三		北珍一五七二
三九	二·一二·四	合三六二〇三	續一·四·四	國考一·一二·四	南師二·二三六	
四〇	二·一三·一	合五八一二	續三·三七·三	國考一·一三·一	佚八九	北珍一一二一
四一	二·一三·二	合三八八五九		國考一·一三·二	南師二·二六三	北珍一二五四
四二	二·一三·三	合三六二三二	續一·一二·五	國考一·一三·三	佚一七八	北珍五〇七
四三	二·一三·四	合三八五三八	續二·四·六(不全)	國考一·一三·四		北珍五三〇
四四	二·一四·一	合三五七〇三		國考一·一四·一	南師二·二三五	北珍四八八(全)
四五	二·一四·二			國考一·一四·二		
四六	二·一四·三	合三五五四九	續一·九·六(不全)	國考一·一四·三		北珍四七八
四七	二·一四·四	合三五九一五	續一·二六·四(不全)	國考一·一四·四		北珍六五八
四八	二·一五·一	合二五九七四	續二·二五·五	國考一·一五·一		北珍三四六
四九	〔正〕二·一五·四 〔反〕二·一五·二	〔正反〕合一二四九五	〔正〕續一·二七·九	〔正〕國考一·一五·四 〔反〕國考一·一五·二	〔正〕南師二·四二 〔反〕南師二·四四	〔正反〕北珍一四五三
五〇	二·一五·三	合四七〇九	續二·一九·五	國考一·一五·三		北珍二二八一
五一	〔正〕二·一六·一+二·一六·三 〔臼〕二·一六·二	〔正臼〕合三四六七	〔正〕續一·四八·一+ 續一·四七·一(不全)	〔正〕國考一·一六·一+一·一六·三 〔臼〕國考一·一六·二	〔正臼〕佚一五九 〔正〕南師二·一九 〔臼〕南師二·二〇	〔正〕北珍一五〇

本書編號	《國學門》原拓號	《合》《合補》編號	《續》編號	《國考》編號	其他著録號	《北珍》編號
五二	二・一七・一	合三八一三九 合四一八七二		國考一・一七・一	南師二・二二六	北珍一六二六
五三	〔正〕二・一七・二 〔反〕二・一七・四	〔正反〕合三四八〇	〔正〕續一・四七・六 〔反〕續研一・四七・六	〔正〕國考一・一七・二 〔反〕國考一・一七・四	〔正〕南師二・六六 〔反〕南師二・六七	〔正反〕北珍一八八
五四	二・一七・三	合三七九三四	續六・五・四	國考一・一七・三		北珍一三八九
五五	〔正〕二・一八・三 〔反〕二・一八・一	〔正反〕合一七七四	〔正〕續一・一七・六 〔反〕續研一・一七・六	〔正〕國考一・一八・一 〔反〕國考一・一八・二	〔正〕南師二・九〇 〔反〕南師二・九一	〔正反〕北珍七八六
五六	二・一八・二	合三八一八〇 合四一八六三		國考一・一八・三	南師二・二二七	北珍一六二二
五七	二・一八・四	合三八六一九	續二・四・五（不全）	國考一・一八・四		北珍五四九
五八	二・一九・一			國考一・一九・一		北珍七二八
五九	二・一九・二	合四二六一		國考一・一九・二		北珍三一〇
六〇	二・一九・三	合三五五六九	續一・一一・二	國考一・一九・三		
六一	二・一九・四	合一〇五一（全）		國考一・一九・四		北珍二二〇四（不全）
六二	二・二〇・一	合一七七九		國考一・二〇・一		北珍一九三七
六三	二・二〇・二	合三五七三七	續一・二三・一〇	國考一・二〇・二		北珍四九二
六四	二・二〇・三	合三八三九四	續二・一〇・八（不全）	國考一・二〇・三		北珍五八六
六五	二・二〇・四	合一二五一八	續四・二三・一一（不全）	國考一・二〇・四		北珍一五一九
六六	二・二一・一	合八〇一四 合四〇〇一六		國考一・二一・一	南師二・一三三	北珍二四〇五
六七	二・二一・二			國考一・二一・二		北珍二三七七
六八	二・二一・三			國考一・二一・三		北珍一九二六
六九	二・二一・四	合一七三七九	續一・四三・八（不全）	國考一・二一・四	佚一七四	北珍一〇八〇
七〇	〔正〕二・二二・二 〔反〕二・二二・一	〔正反〕合一〇一三〇（全）	〔正〕續一・四一・六	〔正〕國考一・二二・二 〔反〕國考一・二二・一	〔正〕佚一五三	〔正反〕北珍二四（全）
七一	二・二二・三	合一〇九七七	續五・一一・六（不全）	國考一・二二・三		北珍五五
七二	二・二三・一	合三八七三一	續二・三二・六（不全）	國考一・二三・一	佚八六〇（不全）	北珍六五四
七三	二・二三・二	合三八五八七	續二・一〇・七	國考一・二三・二		北珍五六八
七四	二・二三・三	合二五二三	續一・四〇・八	國考一・二三・三	佚一四三	
七五	二・二三・四	合三九一九三 合四一九三四		國考一・二三・四	南師二・二六四	北珍一三七六

本書編號	《國學門》原拓號	《合》《合補》編號	《續》編號	《國考》編號	其他著録號	《北珍》編號
七六	〔正〕二・二四・二 〔反〕二・二四・一	〔正反〕合二四一〇	〔正〕續一・三九・一(不全) 〔反〕續研一・三九・一	〔正〕國考一・二四・一 〔反〕國考一・二四・二	〔正〕南師二・二 〔反〕南師二・一	〔正反〕北珍一五八
七七	二・二四・三	合二三四四一	續一・四三・二	國考一・二四・三		北珍三四七
七八	二・二四・四		續一・四二・六	國考一・二四・四		
七九	二・二五・一	合一九一一六 合四〇七七〇		國考一・二五・一	南師二・四三	北珍二三六七
八〇	二・二五・二	合一二七八九	續四・二〇・四(不全)	國考一・二五・二		北珍一四五五
八一	二・二五・三	合一六五八四	續四・四八・五(不全)	國考一・二五・三		北珍九七一
八二	二・二五・四	合三六三二二	續一・四三・四(不全)	國考一・二五・四		北珍六七七
八三	二・二六・一	合一三二九五		國考一・二六・一		北珍一五七〇
八四	二・二六・二	合二二五四三	續二・一九・三(不全)	國考一・二六・二	佚四一三 鄴初下三〇・二	北珍一七五
八五	二・二七・一	合三八六一七	續二・四・八	國考一・二七・一		北珍五五五
八六	二・二七・二	合三八五四四	續二・三・七	國考一・二七・二		北珍五四六
八七	二・二七・三	合四一八八一		國考一・二七・三	南師二・二三九	北珍六一一
八八	二・二七・四			國考一・二七・四		北珍六〇三
八九	二・二八・一			國考一・二八・一		北珍六四七
九〇	二・二八・二			國考一・二八・二		北珍六〇二
九一	二・二八・三			國考一・二八・三	南師二・二三八	北珍五四三
九二	二・二八・四	合四一七一二		國考一・二八・四	南師二・二二九	
九三	二・二九・一			國考一・二九・一		北珍二八七七
九四	二・二九・二	合四一八九一		國考一・二九・二	南師二・二四一	北珍五七八
九五	二・二九・三	合四一八八九		國考一・二九・三	南師二・二四四	北珍五七一
九六	二・二九・四	合三八六〇二	續二・四・三	國考一・二九・四		北珍五三一
九七	二・三〇・一	合三八三八九(全)	續二・一〇・九(不全)	國考一・三〇・一		北珍五六四(全)
九八	二・三〇・二	合四一一五一		國考一・三〇・二	南師二・二四三	北珍五七三
九九	二・三〇・三	合三七四八四		國考一・三〇・三		北珍一二五
一〇〇	二・三〇・四	合四一九〇八		國考一・三〇・四	南師二・二六一	北珍一二六一
一〇一	二・三一・一			國考一・三一・一	南師二・二四二	北珍五九八
一〇二	二・三一・二			國考一・三一・二		北珍二八七三
一〇三	二・三一・三			國考一・三一・三		北珍三七五

本書編號	《國學門》原拓號	《合》《合補》編號	《續》編號	《國考》編號	其他著録號	《北珍》編號
一〇四	二·三一·四	合三九四七四		國考一·三一·四		北珍五六九
一〇五	二·三二·一	合四一四四〇		國考一·三二·一	南師二·二一六	北珍一二四〇
一〇六	二·三二·二	合六〇三五	續二·二三·九(不全)	國考一·三二·二	佚一八〇	北珍二〇九
一〇七	二·三二·三			國考一·三二·三		
一〇八	二·三二·四	合一〇一一六	續一·四四·四(不全)	國考一·三二·四	佚一二六	
一〇九	〔正〕二·三三·二 〔反〕二·三三·一	〔正反〕合一四三一三	〔正〕續二·一八·八 〔反〕續研二·一八·八	〔正〕國考一·三三·二 〔反〕國考一·三三·一	〔正〕南師二·五 〔反〕南師二·六	〔正反〕北珍一九〇
一一〇	二·三三·三	合一五八九八	續二·一七·四	國考一·三三·三		北珍二六七
一一一	二·三三·四	合三五八 合補四一三〇下半	續一·二·一	國考一·三三·四		北珍一八七
一一二	二·三四·一	合三七〇四五(不全)	續二·二三·七	國考一·三四·一		北珍七三一
一一三	二·三四·二	合三七一九七	續二·一八·四(不全)	國考一·三四·二		北珍七一八
一一四	二·三四·三			國考一·三四·三		北珍四五六
一一五	二·三四·四	合三七三五〇		國考一·三四·四	南師二·二四七	北珍六九三
一一六	二·三五·一	合三七二一一 合補一一四一九下半	續二·二六·一〇(不全)	國考一·三五·一		北珍七三二
一一七	二·三五·二	合三一七六	續二·二三·五(不全)	國考一·三五·二		北珍二五一二
一一八	二·三五·三	合一六二六三	續二·二五·六(不全)	國考一·三五·三		北珍二〇一
一一九	二·三五·四	合三七〇三七左半	續二·二五·三(不全)	國考一·三五·四		北珍七一六左半
一二〇	二·三六·一	合三七〇七〇	續二·二六·九	國考一·三六·一		北珍七二四
一二一	二·三六·二	合一〇一一七	續一·四五·四(不全)	國考一·三六·二	佚四六	北珍二八
一二二	二·三六·三	合八九七三 合補二三七四上半	續二·一八·二(不全)	國考一·三六·三		北珍三〇八
一二三	二·三六·四	合三七〇三八	續二·一六·五	國考一·三六·四		北珍七一五
一二四	二·三七·一	合一五六六四	續二·一六·四	國考一·三七·一		北珍一〇六一
一二五	二·三七·二	合二九四一 合一五一四三(不全)	續二·二五·七(不全)	國考一·三七·三		北珍二一一
一二六	二·三七·三	合一九〇九	續二·一八·六(不全)	國考一·三七·二		北珍一六一
一二七	二·三八·一	合三七二八〇		國考一·三八·一		北珍七一七
一二八	二·三八·二	合三七二〇五	續二·一七·二(不全)	國考一·三八·二		北珍七二二
一二九	二·三八·三			國考一·三八·三		北珍六九四

本書編號	《國學門》原拓號	《合》《合補》編號	《續》編號	《國考》編號	其他著録號	《北珍》編號
一三〇	二・三八・四	合三七〇三〇	續二・一七・三（不全）	國考一・三八・四		北珍七二一
一三一	二・三九・一			國考一・三九・一		北珍一七二
一三二	（正）二・三九・二 （反）二・三九・四	（正反）合七九一九上半		（正）國考一・三九・三 （反）國考一・三九・四	（正）南師二・六三 （反）南師二・六四	（正）北珍一八三上半
一三三	二・三九・三	合一七五四八臼		國考一・三九・二		北珍一八九一臼
一三四	三・一・一	合一五二六四 合四〇一一三		國考二・一・一	南師二・一九七	北珍四五三
一三五	三・一・二	合一四八八五	續四・一五・八（不全）	國考二・一・二		北珍一六〇三
一三六	三・一・三	合三六八四九上半	續三・一九・六	國考二・一・三	佚一七七	
一三七	三・一・四	合七一九八	續四・三一・二（不全）	國考二・一・四	考填二九七	北珍二〇四五
一三八	三・二・一		續三・二〇・四（全）	國考二・二・一		北珍一二八六
一三九	三・二・二	合一四九三五		國考二・二・二		北珍一七七四
一四〇	三・二・三	合補一二六五六	續六・四・二	國考二・二・三		
一四一	三・二・四	合三六八五二下半	續三・一九・四（不全）	國考二・二・四		北珍一二六八
一四二	三・三・一	合三六八六九	續三・一九・九	國考二・三・一		
一四三	三・三・二	合三六八八一	續三・一九・八（不全）	國考二・三・二		北珍一二九三
一四四	三・三・三			國考二・三・三		北珍一三六〇
一四五	三・三・四	合三六八四九下半	續三・二〇・一	國考二・三・四		
一四六	三・四・一	合三六六〇四	續三・二三・一〇	國考二・四・一		北珍九一三
一四七	三・四・二	合三六六六二上半	續三・二三・四（不全）	國考二・四・二		北珍九〇〇上半
一四八	三・四・三	合二五一五五	續一・三・一〇	國考二・四・三		北珍三六一
一四九	三・四・四	合三六七六〇	續三・一六・九（不全）	國考二・四・四		北珍九〇一
一五〇	三・五・一	合三七三九〇		國考二・五・一		北珍一〇九
一五一	三・五・二	合三六七三七	續三・二一・九	國考二・五・二		北珍一二四（全）
一五二	三・五・三	合一六一七九 合四〇五四六		國考二・五・三	南師二・五八	北珍三三二
一五三	三・五・四	合七八五九正下部		國考二・五・四	南師二・一一八	北珍一一六七下部
一五四	三・六・一	合六七六二		國考二・六・一	南師二・一五五	北珍七六八
一五五	三・六・二	合一七二一四	續三・三七・五（不全）	國考二・六・二		北珍八八二
一五六	三・六・三	合三六七三六	續三・二二・五	國考二・六・三		北珍八八〇

本書編號	《國學門》原拓號	《合》《合補》編號	《續》編號	《國考》編號	其他著録號	《北珍》編號
一五七	三・六・四	合二四二五三(不全) 合四一〇七一		國考二・六・四	南師二・一八九	北珍二八二二
一五八	三・七・一	合三六五六八	續三・一五・七	國考二・七・一		北珍九一四
一五九	三・七・二	合三六六九四	續三・二一・三(不全)	國考二・七・二		北珍九〇九
一六〇	三・七・三	合三六六九七(不全)	續三・二二・八(不全)	國考二・七・三		北珍九一〇(不全)
一六一	三・七・四	合三六六六一	續三・二〇・六	國考二・七・四		
一六二	三・八・一	合三七五〇一	續三・二四・四	國考二・八・一		北珍一二一
一六三	三・八・二	合三七六二三	續三・二三・九	國考二・八・二		北珍一一六
一六四	三・八・三	合三六七〇三	續三・二一・一〇	國考二・八・三		北珍九〇七
一六五	三・八・四	合三七六七〇(不全)	續三・一八・五(不全)	國考二・八・四		
一六六	三・九・一	合三七七五四	續三・一七・七	國考二・九・一		北珍一二〇
一六七	三・九・二	合三七七八一(全)		國考二・九・二	南師二・二五二	北珍一二六(全)
一六八	三・九・三	合三七四二五(全)	續三・四五・一(不全)	國考二・九・三		北珍一一一(全)
一六九	三・九・四	合三七六二四	續三・二三・八	國考二・九・四		
一七〇	三・一〇・一	合三六六五九	續三・二二・二(不全)	國考二・一〇・一		北珍九〇五
一七一	三・一〇・二			國考二・一〇・二		北珍二八八九
一七二	三・一〇・三			國考二・一〇・三		北珍九九四
一七三	三・一〇・四	合三五九〇二	續一・二六・三	國考二・一〇・四		北珍五〇一
一七四	三・一一・一	合一〇四四七 合一九四八五		國考二・一一・一	考塡四四六	北珍七〇
一七五	三・一一・二	合二九六三		國考二・一一・二	考塡四六七	北珍二〇六
一七六	三・一一・三	合三六六六二下半	續三・二一・五(不全)	國考二・一一・三		北珍九〇〇下半
一七七	三・一一・四			國考二・一一・四		北珍一二五三
一七八	三・一二・一	合三九三一八	續六・五・一(不全)	國考二・一二・一		北珍一三三九
一七九	三・一二・二	合三六六九六	續三・二一・一(不全)	國考二・一二・二	佚一八五	
一八〇	三・一二・三	合三八二七四 合補一〇九六二上半	續六・一・一〇(不全)	國考二・一二・三		北珍一四〇七
一八一	三・一二・四	合補一二八一八(不全)	續六・四・一(不全)	國考二・一二・四		
一八二	三・一三・一	合三六六七〇	續三・二一・七(不全)	國考二・一三・一		北珍九一二
一八三	三・一三・二	合三一三二〇	續四・四八・一〇(不全)	國考二・一三・二		北珍一二二六

本書編號	《國學門》原拓號	《合》《合補》編號	《續》編號	《國考》編號	其他著録號	《北珍》編號
一八四	三·一三·三	合三九二六三	續六·五·三(不全)	國考二·一三·三		北珍一三四九
一八五	三·一三·四	合三五三七六	續二·五·五(不全)	國考二·一三·四	佚一八二	北珍五二五
一八六	三·一四·一	合三六六五三	續三·二一·六	國考二·一四·一		北珍九〇八
一八七	三·一四·二	合三八五七六	續二·四·二(不全)	國考二·一四·二		北珍五三四
一八八	三·一四·三			國考二·一四·三		北珍一三四二
一八九	三·一四·四	合一四二一三		國考二·一四·四		北珍一〇九四
一九〇	三·一五·一	合三六五〇一	續三·二八·五(不全)	國考二·一五·一		北珍八七五
一九一	三·一五·二	合三六五六一	續三·二三·四(不全)	國考二·一五·二	佚一八四	北珍八九九
一九二	三·一五·三	合三九〇四三(不全)	續六·二·五(不全)	國考二·一五·三		
一九三	三·一六·一			國考二·一六·一		北珍二八八五
一九四	三·一六·二	合七七八三	續三·一四·五(不全)	國考二·一六·二		北珍一一四二
一九五	三·一六·三	合一六二六一正		國考二·一六·三		北珍八二六
一九六	三·一六·四		續三·三五·四(不全)	國考二·一六·四		北珍一一七四
一九七	三·一七·一	合八五八八(不全)	續三·八·七(不全)	國考二·一七·一		北珍八〇一(不全)
一九八	三·一七·二	合二四三九七	續三·二七·二(不全)	國考二·一七·二		北珍一一二九
一九九	三·一七·三	合三六六〇〇	續三·二二·九	國考二·一七·三		北珍九一一
二〇〇	三·一七·四	合三六四九五(不全)	續三·一八·四(不全)	國考二·一七·四		
二〇一	三·一八·一	合三六五三九	續五·一五·二	國考二·一八·一		北珍八七八
二〇二	三·一八·二	合三六九五六	續三·三〇·六	國考二·一八·二		北珍九一九
二〇三	三·一八·三	合三七八五七	續六·七·六	國考二·一八·三		北珍一八八六
二〇四	三·一八·四	合三六七五八	續三·三〇·五	國考二·一八·四		北珍二四七五
二〇五	三·一九·一	合三六一〇一		國考二·一九·一	考塡三七四	北珍六六四
二〇六	三·一九·二	合一五九〇	續一·一四·三	國考二·一九·二		北珍二六〇
二〇七	三·一九·三	合四一九〇二		國考二·一九·三	南師二·二六〇	
二〇八	三·一九·四	合三六五九六	續三·二二·七(不全)	國考二·一九·四		北珍八九八
二〇九	三·二〇·一	合二七八七三	續三·三九·四	國考二·二〇·一		北珍一六二〇
二一〇	(甲)三·二〇·二 (乙)三·二〇·三	(甲)合一七三三一 (乙)合五〇八〇		(甲)國考二·二〇·二 (乙)國考二·二〇·三		(甲)北珍一一五九 (乙)北珍二三一八
二一一	三·二〇·四	合一〇九八七	續三·一六·六	國考二·二〇·四		北珍七九
二一二	三·二〇·五	合二六四二	續三·三九·二	國考二·二〇·五		北珍一一〇六

本書編號	《國學門》原拓號	《合》《合補》編號	《續》編號	《國考》編號	其他著録號	《北珍》編號
二一三	〔正〕三・二一・二 〔反〕三・二一・一	〔正反〕合一〇九二七	〔正〕續三・四五・三 〔反〕續研三・四五・三	〔正〕國考二・二一・二 〔反〕國考二・二一・一		〔正反〕北珍七八
二一四	三・二一・三	合五四		國考二・二一・三	南師二・一〇三 文捃九三五	北珍一一五八
二一五	三・二一・四	合一〇九三九	續三・四〇・一	國考二・二一・四		北珍七四
二一六	三・二三・一	合三一五九		國考二・二三・一	京二〇八三 南師二・一〇六	北珍五六
二一七	三・二三・二	合四七二六		國考二・二三・二	南師二・一四四	北珍一一〇七
二一八	三・二三・三	合一六四八〇正	續三・三九・六(不全)	國考二・二三・三		北珍二三六五
二一九	三・二三・四	合四九二		國考二・二三・四	南師二・九五	北珍八六八
二二〇	〔甲〕三・二三・一 〔乙〕三・二三・二	〔甲乙〕合補二二九九(不全)	〔乙〕續三・一四・二(不全)	〔甲〕國考二・二三・一 〔乙〕國考二・二三・二	〔甲〕佚五三二(全)	〔甲乙〕北珍八八六(全)
二二一	三・二四・一			國考二・二四・一		北珍一一七二(全)
二二二	三・二四・二	合三七五三一		國考二・二四・二	南師二・二五三(不全)	北珍一〇三
二二三	〔甲〕三・二四・三 〔乙〕三・二四・四	〔甲乙〕合四九一七(全)	〔乙〕續一・四八・三(不全)	〔甲〕國考二・二四・三 〔乙〕國考二・二四・四	〔甲〕南師二・九九	〔甲乙〕北珍一四二(全)
二二四	三・二五・一	合一七七六〇		國考二・二五・一		北珍一九〇九
二二五	三・二五・二	合六一九六	續三・七・二(不全)	國考二・二五・二	佚一三	北珍七九二
二二六	三・二五・三	合八〇五	續一・三六・三	國考二・二五・三		北珍二二五
二二七	三・二五・四		續六・三・一	國考二・二五・四		北珍一三三〇
二二八	三・二六・一	合七九一九正下半(全)	續一・五二・三(不全)	國考二・二六・一		北珍一八三下半(全)
二二九	三・二六・二	合六七六一(全)	續五・二五・九(不全)	國考二・二六・二		北珍七六七(全)
二三〇	〔正〕三・二七・二 〔反〕三・二七・一	〔正〕合補二〇三九	〔正〕續六・一三・五 〔反〕續研六・一三・五	〔正〕國考二・二七・一 〔反〕國考二・二七・二	〔正〕南師二・八八 〔反〕南師二・八七	〔正〕北珍八四二
二三一	〔正〕三・二七・四 〔反〕三・二七・三	〔正反〕合七一六二		〔正〕國考二・二七・三 〔反〕國考二・二七・四	〔正〕南師二・七八 〔反〕南師二・七九	〔正反〕北珍二〇四六
二三二	〔正〕三・二七・六 〔反〕三・二七・五	〔正反〕合三〇五三		〔正〕國考二・二七・五 〔反〕國考二・二七・六		〔正反〕北珍二〇七八
二三三	三・二八・一	合四〇一五		國考二・二八・一	南師二・一五〇	北珍一〇八七
二三四	三・二八・二	合三四四七六 合補一〇七一七下半	續四・三五・三	國考二・二八・二	佚七五	北珍四六一
二三五	三・二八・三	合二九九三三	續四・一八・二(不全)	國考二・二八・三		北珍一六〇七

本書編號	《國學門》原拓號	《合》《合補》編號	《續》編號	《國考》編號	其他著録號	《北珍》編號
二二三六	三·二八·四	合七〇五五 合補二三三〇乙		國考二·二八·四	佚三四	北珍九二二
二二三七	三·二九·一	合三九三六九	續六·三·一〇(不全)	國考二·二九·一		北珍一三七八
二二三八	三·二九·二		續二·五·九	國考二·二九·二		北珍五二三
二二三九	三·二九·三	合三七七九五		國考二·二九·三		北珍一二九
二二四〇	三·二九·四	合三八二〇一	續四·一四·八	國考二·二九·四		北珍一六二三
二二四一	三·三〇·一	合八一三八正		國考二·三〇·一		北珍二四八二
二二四二	三·三〇·二	合四七六一	續三·四五·八	國考二·三〇·二		北珍六三
二二四三	三·三〇·三	合四〇六五		國考二·三〇·三	南師二·六一	北珍一一七
二二四四	三·三〇·四	合三八八八五	續六·三·三(不全)	國考二·三〇·四		北珍一二六七
二二四五	三·三一·一		續三·三三·八(不全)	國考二·三一·一		北珍八五
二二四六	三·三一·二	合一二四	續三·四六·二(不全)	國考二·三一·二	佚九九三	北珍六八
二二四七	三·三一·三	合一一〇〇九		國考二·三一·三	南師二·一一一	北珍八一
二二四八	三·三一·四			國考二·三一·四		北珍一一五六
二二四九	四·一·一	合三九〇五八		國考三·一·一		北珍一三八八
二二五〇	四·一·二	合三九一〇一(全) 合三九一〇三(不全)	續六·五·一〇(不全)	國考三·一·二		北珍一三二四(全)
二二五一	四·一·三	合三七八六七左上 合補一一四六九左上	續六·五·二	國考三·一·三	南師二·二三四	北珍一三六七左半
二二五二	四·一·四	合一六八三四	續四·四六·四	國考三·一·四		北珍九九二
二二五三	四·二·一	合三九一五六	續六·五·七(不全)	國考三·二·一		北珍一三四〇
二二五四	四·二·二	合三七九六七 合三七九六八 合四一八四六		國考三·二·二	南師二·二六七 考填四〇三	北珍一三四六
二二五五	四·三·一	合補一一八一一(不全)	續二·三·八(不全)	國考三·三·一		北珍五四二(不全)
二二五六	四·三·二	合一六七一九	續四·四六·二(不全)	國考三·三·二		北珍一〇〇四
二二五七	四·三·三	合三九〇三七	續六·二·四(不全)	國考三·三·三		
二二五八	四·三·四	合三九一二七		國考三·三·四	考填四八二	北珍一三七九
二二五九	四·四·一	合三九三一七	續六·六·二(不全)	國考三·四·一		北珍一三二九
二二六〇	四·四·二			國考三·四·二		北珍一三一七(全)
二二六一	四·四·三			國考三·四·三		北珍一三九三

本書編號	《國學門》原拓號	《合》《合補》編號	《續》編號	《國考》編號	其他著録號	《北珍》編號
二六二	四・四・四	合三九一一〇	續六・二・八（不全）	國考三・四・四		北珍一三二八
二六三	四・五・一			國考三・五・一		北珍九六〇
二六四	四・五・二	合六六一二		國考三・五・二		北珍二〇八
二六五	四・五・三	合三四八六八	續四・四〇・四（不全）	國考三・五・三		北珍一二四七
二六六	四・六・一			國考三・六・一		
二六七	四・六・二			國考三・六・二		北珍一三七一
二六八	四・六・三			國考三・六・三		
二六九	四・六・四	合四一九〇三		國考三・六・四	南師二・二五七	北珍一二七〇
二七〇	四・七・一			國考三・七・一		北珍一三六三
二七一	四・七・二			國考三・七・二		北珍一二六四（全）
二七二	四・七・三			國考三・七・三		北珍一二八三
二七三	四・七・四			國考三・七・四		北珍一二七九
二七四	四・八・一	合三七八六七右上 合補一一四六九右上	續六・一・八（不全）	國考三・八・一		北珍一三六七右半
二七五	四・八・二	合三八八五六		國考三・八・二	考塤四〇七	北珍一二五五
二七六	四・八・三	合三七九〇二		國考三・八・三		北珍一三六二
二七七	四・八・四	合四一九〇七		國考三・八・四	南師二・二五八	北珍一二七六
二七八	四・九・一	合一七九九七正下半		國考三・九・一		北珍一六三下半
二七九	四・九・二	合三六四四九（不全）		國考三・九・二	南師二・二五一	北珍二八九六（不全）
二八〇	四・九・三			國考三・九・三		
二八一	四・九・四	合三四九八二（不全）	續四・三七・九（不全）	國考三・九・四		北珍一二四九
二八二	四・一〇・一			國考三・一〇・一		
二八三	四・一〇・二		續四・三七・七（不全）	國考三・一〇・二		北珍一〇〇六
二八四	四・一〇・三	合一三一三四 合四〇三二四		國考三・一〇・三	南師二・三一	北珍一五八五
二八五	四・一〇・四	合一四五四八	續一・三六・四（不全）	國考三・一〇・四	佚一四五	北珍二六九
二八六	〔正〕四・一一・一 〔反〕四・一一・二	〔正反〕合四三〇七（全）		〔正〕國考三・一一・一 〔反〕國考三・一一・二	〔正〕南師二・八二 〔反〕南師二・八三	〔正反〕北珍二〇二〇（全）
二八七	〔正〕四・一二・四 〔反〕四・一二・一	〔正反〕合七一八七	〔正〕續四・三〇・八 〔反〕續研四・三〇・八	〔正〕國考三・一二・二 〔反〕國考三・一二・一	〔正〕南師二・一一 〔反〕南師二・一二	〔正反〕北珍二〇四九
二八八	四・一二・三			國考三・一二・三		北珍二四二七

本書編號	《國學門》原拓號	《合》《合補》編號	《續》編號	《國考》編號	其他著録號	《北珍》編號
二八九	〔正〕四·一二·五 〔反〕四·一二·二	〔正反〕合三二一七三		〔正〕國考三·一二·四 〔反〕國考三·一二·五	〔正〕京一一六二 〔正〕南師二·一三七 〔反〕南師二·一三八	〔正反〕北珍一〇八五
二九〇	四·一三·一	合二六四五	續四·三〇·七	國考三·一三·一	考塡三四八	北珍一一一
二九一	四·一三·二	合七一五五	續四·三二·四	國考三·一三·二		北珍二〇四七(不全)
二九二	〔正〕四·一三·四 〔反〕四·一三·三	〔正反〕合六〇六〇(不全)	〔正〕續四·三一·一(不全) 〔反〕續研四·三一·一	〔正〕國考三·一三·三 〔反〕國考三·一三·四	〔正〕佚六〇、南師二·八四 〔反〕佚六一、南師二·八五	〔正反〕北珍七九一(不全)
二九三	四·一四·一	合八七三八		國考三·一四·一	南師二·五六	北珍一一三六
二九四	四·一四·二	合六四五九 合補三三二上部	續四·三〇·一	國考三·一四·二	佚五二七	北珍八一七
二九五	〔正〕四·一五·一 〔反〕四·一五·二	〔正反〕合二六五九(全)	〔正〕續四·三〇·五(不全) 〔反〕續研四·三〇·五	〔正〕國考三·一五·一 〔反〕國考三·一五·二	〔正〕南師二·一四一 〔反〕南師二·一四二	〔正反〕北珍一一一〇(全)
二九六	四·一六·一	合一〇一三二正(全)	續四·二五·二(不全)	國考三·一六·一	佚五三一(全) 南師二·二七(不全)	北珍一五正(全)
二九七	四·一七·一	合九六〇一		國考三·一七·一		北珍四
二九八	四·一七·二	合九五三三	續四·二七·六	國考三·一七·二		北珍一三(不全)
二九九	四·一七·三			國考三·一七·三		北珍二六九五
三〇〇	四·一七·四	合一〇一〇二(全)	續一·五〇·四(不全)	國考三·一七·四		北珍二九(全)
三〇一	四·一八·一	合九九六七	續四·二七·三(不全)	國考三·一八·一		北珍六
三〇二	四·一八·二	合九九七四	續四·二五·三	國考三·一八·二		北珍一四
三〇三	〔正〕四·一九·二 〔臼〕四·一九·一	〔正臼〕合一〇一九九	〔正〕續四·七·二(不全) 〔臼〕續研四·七·二	〔正〕國考三·一九·一 〔臼〕國考三·一九·二	〔正〕南師二·一六 〔臼〕南師二·一五	〔正臼〕北珍五四
三〇四	四·一九·三	合二四七六五	續四·一二·二(不全)	國考三·一九·三		北珍一五九五
三〇五	四·一九·四	合三九二八		國考三·一九·四	南師二·一七四	北珍一四三七
三〇六	四·一九·五	合二四七七〇	續四·一七·八(不全)	國考三·一九·五		北珍一五九一(全)
三〇七	〔正〕四·二〇·二 〔反〕四·二〇·一	〔正反〕合五五七九	〔正〕續四·五·五	〔正〕國考三·二〇·二 〔反〕國考三·二〇·一	〔正〕南師二·二八 〔反〕南師二·二九	〔正反〕北珍一八九〇
三〇八	四·二一·一	合一二〇九七	續四·二一·六	國考三·二一·一		北珍一四八六
三〇九	四·二一·二	合一二四三〇(全)	續四·二一·五(不全)	國考三·二一·二		北珍一四九一(全)
三一〇	四·二一·三	合四〇二九九		國考三·二一·三	南師二·一七三	北珍一四六四
三一一	四·二一·四	合一三八六九下半(全)	續四·一一·一	國考三·二一·四		北珍一〇五八(全)
三一二	四·二二·一	合一一九九八 合四〇二七二		國考三·二二·一	南師二·一九三	北珍一四八一

本書編號	《國學門》原拓號	《合》《合補》編號	《續》編號	《國考》編號	其他著録號	《北珍》編號
三一三	四·二二·二	合一〇六六五	續三·四五·四（不全）	國考三·二二·二		
三一四	四·二二·三	合一二二九三	續四·二三·八	國考三·二二·三		北珍一四六七
三一五	四·二二·四	合三四八四四	續四·三九·四	國考三·二二·四		北珍一二五〇
三一六	四·二三·一	合一二〇五八	續四·五·四（不全）	國考三·二三·一	南師二·三五	北珍一四七八
三一七	四·二四·一	合三八一六一 合補一一六四五左半	續四·一七·二	國考三·二四·一		北珍一六二五
三一八	四·二四·二	合三八八九二		國考三·二四·二	南師二·二六二	北珍一二七三
三一九	四·二四·三	合補一二九〇七（全）		國考三·二四·三	南師二·二六五	北珍一三一六（全）
三二〇	四·二四·四	合三五八七〇		國考三·二四·四	南師二·二三三	北珍四九五
三二一	四·二五·一	合四〇二九六		國考三·二五·一	南師二·三九	北珍一四六八
三二二	四·二五·二	合一二一七八	續四·二三·六	國考三·二五·二		北珍一四四一
三二三	四·二五·三		續三·三一·二（不全）	國考三·二五·三		北珍二五〇九
三二四	四·二五·四			國考三·二五·四		北珍一四五九
三二五	四·二五·五	合一二〇三五 合四〇二八〇		國考三·二五·五	南師二·一七一	北珍一四八四
三二六	四·二六·一	合一二〇四〇		國考三·二六·一	南師二·一七二	北珍一五〇三
三二七	四·二六·二	合一二九三六	續四·一五·三	國考三·二六·二	存補二·四五·三	北珍一四八八
三二八	四·二六·三	合一二六〇七	續四·二一·二	國考三·二六·三		北珍一四四六
三二九	四·二六·四	合一二四三四（不全）	續二·二六·一一	國考三·二六·四		北珍一八九
三三〇	〔正〕四·二七·二 〔反〕四·二七·一	〔反〕合一二八〇七		〔正〕國考三·二七·二 〔反〕國考三·二七·一	〔反〕佚一八八	〔正反〕北珍一四七五
三三一	〔正〕四·二七·四 〔反〕四·二七·三	〔正反〕合一二八七三	〔正〕續四·二四·五（不全）	〔正〕國考三·二七·四 〔反〕國考三·二七·三	〔正〕考墳二九八	〔正反〕北珍一五三六
三三二	〔正〕四·二八·二 〔反〕四·二八·一	〔正反〕合一七六八〇	〔正右半〕續四·三三·六 〔反〕續研四·三三·六	〔正〕國考三·二八·一 〔反〕國考三·二八·二	〔正〕南師二·三六 〔反〕南師二·三七 〔正反〕考墳三一六	〔正反〕北珍一四七六
三三三	四·二九·一	合一九七六		國考三·二九·一	京二三〇三	北珍一〇九八
三三四	四·二九·二	合一七三五八		國考三·二九·二	南師二·五五	北珍三二九
三三五	四·二九·三			國考三·二九·三		
三三六	四·二九·四	合一七六〇〇		國考三·二九·四	南師二·三〇	北珍一八八八
三三七	四·三〇·一	合一八五九二		國考三·三〇·一		北珍二三七五

本書編號	《國學門》原拓號	《合》《合補》編號	《續》編號	《國考》編號	其他著録號	《北珍》編號
三三八	四·三〇·二	合四〇七一八		國考三·三〇·二	南師二·四八	
三三九	四·三〇·三	合一五四六八		國考三·三〇·三		北珍二四一
三四〇	四·三〇·四	合四六四一	續四·三四·二(不全)	國考三·三〇·四		北珍一六八
三四一	四·三一·一	合一七一七九		國考三·三一·一		北珍一〇七四
三四二	四·三一·二	合二一四六二(全)		國考三·三一·二		北珍二三〇九(全)
三四三	四·三一·三	合四四		國考三·三一·三		北珍一一一八
三四四	四·三一·四	合五二八〇		國考三·三一·四	南師二·七六	北珍二〇三七
三四五	四·三二·一	合一九五六一(不全) 合補五三三二甲下半(不全)		國考三·三二·一		北珍二三〇七(不全)
三四六	四·三二·二	合二三一五反		國考三·三二·二		北珍二〇二二反
三四七	四·三二·三	合一六三九九		國考三·三二·三		北珍二〇三三
三四八	四·三二·四	合四〇七七		國考三·三二·四	南師二·九三	北珍一〇四一
三四九	(正)五·一·二 (反)五·一·一	(正反)合二七九〇		(正)國考四·一·二 (反)國考四·一·一	(正)南師二·九 (反)南師二·一〇	(正反)北珍二三九一
三五〇	五·一·三	合一九五三七		國考四·一·三	佚一三九	北珍三八
三五一	五·一·四	合二三二五六	續一·三二·四	國考四·一·四	佚一七二(不全)	北珍三四五
三五二	(正)五·二·二 (臼)五·二·一	(正臼)合一八三四八(全)		(正)國考四·二·一 (臼)國考四·二·二	(正)佚一〇五 (正)南師二·二一 (臼)南師二·二二	(正臼)北珍二二〇三(全)
三五三	五·三·一			國考四·三·一		北珍一五四四
三五四	五·三·二	合三八四九正		國考四·三·二		北珍一七九七正
三五五	五·三·三	合一二五三一	續四·一七·九(不全)	國考四·三·三		北珍一四五四
三五六	(正)五·四·二 (反)五·四·一	(正反)合八〇八八		(正)國考四·四·一 (反)國考四·四·二	(正)南師二·一六〇 (反)佚九九四 (反)南師二·一六一	(正反)北珍一七六八
三五七	(正)五·五·一 (反)五·五·三	(正反)合一七八七〇(全)		(正)國考四·五·一 (反)國考四·五·三	(反)南師二·一五九	(反)北珍二一六一
三五八	五·五·二	合五六〇八		國考四·五·二	京五八二	北珍三二
三五九	(正)五·五·五 (反)五·五·四	(正反)合一七三〇五		(正)國考四·五·四 (反)國考四·五·五	(正)南師二·八〇 (反)南師二·八一	(正反)北珍二〇四四
三六〇	五·六·一	合八五八三	續三·八·五(不全)	國考四·六·一	考填五〇九	北珍七九六
三六一	五·六·二	合八二四		國考四·六·二	佚一五二 南師二·一一〇	北珍九五七

本書編號	《國學門》原拓號	《合》《合補》編號	《續》編號	《國考》編號	其他著録號	《北珍》編號
三六二	五·六·三	合七〇八八		國考四·六·三	考塡三五一	北珍九五八
三六三	五·六·四	合四〇六七		國考四·六·四	考塡三一二	北珍一一一六
三六四	五·七·一	合一九五五八		國考四·七·一	佚一六三	北珍二二〇一
三六五	五·七·二	合四一〇四		國考四·七·二	南師二·一五四	北珍二九二
三六六	五·七·三	合一七三九八		國考四·七·三	南師二·一二〇 考塡四七五	北珍一〇八一
三六七	五·七·四	合一三七四六		國考四·七·四	南師二·一二三	北珍一〇六〇
三六八	五·八·一	合一九七四七		國考四·八·一		北珍一〇四七
三六九	五·八·二	合四二七四		國考四·八·二	佚一四二 南師二·九七	北珍二一一〇
三七〇	五·八·三	合一六七二	續一·四六·四(不全)	國考四·八·三	佚一〇	北珍三〇一
三七一	五·八·四	合三八二八(全) 合一四三七九		國考四·八·四	南師二·一五三	北珍二一〇九(全)
三七二	五·九·一	合三六八〇(不全)		國考四·九·一		北珍二五六二(不全)
三七三	五·九·二	合六七七四		國考四·九·二	佚一四一	北珍八五三
三七四	五·九·三	合一五八一四	續二·七·一〇(全)	國考四·九·三	考塡四五九	北珍二六二
三七五	五·九·四	合一七五六八	續五·一一·五(不全)	國考四·九·四	佚一六〇	北珍一八九二
三七六	五·一〇·一	合五九二九		國考四·一〇·一	考塡三九六	北珍九二一
三七七	五·一〇·二	合三五二五二		國考四·一〇·二	佚一六四	北珍二三三八
三七八	五·一〇·三	合一七七七二		國考四·一〇·三		北珍一九〇二
三七九	五·一一·一	合五二六七		國考四·一一·一		北珍二〇四一
三八〇	五·一一·二	合四六九二(不全)	續二·三〇·六(不全)	國考四·一一·二		北珍一一五五(不全)
三八一	五·一一·三	合一一六四(全)	續一·五·五	國考四·一一·三	南師二·五一	北珍二一〇(全)
三八二	五·一一·四	合二〇三二七(全)		國考四·一一·四		北珍一〇九七(全)
三八三	五·一二·一	合一八九五二 合四〇七二四		國考四·一二·一	南師二·四〇	北珍二五四四
三八四	五·一二·二	合一五〇九二		國考四·一二·二		北珍一六七
三八五	五·一二·三		續三·四六·一	國考四·一二·三		北珍八三
三八六	五·一二·四	合七七〇五		國考四·一二·四	南師二·九六	北珍八五九
三八七	五·一三·一	合六四一三	續三·八·九(不全)	國考四·一三·一		北珍八〇九
三八八	五·一三·二	合一三七五四(全)		國考四·一三·二	南師二·一二一	北珍一〇五九(全)

本書編號	《國學門》原拓號	《合》《合補》編號	《續》編號	《國考》編號	其他著録號	《北珍》編號
三八九	五·一四·一	合一〇一三二反(全)		國考四·一四·一	南師二·一五七	北珍一五反(全)
三九〇	五·一五·一	合五四六五(全)		國考四·一五·一	南師二·一四九	北珍一一三二(全)
三九一	五·一五·二	合三五三一(全)		國考四·一五·二	南師二·一六六	北珍二〇五二(全)
三九二	(正)五·一五·四 (反)五·一五·三	(正反)合五一九三	(正)續三·三九·一(不全) (反)續研三·三九·一	(正)國考四·一五·三 (反)國考四·一五·四	(正)南師二·一一五	(正反)北珍一一四三
三九三	五·一六·一	合二〇〇五二		國考四·一六·一		北珍二五八四(拓片倒置)
三九四	(正)五·一六·四 (反)五·一六·二	(正反)合一六二五三		(正)國考四·一六·三 (反)國考四·一六·四		(正)北珍二六四四
三九五	五·一六·三	合三七五九四	續三·二三·三	國考四·一六·二		北珍一〇八
三九六	五·一七·一	合三三八〇(全)		國考四·一七·一	南師二·一四八	北珍八五二(全)
三九七	五·一七·二			國考四·一七·三		北珍一七三〇
三九八	五·一七·三	合六八六二(全)	續一·五二·一	國考四·一七·二		北珍八一八(全)
三九九	五·一八·一			國考四·一八·一		北珍九七七
四〇〇	五·一八·二	合一六六四一 合補四八三六上半	續四·四七·三	國考四·一八·二		北珍一〇一二
四〇一	五·一八·三	合三五六一三		國考四·一八·三	南師二·二二八	北珍四八三
四〇二	五·一八·四	合一三	續三·四七·一(不全)	國考四·一八·四	存補二·四三·一	北珍二
四〇三	五·一九·一	合三八五九六 合四一八八五		國考四·一九·一	南師二·二四〇	北珍五六六
四〇四	五·一九·二	合九八〇〇		國考四·一九·二	佚一五七	北珍一九
四〇五	五·一九·三	合二五五五一		國考四·一九·三		北珍四三〇
四〇六	五·一九·四			國考四·一九·四		北珍九二三
四〇七	五·二〇·一	合三六九三〇	續三·三二·五	國考四·二〇·一		
四〇八	五·二〇·二	合一七九九七正上半		國考四·二〇·二		北珍一六三上半
四〇九	五·二〇·三			國考四·二〇·三		北珍一〇五〇
四一〇	五·二〇·四	合六五六二		國考四·二〇·四	南師二·九八	北珍八五八
四一一	五·二一·一	合三七四二〇		國考四·二一·一		北珍一〇七(全)
四一二	五·二一·二			國考四·二一·二		
四一三	五·二一·三			國考四·二一·三		北珍一〇一六
四一四	五·二一·四	合二一六一六(不全)	續三·三五·八	國考四·二一·四		北珍一一二八
四一五	五·二二·一	合四一八九〇		國考四·二二·一	南師二·二四五	北珍五八七

本書編號	《國學門》原拓號	《合》《合補》編號	《續》編號	《國考》編號	其他著録號	《北珍》編號
四一六	五・二二・二			國考四・二二・二		北珍一二七八
四一七	五・二二・三	合六六八		國考四・二二・三		北珍九五六
四一八	五・二二・四	合一七七四		國考四・二二・四		北珍一九〇八
四一九	〔正〕五・二三・二 〔反〕五・二三・一	〔正反〕合一五二六六		〔正〕國考四・二三・一 〔反〕國考四・二三・二		〔正反〕北珍一一四九
四二〇	五・二三・三			國考四・二三・三		北珍二三〇
四二一	五・二三・四	合一五二九六	續二・二六・一二(不全)	國考四・二三・四		北珍二二九七
四二二	五・二四・一			國考四・二四・一		北珍一八九六(全)
四二三	五・二四・二	合一五六九二	續二・七・三(不全)	國考四・二四・二	南師二・七〇	北珍二六八
四二四	五・二四・三	合三八三〇一(全)		國考四・二四・三	南師二・二三七	北珍四六七(全)
四二五	五・二四・四	合四五七七反(全)		國考四・二四・四	南師二・七四	北珍二〇七四(全)
四二六	五・二五・一	合一四五八二	續一・三五・五	國考四・二五・一		北珍二五五
四二七	五・二五・二	合三六三八五 合四一八九七		國考四・二五・二	南師二・二五四	北珍二二二六
四二八	五・二五・三			國考四・二五・三		北珍二九〇三
四二九	五・二五・四	合三九九四		國考四・二五・四	南師二・一〇〇	北珍八四七
四三〇	〔正〕五・二六・二 〔反〕五・二六・一	〔正反〕合四〇〇〇一		〔正〕國考四・二六・一 〔反〕國考四・二六・二	〔正〕南師二・一六四 〔反〕南師二・一六五	〔正〕北珍一六三〇
四三一	五・二六・三	合七二四四 合補九〇一甲		國考四・二六・三	佚一三四 京二三二〇 南師二・一五八	北珍八九五
四三二	〔正〕五・二六・五 〔反〕五・二六・四			〔正〕國考四・二六・四 〔反〕國考四・二六・五		〔正反〕北珍二一七四
四三三	〔正〕五・二七・二 〔反〕五・二七・一	〔正反〕合三八八六		〔正〕國考四・二七・一 〔反〕國考四・二七・二	〔正〕南師二・七 〔反〕南師二・八	〔正〕北珍二二二四
四三四	五・二七・三	合一三五〇一		國考四・二七・三	南師二・一一七 考填三六五	北珍一一六五(拓片倒置)
四三五	五・二七・四	合一六九四二		國考四・二七・四	南師二・一三二 考填六四	北珍二〇四三
四三六	〔正〕五・二八・二 〔反〕五・二八・一			〔正〕國考四・二八・一 〔反〕國考四・二八・二		〔正〕北珍一一〇四
四三七	五・二八・三			國考四・二八・三		北珍二六三八
四三八	五・二八・四			國考四・二八・四		北珍一七一七

本書編號	《國學門》原拓號	《合》《合補》編號	《續》編號	《國考》編號	其他著録號	《北珍》編號
四三九	五·二九·一			國考四·二九·一		北珍一六五四
四四〇	五·二九·二			國考四·二九·二		北珍五五一
四四一	五·二九·三	合四一七五一		國考四·二九·三	南師二·二五〇	北珍一二九七
四四二	五·二九·四			國考四·二九·四		北珍二二七三
四四三	五·三〇·一	合六七二六		國考四·三〇·一		北珍九五九
四四四	五·三〇·二			國考四·三〇·二		北珍二三四三
四四五	五·三〇·三	合三五九三四上部		國考四·三〇·三		北珍六八〇上部
四四六	五·三〇·四	合一九四二	續一·四五·七(不全)	國考四·三〇·四		北珍一五九
四四七	五·三一·一	合一九四四	續六·二六·二(不全)	國考四·三一·一	佚五〇	北珍一八〇
四四八	五·三一·二	合三〇八五五	續二·六·六	國考四·三一·二		北珍四五四
四四九	五·三一·三			國考四·三一·三		北珍二五二三
四五〇	五·三一·四	合四二二六		國考四·三一·四	佚一九三 南師二·一四七	北珍一一二〇
四五一	五·三二·一			國考四·三二·一	南師二·一二五	北珍一七八八
四五二	五·三二·二	合一〇六七六	續三·四五·二	國考四·三二·二	佚一三六	北珍八四
四五三	五·三二·三			國考四·三二·三		北珍五五三
四五四	五·三二·四	合一八六六一		國考四·三二·四		北珍一五八四
四五五	五·三三·一	合四一九〇六		國考四·三三·一	南師二·二五九	北珍一二九四
四五六	五·三三·二	合三五三六七		國考四·三三·二	佚一九二	北珍六一〇(全)
四五七	五·三三·三	合三九〇五一上半	續六·四·三	國考四·三三·三		北珍一三六六上半
四五八	五·三三·四			國考四·三三·四		北珍一七〇〇(全)
四五九	五·三四·一			國考四·三四·一		北珍一二〇七
四六〇	五·三四·二			國考四·三四·二		北珍二五六八
四六一	五·三四·三	合四〇二三〇		國考四·三四·三	南師二·一六七	北珍一六七九
四六二	五·三四·四			國考四·三四·四		北珍一六五九
四六三	五·三五·一			國考四·三五·一		北珍七五七
四六四	五·三五·二	合二六五		國考四·三五·二		北珍二三三六
四六五	五·三五·三	合一一二〇〇	續二·二五·八	國考四·三五·三		北珍三三一
四六六	五·三五·四			國考四·三五·四		
四六七	五·三五·五			國考四·三五·五		

本書編號	《國學門》原拓號	《合》《合補》編號	《續》編號	《國考》編號	其他著録號	《北珍》編號
四六八	五・三五・六			國考四・三五・六		
四六九	五・三六・一			國考四・三六・一		北珍一九八二
四七〇	五・三六・二			國考四・三六・二		北珍一九七六（不全）
四七一	〔正〕五・三六・四 〔反〕五・三六・三	〔正反〕合六七六		〔正〕國考四・三六・三 〔反〕國考四・三六・四		〔正反〕北珍一九五九

表二　《合》《合補》與本書對照表

《合》《合補》編號	本書編號
合一三	四〇二
合四四	三四三
合五四	二一四
合二二四	二四六
合二六五	四六四
合三三一	二五
合三二四(不全)	一一
合三五八	一一一
合四九二	二一九
合六六八	四一七
合六七六	四七一正反
合八〇五	二二六
合八二四	三六一
合一一六四(全)	三八一
合一四〇七	三八
合一五九〇	二〇六
合一六二八	一六正反
合一六七二	三七〇
合一七七四	五五正反
合一九〇九	一二六
合一九四二	四四六
合一九四四	四四七
合一九七六	三三三
合二三一五反	三四六
合二四一〇	七六正反
合二五二三	七四
合二六四二	二一二

《合》《合補》編號	本書編號
合二六四五	二九〇
合二六五九(全)	二九五正反
合二七九〇	三四九正反
合二九四一	一二五
合二九六三	一七五
合三〇五三	二三二正反
合三一五九	二一六
合三一七六	一一七
合三二七三	二八九正反
合三三八〇(全)	三九六
合三四六七	五一正臼
合三四八〇	五三正反
合三五三一(全)	三九一
合三六八〇(不全)	三七二
合三八二八(全)	三七一
合三八四九正	三五四
合三八八六	四三三正反
合三九二八	三〇五
合三九九四	四二九
合四〇一五	二三三
合四〇六五	二四三
合四〇六七	三六三
合四〇七七	三四八
合四一〇四	三六五
合四二二六	四五〇
合四二六一	五九
合四二七四	三六九

《合》《合補》編號	本書編號
合四三〇七(全)	二八六正反
合四五七七反(全)	四二五
合四六四一	三四〇
合四六九二(不全)	三八〇
合四七〇九	五〇
合四七二六	二一七
合四七六一	二四二
合四九一七(全)	二二三
合五〇八〇	二一〇乙
合五一九三	三九二正反
合五二六七	三七九
合五二八〇	三四四
合五四六五(全)	三九〇
合五五七九	三〇七正反
合五六〇八	三五八
合五八一二	四〇
合五九二九	三七六
合六〇三五	一〇六
合六〇六〇(不全)	二九二正反
合六一二〇正	一五
合六一六八	三一
合六一九六	二二五
合六四一三	三八七
合六四五九	二九四
合六五六二	四一〇
合六六一二	二六四
合六七二六	四四三

《合》《合補》編號	本書編號
合六七六一（全）	二二九
合六七六二	一五四
合六七七四	三七三
合六八六二（全）	三九八
合七〇五五	二三六
合七〇八八	三六二
合七一五五	二九一
合七一六二	二三一正反
合七一八七	二八七正反
合七一九八	一三七
合七二四四	四三一
合七七〇五	三八六
合七七八三	一九四
合七八五九正下部	一五三
合七九一九上半	一三二正反
合七九一九正下半（全）	二二八
合八〇一四	六六
合八〇八八	三五六正反
合八一三八正	二四一
合八五八三	三六〇
合八五八八（不全）	一九七
合八七三八	二九三
合八九七三	一二三
合九五三二	二九八
合九六〇一	二九七
合九八〇〇	四〇四
合九九六七	三〇一
合九九七四	三〇二
合一〇一〇二（全）	三〇〇
合一〇一一六	一〇八

《合》《合補》編號	本書編號
合一〇一一七	一二一
合一〇一九九	三〇三正臼
合一〇一三〇（全）	七〇正反
合一〇一三二正（全）	二九六
合一〇一三二反（全）	三八九
合一〇四四七	一七四
合一〇六六五	三一三
合一〇六七六	四五二
合一〇八〇四	三六五
合一〇九二七	二一三正反
合一〇九三九	二一五
合一〇九七七	七一
合一〇九八七	二一一
合一一〇〇九	二四七
合一一〇五一（全）	六一
合一一二〇〇	四六五
合一一九九八	三一二
合一二〇三五	三二五
合一二〇四〇	三二六
合一二〇五八	三一六
合一二〇九七	三〇八
合一二一七八	三二二
合一二三九三	三一四
合一二四三〇（全）	三〇九
合一二四九五	四九正反
合一二五一八	六五
合一二五三一	三五五
合一二六〇七	三二八
合一二七八九	八〇
合一二八〇七	三三〇反

《合》《合補》編號	本書編號
合一二八七三	三三一正反
合一二九三六	三二七
合一三一三四	二八四
合一三二九五	八三
合一三五〇一	四三四
合一三六一九	三〇正
合一三七四六	三六七
合一三七五四（全）	三八八
合一三八六九下半（全）	三一一
合一四二一三	一八九
合一四三一三	一〇九正反
合一四三七九	三七一
合一四五四八	二八五
合一四五八二	四二六
合一五〇九二	三八四
合一五一四三（不全）	一二五
合一五二六四	一三四
合一五二六六	四一九正反
合一五二九六	四二一
合一五四六八	三三九
合一五六六四	一二四
合一五六九二	四二三
合一五八一四	三七四
合一五八九八	一一〇
合一六一七九	一五二
合一六二五三	三九四正反
合一六二六一正	一九五
合一六二六三	一一八
合一六三九九	三四七
合一六四八〇正	二一八

《合》《合補》編號	本書編號
合一六五八四	八一
合一六六四一	四〇〇
合一六七一九	二五六
合一六八三四	二五二
合一六八九五正	三四
合一六九四二	四三五
合一七一七九	三四一
合一七二一四	一五五
合一七三〇五	三五九正反
合一七三三一	二一〇甲
合一七三五八	三三四
合一七三七九	六九
合一七三九八	三六六
合一七五四八臼	一三三
合一七五六八	三七五
合一七六〇〇	三三六
合一七六八〇	三三二正反
合一七七六〇	二二四
合一七七七二	三七八
合一七七七四	四一八
合一七七七九	六二
合一七八七〇（全）	三五七正反
合一七九九七正上半	四〇八
合一七九九七正下半	二七八
合一八三四八（全）	三五二正臼
合一八五九二	三三七
合一八六六一	四五四
合一八九五二	三八三
合一九一一六	七九
合一九四八五	一七四

《合》《合補》編號	本書編號
合一九五三七	三五〇
合一九五五八	三六四
合一九五六一（不全）	三四五
合一九七四七	三六八
合二〇〇五二	三九三
合二〇三二七（全）	三八二
合二一四六二（全）	三四二
合二一六一六（不全）	四一四
合二二四三四（不全）	三二九
合二二五四三	八四
合二二八六一	二三
合二三二五六	三五一
合二三四四一	七七
合二四二五三（不全）	一五七
合二四三九七	一九八
合二四七六五	三〇四
合二四七七〇	三〇六
合二四八八五	一三五
合二四九三五	一三九
合二五一五五	一四八
合二五五五一	四〇五
合二五九七四	四八
合二七八七三	二〇九
合二九九三三	二三五
合三〇八五五	四四八
合三一三二〇	一八三
合三二一一五	三七
合三四四七六	二三四
合三四八四四	三一五
合三四八六八	二六五

《合》《合補》編號	本書編號
合三四九八二（不全）	二八一
合三五二五二	三七七
合三五三六七	四五六
合三五三七六	一八五
合三五四四〇	二四
合三五五四九	四六
合三五五六九	六〇
合三五五九九	三五
合三五六一三	四〇一
合三五六七九	一〇
合三五七〇三	四四
合三五七一三	一二
合三五七三七	六三
合三五八五〇	一八
合三五八七〇	三二〇
合三五九〇二	一七三
合三五九一五	四七
合三五九三四上部	四四五
合三五九三四下部	一三
合三五九四七	一四
合三五九五五（全）	二一
合三五九九九	一七
合三六〇二五	二九
合三六一〇一	二〇五
合三六一五六	九
合三六二〇三	三九
合三六二三二	四二
合三六三二二	八二
合三六三八五	四二七
合三六四四九（不全）	二七九

《合》《合補》編號	本書編號
合三六四九五(不全)	二〇〇
合三六五〇一	一九〇
合三六五三九	二〇一
合三六五六一	一九一
合三六五六八	一五八
合三六五九六	二〇八
合三六六〇〇	一九九
合三六六〇四	一四六
合三六六五三	一八六
合三六六五九	一七〇
合三六六六一	一六一
合三六六六二上半	一四七
合三六六六二下半	一七六
合三六六七〇	一八二
合三六六九四	一五九
合三六六九六	一七九
合三六六九七(不全)	一六〇
合三六七〇三	一六四
合三六七三六	一五六
合三六七三七	一五一
合三六七五八	二〇四
合三六七六〇	一四九
合三六八四九上半	一三六
合三六八四九下半	一四五
合三六八五二下半	一四一
合三六八六九	一四二
合三六八八一	一四三
合三六九三〇	四〇七
合三六九五六	二〇二
合三七〇三〇	一三〇

《合》《合補》編號	本書編號
合三七〇三七左半	一一九
合三七〇三八	一二三
合三七〇四五(不全)	一一二
合三七〇七〇	一二〇
合三七一九七	一一三
合三七二〇五	一二八
合三七二一一	一一六
合三七二八〇	一二七
合三七三五〇	一一五
合三七三九〇	一五〇
合三七四二〇	四一一
合三七四二五(全)	一六八
合三七四八四	九九
合三七五〇一	一六二
合三七五三一	二二二
合三七五九四	三九五
合三七六二三	一六三
合三七六二四	一六九
合三七六七〇(不全)	一六五
合三七七五四	一六六
合三七七八一(全)	一六七
合三七七九五	二三九
合三七八五七	二〇三
合三七八六七左上	二五一
合三七八六七右上	二七四
合三七八八二	二八
合三七九〇二	二七六
合三七九三四	五四
合三七九六七	二五四
合三七九六八	二五四

《合》《合補》編號	本書編號
合三八一三九	五二
合三八一六一	三一七
合三八一八〇	五六
合三八二〇一	二四〇
合三八二七四	一八〇
合三八三〇一(全)	四二四
合三八三八九(全)	九七
合三八三九四	六四
合三八四八二	三三
合三八五三八	四三
合三八五四四	八六
合三八五七六	一八七
合三八五八三	一九
合三八五八七	七三
合三八五九六	四〇三
合三八六〇二	九六
合三八六一七	八五
合三八六一九	五七
合三八七三一	七二
合三八八五六	二七五
合三八八五九	四一
合三八八八五	二四四
合三八八九二	三一八
合三九〇三七	二五七
合三九〇四三(不全)	一九二
合三九〇五一上半	四五七
合三九〇五八	二四九
合三九〇六九(不全)	二〇
合三九〇七一(不全)	三二
合三九一〇一(全)	二五〇

《合》《合補》編號	本書編號
合三九一〇三(不全)	二五〇
合三九一一〇	二六二
合三九一二七	二五八
合三九一五六	二五三
合三九一九三	七五
合三九二六三	一八四
合三九三一七	二五九
合三九三一八	一七八
合三九三六九	二三七
合三九四七四	一〇四
合四〇〇〇一	四三〇正反
合四〇〇一六	六六
合四〇一一三	一三四
合四〇二三〇	四六一
合四〇二七二	三一二
合四〇二八〇	三二五
合四〇二九六	三二一
合四〇二九九	三一〇
合四〇三二四	二八四
合四〇五四六	一五二
合四〇七一八	三三八
合四〇七二四	三八三
合四〇七七〇	七九
合四一〇七一	一五七
合四一一五一	九八
合四一四四〇	一〇五
合四一七一二	九二
合四一七二二	一三
合四一七五一	四四一
合四一八四六	二五四

《合》《合補》編號	本書編號
合四一八六三	五六
合四一八七二	五二
合四一八八一	八七
合四一八八五	四〇三
合四一八八九	九五
合四一八九〇	四一五
合四一八九一	九四
合四一八九七	四二七
合四一九〇二	二〇七
合四一九〇三	二六九
合四一九〇六	四五五
合四一九〇七	二七七
合四一九〇八	一〇〇
合四一九三四	七五
合補三三二上部	二九四
合補五三二甲下半(不全)	三四五
合補九〇一甲	四三一
合補一八二九	一五
合補二〇三九	二三〇正
合補二二九九(不全)	二二〇
合補二三三〇乙	二三六
合補二三七四上半	一二二
合補四一三〇下半	一一一
合補四八三六上半	四〇〇
合補一〇七一七下半	二三四
合補一〇九六二上半	一八〇
合補一一四一九下半	一一六
合補一一四六九右上	二七四
合補一一四六九左上	二五一
合補一一六四五左半	三一七

《合》《合補》編號	本書編號
合補一一八一一(不全)	二五五
合補一二六五六	一四〇
合補一二八一八(不全)	一八一
合補一二九〇七(全)	三一九

表三　《國學門》《國考》與本書對照表

《國學門》原拓號	《國考》編號	本書編號
二·一·一	國考一·一·一	一
二·二·一	國考一·二·一	二
二·二·二	國考一·二·二	三
二·二·三	國考一·二·三	四
二·三·一	國考一·三·一	五
二·三·二	國考一·三·二	六
二·三·三	國考一·三·三	七
二·三·四	國考一·三·四	八
二·四·一	國考一·四·一	九
二·四·二	國考一·四·二	一〇
二·四·三	國考一·四·三	一一
二·五·一	國考一·五·一	一二
二·五·二	國考一·五·二	一三
二·五·三	國考一·五·三	一四
二·五·四	國考一·五·四	一五
二·六·一	國考一·六·一	一六正
二·六·二	國考一·六·二	一六反
二·六·三	國考一·六·三	一七
二·六·四	國考一·六·四	一八
二·七·一	國考一·七·一	一九
二·七·二	國考一·七·三	二〇
二·七·三	國考一·七·二	二一
二·八·一	國考一·八·一	二二
二·八·二	國考一·八·二	二三
二·八·三	國考一·八·三	二四
二·八·四	國考一·八·四	二五
二·九·一	國考一·九·一	二六
二·九·二	國考一·九·二	二七
二·九·三	國考一·九·三	二八
二·九·四	國考一·九·四	二九
二·一〇·一	國考一·一〇·一	三〇正
二·一〇·二	國考一·一〇·二	三〇反
二·一〇·三	國考一·一〇·三	三一
二·一一·一	國考一·一一·一	三二
二·一一·二	國考一·一一·二	三三
二·一一·三	國考一·一一·三	三四
二·一一·四	國考一·一一·四	三五
二·一二·一	國考一·一二·一	三六
二·一二·二	國考一·一二·二	三七
二·一二·三	國考一·一二·三	三八
二·一二·四	國考一·一二·四	三九
二·一三·一	國考一·一三·一	四〇
二·一三·二	國考一·一三·二	四一
二·一三·三	國考一·一三·三	四二
二·一三·四	國考一·一三·四	四三
二·一四·一	國考一·一四·一	四四
二·一四·二	國考一·一四·二	四五
二·一四·三	國考一·一四·三	四六
二·一四·四	國考一·一四·四	四七
二·一五·一	國考一·一五·一	四八
二·一五·二	國考一·一五·二	四九反
二·一五·三	國考一·一五·三	五〇
二·一五·四	國考一·一五·四	四九正
二·一六·一	國考一·一六·一	五一正
二·一六·二	國考一·一六·二	五一臼
二·一六·三	國考一·一六·三	五一正
二·一七·一	國考一·一七·一	五二
二·一七·二	國考一·一七·二	五三正
二·一七·三	國考一·一七·三	五四
二·一七·四	國考一·一七·四	五三反
二·一八·一	國考一·一八·二	五五反
二·一八·二	國考一·一八·三	五六
二·一八·三	國考一·一八·一	五五正
二·一八·四	國考一·一八·四	五七
二·一九·一	國考一·一九·一	五八
二·一九·二	國考一·一九·二	五九
二·一九·三	國考一·一九·三	六〇
二·一九·四	國考一·一九·四	六一
二·二〇·一	國考一·二〇·一	六二
二·二〇·二	國考一·二〇·二	六三
二·二〇·三	國考一·二〇·三	六四
二·二〇·四	國考一·二〇·四	六五
二·二一·一	國考一·二一·一	六六
二·二一·二	國考一·二一·二	六七
二·二一·三	國考一·二一·三	六八
二·二一·四	國考一·二一·四	六九
二·二二·一	國考一·二二·一	七〇反
二·二二·二	國考一·二二·二	七〇正
二·二二·三	國考一·二二·三	七一
二·二三·一	國考一·二三·一	七二
二·二三·二	國考一·二三·二	七三

《國學門》原拓號	《國考》編號	本書編號
二·二三·三	國考一·二三·三	七四
二·二三·四	國考一·二三·四	七五
二·二四·一	國考一·二四·二	七六反
二·二四·二	國考一·二四·一	七六正
二·二四·三	國考一·二四·三	七七
二·二四·四	國考一·二四·四	七八
二·二五·一	國考一·二五·一	七九
二·二五·二	國考一·二五·二	八〇
二·二五·三	國考一·二五·三	八一
二·二五·四	國考一·二五·四	八二
二·二六·一	國考一·二六·一	八三
二·二六·二	國考一·二六·二	八四
二·二七·一	國考一·二七·一	八五
二·二七·二	國考一·二七·二	八六
二·二七·三	國考一·二七·三	八七
二·二七·四	國考一·二七·四	八八
二·二八·一	國考一·二八·一	八九
二·二八·二	國考一·二八·二	九〇
二·二八·三	國考一·二八·三	九一
二·二八·四	國考一·二八·四	九二
二·二九·一	國考一·二九·一	九三
二·二九·二	國考一·二九·二	九四
二·二九·三	國考一·二九·三	九五
二·二九·四	國考一·二九·四	九六
二·三〇·一	國考一·三〇·一	九七
二·三〇·二	國考一·三〇·二	九八
二·三〇·三	國考一·三〇·三	九九
二·三〇·四	國考一·三〇·四	一〇〇
二·三一·一	國考一·三一·一	一〇一
二·三一·二	國考一·三一·二	一〇二

《國學門》原拓號	《國考》編號	本書編號
二·三一·三	國考一·三一·三	一〇三
二·三一·四	國考一·三一·四	一〇四
二·三二·一	國考一·三二·一	一〇五
二·三二·二	國考一·三二·二	一〇六
二·三二·三	國考一·三二·三	一〇七
二·三二·四	國考一·三二·四	一〇八
二·三三·一	國考一·三三·一	一〇九反
二·三三·二	國考一·三三·二	一〇九正
二·三三·三	國考一·三三·三	一一〇
二·三三·四	國考一·三三·四	一一一
二·三四·一	國考一·三四·一	一一二
二·三四·二	國考一·三四·二	一一三
二·三四·三	國考一·三四·三	一一四
二·三四·四	國考一·三四·四	一一五
二·三五·一	國考一·三五·一	一一六
二·三五·二	國考一·三五·二	一一七
二·三五·三	國考一·三五·三	一一八
二·三五·四	國考一·三五·四	一一九
二·三六·一	國考一·三六·一	一二〇
二·三六·二	國考一·三六·二	一二一
二·三六·三	國考一·三六·三	一二二
二·三六·四	國考一·三六·四	一二三
二·三七·一	國考一·三七·一	一二四
二·三七·二	國考一·三七·三	一二五
二·三七·三	國考一·三七·二	一二六
二·三八·一	國考一·三八·一	一二七
二·三八·二	國考一·三八·二	一二八
二·三八·三	國考一·三八·三	一二九
二·三八·四	國考一·三八·四	一三〇
二·三九·一	國考一·三九·一	一三一

《國學門》原拓號	《國考》編號	本書編號
二·三九·二	國考一·三九·三	一三二正
二·三九·三	國考一·三九·二	一三三
二·三九·四	國考一·三九·四	一三二反
三·一·一	國考二·一·一	一三四
三·一·二	國考二·一·二	一三五
三·一·三	國考二·一·三	一三六
三·一·四	國考二·一·四	一三七
三·二·一	國考二·二·一	一三八
三·二·二	國考二·二·二	一三九
三·二·三	國考二·二·三	一四〇
三·二·四	國考二·二·四	一四一
三·三·一	國考二·三·一	一四二
三·三·二	國考二·三·二	一四三
三·三·三	國考二·三·三	一四四
三·三·四	國考二·三·四	一四五
三·四·一	國考二·四·一	一四六
三·四·二	國考二·四·二	一四七
三·四·三	國考二·四·三	一四八
三·四·四	國考二·四·四	一四九
三·五·一	國考二·五·一	一五〇
三·五·二	國考二·五·二	一五一
三·五·三	國考二·五·三	一五二
三·五·四	國考二·五·四	一五三
三·六·一	國考二·六·一	一五四
三·六·二	國考二·六·二	一五五
三·六·三	國考二·六·三	一五六
三·六·四	國考二·六·四	一五七
三·七·一	國考二·七·一	一五八
三·七·二	國考二·七·二	一五九
三·七·三	國考二·七·三	一六〇

《國學門》原拓號	《國考》編號	本書編號
三·七·四	國考二·七·四	一六一
三·八·一	國考二·八·一	一六二
三·八·二	國考二·八·二	一六三
三·八·三	國考二·八·三	一六四
三·八·四	國考二·八·四	一六五
三·九·一	國考二·九·一	一六六
三·九·二	國考二·九·二	一六七
三·九·三	國考二·九·三	一六八
三·九·四	國考二·九·四	一六九
三·一〇·一	國考二·一〇·一	一七〇
三·一〇·二	國考二·一〇·二	一七一
三·一〇·三	國考二·一〇·三	一七二
三·一〇·四	國考二·一〇·四	一七三
三·一一·一	國考二·一一·一	一七四
三·一一·二	國考二·一一·二	一七五
三·一一·三	國考二·一一·三	一七六
三·一一·四	國考二·一一·四	一七七
三·一二·一	國考二·一二·一	一七八
三·一二·二	國考二·一二·二	一七九
三·一二·三	國考二·一二·三	一八〇
三·一二·四	國考二·一二·四	一八一
三·一三·一	國考二·一三·一	一八二
三·一三·二	國考二·一三·二	一八三
三·一三·三	國考二·一三·三	一八四
三·一三·四	國考二·一三·四	一八五
三·一四·一	國考二·一四·一	一八六
三·一四·二	國考二·一四·二	一八七
三·一四·三	國考二·一四·三	一八八
三·一四·四	國考二·一四·四	一八九
三·一五·一	國考二·一五·一	一九〇

《國學門》原拓號	《國考》編號	本書編號
三·一五·二	國考二·一五·二	一九一
三·一五·三	國考二·一五·三	一九二
三·一六·一	國考二·一六·一	一九三
三·一六·二	國考二·一六·二	一九四
三·一六·三	國考二·一六·三	一九五
三·一六·四	國考二·一六·四	一九六
三·一七·一	國考二·一七·一	一九七
三·一七·二	國考二·一七·二	一九八
三·一七·三	國考二·一七·三	一九九
三·一七·四	國考二·一七·四	二〇〇
三·一八·一	國考二·一八·一	二〇一
三·一八·二	國考二·一八·二	二〇二
三·一八·三	國考二·一八·三	二〇三
三·一八·四	國考二·一八·四	二〇四
三·一九·一	國考二·一九·一	二〇五
三·一九·二	國考二·一九·二	二〇六
三·一九·三	國考二·一九·三	二〇七
三·一九·四	國考二·一九·四	二〇八
三·二〇·一	國考二·二〇·一	二〇九
三·二〇·二	國考二·二〇·二	二一〇甲
三·二〇·三	國考二·二〇·三	二一〇乙
三·二〇·四	國考二·二〇·四	二一一
三·二〇·五	國考二·二〇·五	二一二
三·二一·一	國考二·二一·一	二一三反
三·二一·二	國考二·二一·二	二一三正
三·二一·三	國考二·二一·三	二一四
三·二一·四	國考二·二一·四	二一五
三·二二·一	國考二·二二·一	二一六
三·二二·二	國考二·二二·二	二一七
三·二二·三	國考二·二二·三	二一八

《國學門》原拓號	《國考》編號	本書編號
三·二二·四	國考二·二二·四	二一九
三·二三·一	國考二·二三·一	二二〇甲
三·二三·二	國考二·二三·二	二二〇乙
三·二四·一	國考二·二四·一	二二一
三·二四·二	國考二·二四·二	二二二
三·二四·三	國考二·二四·三	二二三甲
三·二四·四	國考二·二四·四	二二三乙
三·二五·一	國考二·二五·一	二二四
三·二五·二	國考二·二五·二	二二五
三·二五·三	國考二·二五·三	二二六
三·二五·四	國考二·二五·四	二二七
三·二六·一	國考二·二六·一	二二八
三·二六·二	國考二·二六·二	二二九
三·二七·一	國考二·二七·二	二三〇反
三·二七·二	國考二·二七·一	二三〇正
三·二七·三	國考二·二七·四	二三一反
三·二七·四	國考二·二七·三	二三一正
三·二七·五	國考二·二七·六	二三二反
三·二七·六	國考二·二七·五	二三二正
三·二八·一	國考二·二八·一	二三三
三·二八·二	國考二·二八·二	二三四
三·二八·三	國考二·二八·三	二三五
三·二八·四	國考二·二八·四	二三六
三·二九·一	國考二·二九·一	二三七
三·二九·二	國考二·二九·二	二三八
三·二九·三	國考二·二九·三	二三九
三·二九·四	國考二·二九·四	二四〇
三·三〇·一	國考二·三〇·一	二四一
三·三〇·二	國考二·三〇·二	二四二
三·三〇·三	國考二·三〇·三	二四三

《國學門》原拓號	《國考》編號	本書編號
三・三〇・四	國考二・三〇・四	二四四
三・三一・一	國考二・三一・一	二四五
三・三一・二	國考二・三一・二	二四六
三・三一・三	國考二・三一・三	二四七
三・三一・四	國考二・三一・四	二四八
四・一・一	國考三・一・一	二四九
四・一・二	國考三・一・二	二五〇
四・一・三	國考三・一・三	二五一
四・一・四	國考三・一・四	二五二
四・二・一	國考三・二・一	二五三
四・二・二	國考三・二・二	二五四
四・三・一	國考三・三・一	二五五
四・三・二	國考三・三・二	二五六
四・三・三	國考三・三・三	二五七
四・三・四	國考三・三・四	二五八
四・四・一	國考三・四・一	二五九
四・四・二	國考三・四・二	二六〇
四・四・三	國考三・四・三	二六一
四・四・四	國考三・四・四	二六二
四・五・一	國考三・五・一	二六三
四・五・二	國考三・五・二	二六四
四・五・三	國考三・五・三	二六五
四・六・一	國考三・六・一	二六六
四・六・二	國考三・六・二	二六七
四・六・三	國考三・六・三	二六八
四・六・四	國考三・六・四	二六九
四・七・一	國考三・七・一	二七〇
四・七・二	國考三・七・二	二七一
四・七・三	國考三・七・三	二七二
四・七・四	國考三・七・四	二七三

《國學門》原拓號	《國考》編號	本書編號
四・八・一	國考三・八・一	二七四
四・八・二	國考三・八・二	二七五
四・八・三	國考三・八・三	二七六
四・八・四	國考三・八・四	二七七
四・九・一	國考三・九・一	二七八
四・九・二	國考三・九・二	二七九
四・九・三	國考三・九・三	二八〇
四・九・四	國考三・九・四	二八一
四・一〇・一	國考三・一〇・一	二八二
四・一〇・二	國考三・一〇・二	二八三
四・一〇・三	國考三・一〇・三	二八四
四・一〇・四	國考三・一〇・四	二八五
四・一一・一	國考三・一一・一	二八六正
四・一一・二	國考三・一一・二	二八六反
四・一二・一	國考三・一二・一	二八七反
四・一二・二	國考三・一二・四	二八九正
四・一二・三	國考三・一二・三	二八八
四・一二・四	國考三・一二・二	二八七正
四・一二・五	國考三・一二・五	二八九反
四・一三・一	國考三・一三・一	二九〇
四・一三・二	國考三・一三・二	二九一
四・一三・三	國考三・一三・四	二九二反
四・一三・四	國考三・一三・三	二九二正
四・一四・一	國考三・一四・一	二九三
四・一四・二	國考三・一四・二	二九四
四・一五・一	國考三・一五・一	二九五正
四・一五・二	國考三・一五・二	二九五反
四・一六・一	國考三・一六・一	二九六
四・一七・一	國考三・一七・一	二九七
四・一七・二	國考三・一七・二	二九八

《國學門》原拓號	《國考》編號	本書編號
四・一七・三	國考三・一七・三	二九九
四・一七・四	國考三・一七・四	三〇〇
四・一八・一	國考三・一八・一	三〇一
四・一八・二	國考三・一八・二	三〇二
四・一九・一	國考三・一九・二	三〇三臼
四・一九・二	國考三・一九・一	三〇三正
四・一九・三	國考三・一九・三	三〇四
四・一九・四	國考三・一九・四	三〇五
四・一九・五	國考三・一九・五	三〇六
四・二〇・一	國考三・二〇・一	三〇七反
四・二〇・二	國考三・二〇・二	三〇七正
四・二一・一	國考三・二一・一	三〇八
四・二一・二	國考三・二一・二	三〇九
四・二一・三	國考三・二一・三	三一〇
四・二一・四	國考三・二一・四	三一一
四・二二・一	國考三・二二・一	三一二
四・二二・二	國考三・二二・二	三一三
四・二二・三	國考三・二二・三	三一四
四・二二・四	國考三・二二・四	三一五
四・二三・一	國考三・二三・一	三一六
四・二四・一	國考三・二四・一	三一七
四・二四・二	國考三・二四・二	三一八
四・二四・三	國考三・二四・三	三一九
四・二四・四	國考三・二四・四	三二〇
四・二五・一	國考三・二五・一	三二一
四・二五・二	國考三・二五・二	三二二
四・二五・三	國考三・二五・三	三二三
四・二五・四	國考三・二五・四	三二四
四・二五・五	國考三・二五・五	三二五
四・二六・一	國考三・二六・一	三二六

《國學門》原拓號	《國考》編號	本書編號
四·二六·二	國考三·二六·二	三二七
四·二六·三	國考三·二六·三	三二八
四·二六·四	國考三·二六·四	三二九
四·二七·一	國考三·二七·一	三三〇反
四·二七·二	國考三·二七·二	三三〇正
四·二七·三	國考三·二七·三	三三一反
四·二七·四	國考三·二七·四	三三一正
四·二八·一	國考三·二八·二	三三二反
四·二八·二	國考三·二八·一	三三二正
四·二九·一	國考三·二九·一	三三三
四·二九·二	國考三·二九·二	三三四
四·二九·三	國考三·二九·三	三三五
四·二九·四	國考三·二九·四	三三六
四·三〇·一	國考三·三〇·一	三三七
四·三〇·二	國考三·三〇·二	三三八
四·三〇·三	國考三·三〇·三	三三九
四·三〇·四	國考三·三〇·四	三四〇
四·三一·一	國考三·三一·一	三四一
四·三一·二	國考三·三一·二	三四二
四·三一·三	國考三·三一·三	三四三
四·三一·四	國考三·三一·四	三四四
四·三二·一	國考三·三二·一	三四五
四·三二·二	國考三·三二·二	三四六
四·三二·三	國考三·三二·三	三四七
四·三二·四	國考三·三二·四	三四八
五·一·一	國考四·一·一	三四九反
五·一·二	國考四·一·二	三四九正
五·一·三	國考四·一·三	三五〇
五·一·四	國考四·一·四	三五一
五·二·一	國考四·二·二	三五二臼

《國學門》原拓號	《國考》編號	本書編號
五·二·二	國考四·二·一	三五二正
五·三·一	國考四·三·一	三五三
五·三·二	國考四·三·二	三五四
五·三·三	國考四·三·三	三五五
五·四·一	國考四·四·二	三五六反
五·四·二	國考四·四·一	三五六正
五·五·一	國考四·五·一	三五七正
五·五·二	國考四·五·二	三五八
五·五·三	國考四·五·三	三五七反
五·五·四	國考四·五·五	三五九反
五·五·五	國考四·五·四	三五九正
五·六·一	國考四·六·一	三六〇
五·六·二	國考四·六·二	三六一
五·六·三	國考四·六·三	三六二
五·六·四	國考四·六·四	三六三
五·七·一	國考四·七·一	三六四
五·七·二	國考四·七·二	三六五
五·七·三	國考四·七·三	三六六
五·七·四	國考四·七·四	三六七
五·八·一	國考四·八·一	三六八
五·八·二	國考四·八·二	三六九
五·八·三	國考四·八·三	三七〇
五·八·四	國考四·八·四	三七一
五·九·一	國考四·九·一	三七二
五·九·二	國考四·九·二	三七三
五·九·三	國考四·九·三	三七四
五·九·四	國考四·九·四	三七五
五·一〇·一	國考四·一〇·一	三七六
五·一〇·二	國考四·一〇·二	三七七
五·一〇·三	國考四·一〇·三	三七八

《國學門》原拓號	《國考》編號	本書編號
五·一一·一	國考四·一一·一	三七九
五·一一·二	國考四·一一·二	三八〇
五·一一·三	國考四·一一·三	三八一
五·一一·四	國考四·一一·四	三八二
五·一二·一	國考四·一二·一	三八三
五·一二·二	國考四·一二·二	三八四
五·一二·三	國考四·一二·三	三八五
五·一二·四	國考四·一二·四	三八六
五·一三·一	國考四·一三·一	三八七
五·一三·二	國考四·一三·二	三八八
五·一四·一	國考四·一四·一	三八九
五·一五·一	國考四·一五·一	三九〇
五·一五·二	國考四·一五·二	三九一
五·一五·三	國考四·一五·四	三九二反
五·一五·四	國考四·一五·三	三九二正
五·一六·一	國考四·一六·一	三九三
五·一六·二	國考四·一六·四	三九四反
五·一六·三	國考四·一六·二	三九五
五·一六·四	國考四·一六·三	三九四正
五·一七·一	國考四·一七·一	三九六
五·一七·二	國考四·一七·三	三九七
五·一七·三	國考四·一七·二	三九八
五·一八·一	國考四·一八·一	三九九
五·一八·二	國考四·一八·二	四〇〇
五·一八·三	國考四·一八·三	四〇一
五·一八·四	國考四·一八·四	四〇二
五·一九·一	國考四·一九·一	四〇三
五·一九·二	國考四·一九·二	四〇四
五·一九·三	國考四·一九·三	四〇五
五·一九·四	國考四·一九·四	四〇六

《國學門》原拓號	《國考》編號	本書編號
五·二〇·一	國考四·二〇·一	四〇七
五·二〇·二	國考四·二〇·二	四〇八
五·二〇·三	國考四·二〇·三	四〇九
五·二〇·四	國考四·二〇·四	四一〇
五·二一·一	國考四·二一·一	四一一
五·二一·二	國考四·二一·二	四一二
五·二一·三	國考四·二一·三	四一三
五·二一·四	國考四·二一·四	四一四
五·二二·一	國考四·二二·一	四一五
五·二二·二	國考四·二二·二	四一六
五·二二·三	國考四·二二·三	四一七
五·二二·四	國考四·二二·四	四一八
五·二三·一	國考四·二三·二	四一九反
五·二三·二	國考四·二三·一	四一九正
五·二三·三	國考四·二三·三	四二〇
五·二三·四	國考四·二三·四	四二一
五·二四·一	國考四·二四·一	四二二
五·二四·二	國考四·二四·二	四二三
五·二四·三	國考四·二四·三	四二四
五·二四·四	國考四·二四·四	四二五
五·二五·一	國考四·二五·一	四二六
五·二五·二	國考四·二五·二	四二七
五·二五·三	國考四·二五·三	四二八
五·二五·四	國考四·二五·四	四二九
五·二六·一	國考四·二六·二	四三〇反
五·二六·二	國考四·二六·一	四三〇正
五·二六·三	國考四·二六·三	四三一
五·二六·四	國考四·二六·五	四三二反
五·二六·五	國考四·二六·四	四三二正
五·二七·一	國考四·二七·二	四三三反

《國學門》原拓號	《國考》編號	本書編號
五·二七·二	國考四·二七·一	四三三正
五·二七·三	國考四·二七·三	四三四
五·二七·四	國考四·二七·四	四三五
五·二八·一	國考四·二八·二	四三六反
五·二八·二	國考四·二八·一	四三六正
五·二八·三	國考四·二八·三	四三七
五·二八·四	國考四·二八·四	四三八
五·二九·一	國考四·二九·一	四三九
五·二九·二	國考四·二九·二	四四〇
五·二九·三	國考四·二九·三	四四一
五·二九·四	國考四·二九·四	四四二
五·三〇·一	國考四·三〇·一	四四三
五·三〇·二	國考四·三〇·二	四四四
五·三〇·三	國考四·三〇·三	四四五
五·三〇·四	國考四·三〇·四	四四六
五·三一·一	國考四·三一·一	四四七
五·三一·二	國考四·三一·二	四四八
五·三一·三	國考四·三一·三	四四九
五·三一·四	國考四·三一·四	四五〇
五·三二·一	國考四·三二·一	四五一
五·三二·二	國考四·三二·二	四五二
五·三二·三	國考四·三二·三	四五三
五·三二·四	國考四·三二·四	四五四
五·三三·一	國考四·三三·一	四五五
五·三三·二	國考四·三三·二	四五六
五·三三·三	國考四·三三·三	四五七
五·三三·四	國考四·三三·四	四五八
五·三四·一	國考四·三四·一	四五九
五·三四·二	國考四·三四·二	四六〇
五·三四·三	國考四·三四·三	四六一

《國學門》原拓號	《國考》編號	本書編號
五·三四·四	國考四·三四·四	四六二
五·三五·一	國考四·三五·一	四六三
五·三五·二	國考四·三五·二	四六四
五·三五·三	國考四·三五·三	四六五
五·三五·四	國考四·三五·四	四六六
五·三五·五	國考四·三五·五	四六七
五·三五·六	國考四·三五·六	四六八
五·三六·一	國考四·三六·一	四六九
五·三六·二	國考四·三六·二	四七〇
五·三六·三	國考四·三六·四	四七一反
五·三六·四	國考四·三六·三	四七一正

表四 《北珍》與本書對照表

《北珍》編號	本書編號
北珍二	四〇二
北珍四	二九七
北珍六	三〇一
北珍一三(不全)	二九八
北珍一四	三〇二
北珍一五正(全)	二九六
北珍一五反(全)	三八九
北珍一九	四〇四
北珍二四(全)	七〇
北珍二八	一二一
北珍二九(全)	三〇〇
北珍三二	三五八
北珍三八	三五〇
北珍五四	三〇三
北珍五五	七一
北珍五六	二一六
北珍六三	二四二
北珍六八	二四六
北珍七〇	一七四
北珍七四	二一五
北珍七八	二一三
北珍七九	二一一
北珍八一	二四七
北珍八三	三八五
北珍八四	四五二
北珍八五	二四五
北珍一〇三	二二二
北珍一〇七(全)	四一一
北珍一〇八	三九五
北珍一〇九	一五〇
北珍一一一(全)	一六八
北珍一一六	一六三
北珍一二〇	一六六
北珍一二一	一六二
北珍一二四(全)	一五一
北珍一二五	九九
北珍一二六(全)	一六七
北珍一二九	二三九
北珍一四二(全)	二二三
北珍一五〇	五一正
北珍一五八	七六
北珍一五九	四四六
北珍一六一	一二六
北珍一六三上半	四〇八
北珍一六三下半	二七八
北珍一六七	三八四
北珍一六八	三四〇
北珍一七二	一三一
北珍一七五	八四
北珍一八〇	四四七
北珍一八三上半	一三二
北珍一八三下半(全)	二二八
北珍一八七	一一一
北珍一八八	五三
北珍一八九	三一九
北珍一九〇	一〇九
北珍二〇一	一一八
北珍二〇六	一七五
北珍二〇七	二五
北珍二〇八	二六四
北珍二〇九	一〇六
北珍二一〇(全)	三八一
北珍二一一	一二五
北珍二二五	二二六
北珍二三〇	四二〇
北珍二四一	三三九
北珍二五五	四二六
北珍二六〇	二〇六
北珍二六二	三七四
北珍二六七	一一〇
北珍二六八	四二三
北珍二六九	二八五
北珍二九二	三六五
北珍三〇一	三七〇
北珍三〇八	一二二
北珍三一〇	五九
北珍三二九	三三四
北珍三三一	四六五
北珍三三二	一五二
北珍三四〇	二三
北珍三四五	三五一

《北珍》編號	本書編號
北珍三四六	四八
北珍三四七	七七
北珍三六一	一四八
北珍三七五	一〇三
北珍四三〇	四〇五
北珍四五三	一三四
北珍四五四	四四八
北珍四五六	一一四
北珍四六一	二三四
北珍四六二	三七
北珍四六七(全)	四二四
北珍四七八	四六
北珍四八一	三五
北珍四八三	四〇一
北珍四八五	一〇
北珍四八八(全)	四四
北珍四九一	一二
北珍四九二	六三
北珍四九五	三二〇
北珍五〇一	一七三
北珍五〇四	二九
北珍五〇五	二二
北珍五〇六	三六
北珍五〇七	四二
北珍五二三	二三八
北珍五二五	一八五
北珍五三〇	四三
北珍五三一	九六
北珍五三三	三三
北珍五三四	一八七

《北珍》編號	本書編號
北珍五三五	二六
北珍五四〇	一九
北珍五四二(不全)	二五五
北珍五四三	九一
北珍五四六	八六
北珍五四九	五七
北珍五五一	四四〇
北珍五五三	四五三
北珍五五五	八五
北珍五六四(全)	九七
北珍五六六	四〇三
北珍五六八	七三
北珍五六九	一〇四
北珍五七一	九五
北珍五七三	九八
北珍五七八	九四
北珍五八六	六四
北珍五八七	四一五
北珍五九八	一〇一
北珍六〇二	九〇
北珍六〇三	八八
北珍六一〇	四五六
北珍六一一	八七
北珍六四七	八九
北珍六五四	七二
北珍六五八	四七
北珍六五九	一四
北珍六六三	一七
北珍六六四	二〇五
北珍六七五	九

《北珍》編號	本書編號
北珍六七七	八二
北珍六八〇上部	四四五
北珍六八〇下部	一三
北珍六九二	一八
北珍六九三	一一五
北珍六九四	一二九
北珍七一五	一三三
北珍七一六左半	一一九
北珍七一七	一二七
北珍七一八	一一三
北珍七二一	一三〇
北珍七二三	一二八
北珍七二四	一二〇
北珍七二八	五八
北珍七三一	一一二
北珍七三二	一一六
北珍七五七	四六三
北珍七六三	三一
北珍七六七(全)	二二九
北珍七六八	一五四
北珍七七六正	一五
北珍七八六	五五
北珍七九一(不全)	二九二
北珍七九二	二二五
北珍七九六	三六〇
北珍八〇一(不全)	一九七
北珍八〇九	三八七
北珍八一七	二九四
北珍八一八(全)	三九八
北珍八二六	一九五

《北珍》編號	本書編號
北珍八四二	二三〇正
北珍八四七	四二九
北珍八五二（全）	三九六
北珍八五三	三七三
北珍八五八	四一〇
北珍八五九	三八六
北珍八六八	二一九
北珍八七五	一九〇
北珍八七八	二〇一
北珍八八〇	一五六
北珍八八二	一五五
北珍八八六（全）	二二〇
北珍八九五	四三一
北珍八九八	二〇八
北珍八九九	一九一
北珍九〇〇上半	一四七
北珍九〇〇下半	一七六
北珍九〇一	一四九
北珍九〇五	一七〇
北珍九〇七	一六四
北珍九〇八	一八六
北珍九〇九	一五九
北珍九一〇（不全）	一六〇
北珍九一一	一九九
北珍九一二	一八二
北珍九一三	一四六
北珍九一四	一五八
北珍九一九	二〇二
北珍九二一	三七六
北珍九二二	二三六

《北珍》編號	本書編號
北珍九二三	四〇六
北珍九五六	四一七
北珍九五七	三六一
北珍九五八	三六二
北珍九五九	四四三
北珍九六〇	二六三
北珍九七一	八一
北珍九七七	三九九
北珍九九二	二五二
北珍九九四	一七二
北珍九九五正	三四
北珍一〇〇四	二五六
北珍一〇〇六	二八三
北珍一〇一二	四〇〇
北珍一〇一六	四一三
北珍一〇四一	三四八
北珍一〇四七	三六八
北珍一〇五〇	四〇九
北珍一〇五八（全）	三一一
北珍一〇五九（全）	三八八
北珍一〇六〇	三六七
北珍一〇六一	二一四
北珍一〇七四	三四一
北珍一〇八〇	六九
北珍一〇八一	三六六
北珍一〇八五	二八九
北珍一〇八七	二三三
北珍一〇九四	一八九
北珍一〇九七（全）	三八二
北珍一〇九八	三三三

《北珍》編號	本書編號
北珍一一〇四	四三六正
北珍一一〇六	二一二
北珍一一〇七	二一七
北珍一一一〇（全）	二九五
北珍一一一一	二九〇
北珍一一一六	三六三
北珍一一一七	二四三
北珍一一一八	三四三
北珍一一二〇	四五〇
北珍一一二一	四〇
北珍一一二八	四一四
北珍一一二九	一九八
北珍一一三二（全）	三九〇
北珍一一三六	二九三
北珍一一四二	一九四
北珍一一四三	三九二
北珍一一四九	四一九
北珍一一五五（不全）	三八〇
北珍一一五六	二四八
北珍一一五八	二一四
北珍一一五九	二一〇甲
北珍一一六五（拓片倒置）	四三四
北珍一一六七下部	一五三
北珍一一七二（全）	二二一
北珍一一七四	一九六
北珍一二〇七	四五九
北珍一二二六	一八三
北珍一二四〇	一〇五
北珍一二四七	二六五
北珍一二四九	二八一

《北珍》編號	本書編號
北珍一二五〇	三一五
北珍一二五三	一七七
北珍一二五四	四一
北珍一二五五	二七五
北珍一二六一	一〇〇
北珍一二六三	二七
北珍一二六四(全)	二七一
北珍一二六七	二四四
北珍一二六八	一四一
北珍一二七〇	二六九
北珍一二七三	三一八
北珍一二七六	二七七
北珍一二七八	四一六
北珍一二七九	二七三
北珍一二八三	二七二
北珍一二八六	一三八
北珍一二九三	一四三
北珍一二九四	四五五
北珍一二九七	四四一
北珍一三一六(全)	三一九
北珍一三一七(全)	二六〇
北珍一三一八(全)	三二
北珍一三一九(全)	二〇
北珍一三二四(全)	二五〇
北珍一三二八	二六二
北珍一三二九	二五九
北珍一三三〇	二二七
北珍一三三九	一七八
北珍一三四〇	二五三
北珍一三四二	一八八

《北珍》編號	本書編號
北珍一三四六	二五四
北珍一三四九	一八四
北珍一三六〇	一四四
北珍一三六二	二七六
北珍一三六三	二七〇
北珍一三六六上半	四五七
北珍一三六七右半	二七四
北珍一三六七左半	二五一
北珍一三七一	二六七
北珍一三七六	七五
北珍一三七七	二八
北珍一三七八	二三七
北珍一三七九	二五八
北珍一三八八	二四九
北珍一三八九	五四
北珍一三九三	二六一
北珍一四〇七	一八〇
北珍一四三七	三〇五
北珍一四四一	三二二
北珍一四四六	三二八
北珍一四五三	四九
北珍一四五四	三五五
北珍一四五五	八〇
北珍一四五九	三二四
北珍一四六四	三一〇
北珍一四六七	三一四
北珍一四六八	三二一
北珍一四七五	三三〇
北珍一四七六	三三二
北珍一四七八	三一六

《北珍》編號	本書編號
北珍一四八一	三一二
北珍一四八四	三二五
北珍一四八六	三〇八
北珍一四八八	三一七
北珍一四九一(全)	三〇九
北珍一五〇三	三二六
北珍一五一九	六五
北珍一五三六	三三一
北珍一五四四	三五三
北珍一五七〇	八三
北珍一五七二	三八
北珍一五八四	四五四
北珍一五八五	二八四
北珍一五九一(全)	三〇六
北珍一五九五	三〇四
北珍一六〇三	一三五
北珍一六〇七	二三五
北珍一六二〇	二〇九
北珍一六二二	五六
北珍一六二三	二四〇
北珍一六二五	三一七
北珍一六二六	五二
北珍一六三〇	四三〇正
北珍一六五四	四三九
北珍一六五九	四六二
北珍一六七九	四六一
北珍一七〇〇(全)	四五八
北珍一七一七	四三八
北珍一七三〇	三九七
北珍一七六八	三五六

《北珍》編號	本書編號
北珍一七七四	一三九
北珍一七八八	四五一
北珍一七九七正	三五四
北珍一八八六	二〇三
北珍一八八八	三三六
北珍一八九〇	三〇七
北珍一八九一臼	一三三
北珍一八九二	三七五
北珍一八九六(全)	四二二
北珍一九〇二	三七八
北珍一九〇八	四一八
北珍一九〇九	二二四
北珍一九二六	六八
北珍一九三七	六二
北珍一九五九	四七一
北珍一九七六(不全)	四七〇
北珍一九八二	四六九
北珍二〇二〇(全)	二八六
北珍二〇二二反	三四六
北珍二〇三三	三四七
北珍二〇三七	三四四
北珍二〇四一	三七九
北珍二〇四三	四三五
北珍二〇四四	三五九
北珍二〇四五	一三七
北珍二〇四六	二三一
北珍二〇四七(不全)	二九一
北珍二〇四九	二八七
北珍二〇五二(全)	三九一
北珍二〇七四(全)	四二五

《北珍》編號	本書編號
北珍二〇七八	二三二
北珍二一〇九(全)	三七一
北珍二一一〇	三六九
北珍二一二四	四三三正
北珍二一六一	三五七
北珍二一七四	四三二
北珍二二〇一	三六四
北珍二二〇三(全)	三五二
北珍二二〇四(不全)	六一
北珍二二〇七(不全)	三四五
北珍二二〇九(全)	三四二
北珍二二二六	四二七
北珍二二七三	四四二
北珍二二八一	五〇
北珍二二九一	三四九
北珍二二九七	四二一
北珍二三一八	二一〇乙
北珍二三三六	四六四
北珍二三三八	三七七
北珍二三四三	四四四
北珍二三六五	二一八
北珍二三六七	七九
北珍二三七五	三三七
北珍二三七七	六七
北珍二三八八	一六
北珍二四〇五	六六
北珍二四二七	二八八
北珍二四七五	二〇四
北珍二四八二	二四一
北珍二五〇九	三二三

《北珍》編號	本書編號
北珍二五一二	一一七
北珍二五二三	四四九
北珍二五四四	三八三
北珍二五六二(不全)	三七二
北珍二五六八	四六〇
北珍二五八四(拓片倒置)	三九三
北珍二六三八	四三七
北珍二六四四	三九四正
北珍二六九五	二九九
北珍二八二二	一五七
北珍二八七三	一〇二
北珍二八七七	九三
北珍二八八五	一九三
北珍二八八九	一七一
北珍二八九六(不全)	二七九
北珍二九〇三	四二八

表五 《續》與本書對照表

《續》編號	本書編號
續一・二・一	一一
續一・四・四	三九
續一・四・五(不全)	三七
續一・五・五	三八一
續一・九・六(不全)	四六
續一・一〇・三	三一
續一・一一・二	六〇
續一・一一・一〇(不全)	三五
續一・一二・四	二三
續一・一二・五	四二
續一・一二・八(不全)	一一
續一・一四・三	二〇六
續一・一七・六	五五正
續研一・一七・六	五五反
續一・二三・五	二二
續一・二三・一〇	六三
續一・二四・六(不全)	一八
續一・二六・二	一四
續一・二六・三	一七三
續一・二六・四(不全)	四七
續一・二六・九	一七
續一・二六・一〇(不全)	二一
續一・二六・一一	二四
續一・二七・二(不全)	二九
續一・二七・九	四九正
續一・二八・六(不全)	三〇正
續研一・二八・六	三〇反

《續》編號	本書編號
續一・三二・四	三五一
續一・三五・五	四二六
續一・三六・三	二二六
續一・三六・四(不全)	二八五
續一・三九・一(不全)	七六正
續研一・三九・一	七六反
續一・三九・三	二五
續一・四〇・八	七四
續一・四一・六	七〇正
續一・四二・六	七八
續一・四三・二	七七
續一・四三・四(不全)	八二
續一・四三・八(不全)	六九
續一・四四・四(不全)	一〇八
續一・四五・四(不全)	一二一
續一・四五・七(不全)	四四六
續一・四六・四(不全)	三七〇
續一・四七・一(不全)	五一正
續一・四七・六	五三正
續研一・四七・六	五三反
續一・四八・一	五一正
續一・四八・三(不全)	二二三乙
續一・五〇・四(不全)	三〇〇
續一・五二・一	三九八
續一・五二・三(不全)	二二八
續二・三・七	八六
續二・三・八(不全)	二五五

《續》編號	本書編號
續二・三・一〇	一四八
續二・四・二(不全)	一八七
續二・四・三	九六
續二・四・五(不全)	五七
續二・四・六(不全)	四三
續二・四・七	三三
續二・四・八	八五
續二・五・五(不全)	一八五
續二・五・九	二三八
續二・六・六	四四八
續二・七・三(不全)	四二三
續二・七・一〇(全)	三七四
續二・一〇・四	一九
續二・一〇・七	七三
續二・一〇・八(不全)	六四
續二・一〇・九(不全)	九七
續二・一六・四	一二四
續二・一六・五	一二三
續二・一七・二(不全)	一二八
續二・一七・三(不全)	一三〇
續二・一七・四	一一〇
續二・一八・二(不全)	一二二
續二・一八・四(不全)	一一三
續二・一八・六(不全)	一二六
續二・一八・八	一〇九正
續研二・一八・八	一〇九反
續二・一九・三(不全)	八四

《續》編號	本書編號
續二·一九·五	五〇
續二·二三·五(不全)	一一七
續二·二三·七	一一二
續二·二三·九(不全)	一〇六
續二·二五·三(不全)	一一九
續二·二五·五	四八
續二·二五·六(不全)	一一八
續二·二五·七(不全)	一二五
續二·二五·八	四六五
續二·二六·九	一二〇
續二·二六·一〇(不全)	一一六
續二·二六·一一	三二九
續二·二六·一二(不全)	四二一
續二·三〇·六(不全)	三八〇
續二·三一·六(不全)	七二
續三·七·二(不全)	二二五
續三·八·五(不全)	三六〇
續三·八·七(不全)	一九七
續三·八·九(不全)	三八七
續三·一四·二(不全)	二二〇乙
續三·一四·五(不全)	一九四
續三·一五·七	一五八
續三·一六·六	二一一
續三·一六·九(不全)	一四九
續三·一七·七	一六六
續三·一八·四(不全)	二〇〇
續三·一八·五(不全)	一六五
續三·一九·四(不全)	一四一
續三·一九·六	一三六
續三·一九·八(不全)	一四三

《續》編號	本書編號
續三·一九·九	一四二
續三·二〇·一	一四五
續三·二〇·四(全)	一三八
續三·二〇·六	一六一
續三·二一·一(不全)	一七九
續三·二一·三(不全)	一五九
續三·二一·五(不全)	一七六
續三·二一·六	一八六
續三·二一·七(不全)	一八二
續三·二一·九	一五一
續三·二一·一〇	一六四
續三·二二·二(不全)	一七〇
續三·二二·四(不全)	一四七
續三·二二·五	一五六
續三·二二·七(不全)	二〇八
續三·二二·八(不全)	一六〇
續三·二二·九	一九九
續三·二二·一〇	一四六
續三·二三·三	三九五
續三·二三·四(不全)	一九一
續三·二三·八	一六九
續三·二三·九	一六三
續三·二四·四	一六二
續三·二七·二(不全)	一九八
續三·二八·五(不全)	一九〇
續三·三〇·五	二〇四
續三·三〇·六	二〇二
續三·三一·二(不全)	三二三
續三·三二·五	四〇七
續三·三三·八(不全)	二四五

《續》編號	本書編號
續三·三五·四(不全)	一九六
續三·三五·八	四一四
續三·三七·三	四〇
續三·三七·五(不全)	一五五
續三·三九·一(不全)	三九二正
續研三·三九·一	三九二反
續三·三九·二	二二二
續三·三九·四	二〇九
續三·三九·六(不全)	二一八
續三·四〇·一	二一五
續三·四五·一(不全)	一六八
續三·四五·二	四五二
續三·四五·三	二一三正
續研三·四五·三	二一三反
續三·四五·四(不全)	三一三
續三·四五·八	二四二
續三·四六·一	三八五
續三·四六·二(不全)	二四六
續三·四七·一(不全)	四〇二
續四·五·四(不全)	三一六
續四·五·五	三〇七正
續四·七·二(不全)	三〇三正
續研四·七·二	三〇三臼
續四·一一·一	三一一
續四·一二·二(不全)	三〇四
續四·一四·八	二四〇
續四·一五·三	三二七
續四·一五·八(不全)	一三五
續四·一七·二	三一七
續四·一七·八(不全)	三〇六

《續》編號	本書編號
續四·一七·九(不全)	三五五
續四·一八·二(不全)	二三五
續四·二〇·四(不全)	八〇
續四·二一·二	三二八
續四·二一·五(不全)	三〇九
續四·二一·六	三〇八
續四·二三·六	三二二
續四·二三·八	三一四
續四·二三·一一(不全)	六五
續四·二四·五(不全)	三三一正
續四·二五·二(不全)	二九六
續四·二五·三	三〇二
續四·二七·三(不全)	三〇一
續四·二七·六	二九八
續四·三〇·一	二九四
續四·三〇·五(不全)	二九五正
續研四·三〇·五	二九五反
續四·三〇·七	二九〇
續四·三〇·八	二八七正
續研四·三〇·八	二八七反
續四·三一·一(不全)	二九二正
續研四·三一·一	二九二反
續四·三一·二(不全)	一三七
續四·三二·四	二九一
續四·三三·六	三三二正右半
續研四·三三·六	三三二反
續四·三四·二(不全)	三四〇
續四·三五·三	二三四
續四·三七·七(不全)	二八三
續四·三七·九(不全)	二八一

《續》編號	本書編號
續四·三九·四	三一五
續四·四〇·四(不全)	二六五
續四·四六·二(不全)	二五六
續四·四六·四	二五二
續四·四七·三	四〇〇
續四·四八·四(不全)	三四
續四·四八·五(不全)	八一
續四·四八·一〇(不全)	一八三
續五·一一·五(不全)	三七五
續五·一一·六(不全)	七一
續五·一五·二	二〇一
續五·二五·九(不全)	二二九
續六·一·八(不全)	二七四
續六·一·一〇(不全)	一八〇
續六·二·四(不全)	二五七
續六·二·五(不全)	一九二
續六·二·八(不全)	二六二
續六·三·一	二二七
續六·三·二(不全)	二〇
續六·三·三(不全)	二四四
續六·三·一〇(不全)	二三七
續六·四·一(不全)	一八一
續六·四·二	一四〇
續六·四·三	四五七
續六·五·一(不全)	一七八
續六·五·二	二五一
續六·五·三(不全)	一八四
續六·五·四	五四
續六·五·七(不全)	二五三
續六·五·一〇(不全)	二五〇

《續》編號	本書編號
續六·六·二(不全)	二五九
續六·六·六	二七
續六·七·四(不全)	九
續六·七·六	二〇三
續六·一三·五	二三〇正
續研六·一三·五	二三〇反
續六·二六·二(不全)	四四七

表六　其他著録與本書對照表

其他著録號	本書編號
鄴初下三〇・二	八四
文捃九三五	二一四
京五八二	三五八
京一一六二	二八九正
京二〇八三	二一六
京二三〇三	三三三
京二三二〇	四三一
存補二・四三・一	四〇二
存補二・四五・三	三一七
存補五・四三六・一	一五
考墳六四	四三五
考墳二九七	一三七
考墳二九八	三三一正
考墳三一二	三六三
考墳三一六	三三二
考墳三三八	一〇
考墳三四八	二九〇
考墳三五一	三六二
考墳三六五	四三四
考墳三七四	二〇五
考墳三九六	三七六
考墳四〇三	二五四
考墳四〇七	二七五
考墳四四六	一七四
考墳四五九	三七四
考墳四六七	一七五
考墳四七五	三六六
考墳四八二	二五八
考墳五〇九	三六〇
考墳五一二	三二
佚一〇	三七〇
佚一三	二二五
佚三四	二三六
佚四六	一二一
佚五〇	四四七
佚六〇	二九二
佚六一	二九二反
佚七五	二三四
佚八九	四〇
佚一〇五	三五二正
佚一二六	一〇八
佚一三四	四三一
佚一三六	四五二
佚一三九	三五〇
佚一四〇(不全)	三七
佚一四一	三七三
佚一四二	三六九
佚一四三	七四
佚一四五	二八五
佚一五二	三六一
佚一五三	七〇正
佚一五四(全)	一一
佚一五七	四〇四
佚一五九	五一
佚一六〇	三七五
佚一六三	三六四
佚一六四	三七七
佚一七二(不全)	三五一
佚一七四	六九
佚一七六	二四
佚一七七	一三六
佚一七八	四二
佚一七九	三五
佚一八〇	一〇六
佚一八一	二五
佚一八二	一八五
佚一八四	一九一
佚一八五	一七九
佚一八八	三三〇反
佚一九二	四五六
佚一九三	四五〇
佚四一三	八四
佚五二四	三〇正
佚五二七	二九四
佚五三一(全)	二九六
佚五三二(全)	二二〇甲
佚八六〇(不全)	七二
佚八六一	九
佚九九三	二四六
佚九九四	三五六反
南師二・一	七六反

其他著録號	本書編號
南師二·二	七六正
南師二·三	一六正
南師二·四	一六反
南師二·五	一〇九正
南師二·六	一〇九反
南師二·七	四三三正
南師二·八	四三三反
南師二·九	三四九正
南師二·一〇	三四九反
南師二·一一	二八七
南師二·一二	二八七反
南師二·一五	三〇三臼
南師二·一六	三〇三正
南師二·一九	五一正
南師二·二〇	五一反
南師二·二一	三五二正
南師二·二二	三五二臼
南師二·二七	二九六
南師二·二八	三〇七正
南師二·二九	三〇七反
南師二·三〇	三三六
南師二·三一	二八四
南師二·三五	三一六
南師二·三六	三三二正
南師二·三七	三三二反
南師二·三九	三二一
南師二·四〇	三八三
南師二·四二	四九反
南師二·四三	七九
南師二·四四	四九正
南師二·四八	三三八
南師二·五一	三八一
南師二·五二	一五
南師二·五三	三〇正
南師二·五五	三三四
南師二·五六	二九三
南師二·五八	一五二
南師二·六一	二四三
南師二·六三	一三二正
南師二·六四	一三二反
南師二·六六	五三正
南師二·六七	五三反
南師二·七〇	四二三
南師二·七四	四二五
南師二·七六	三四四
南師二·七八	二三一正
南師二·七九	二三一反
南師二·八〇	三五九正
南師二·八一	三五九反
南師二·八二	二八六正
南師二·八三	二八六反
南師二·八四	二九二正
南師二·八五	二九二反
南師二·八七	二三〇反
南師二·八八	二三〇正
南師二·九〇	五五正
南師二·九一	五五反
南師二·九三	三四八
南師二·九五	二一九
南師二·九六	三八六
南師二·九七	三六九
南師二·九八	四一〇
南師二·九九	二二三甲
南師二·一〇〇	四二九
南師二·一〇三	二一四
南師二·一〇六	二一六
南師二·一一〇	三六一
南師二·一一一	二四七
南師二·一一五	三九二正
南師二·一一七	四三四
南師二·一一八	一五三
南師二·一二〇	三六六
南師二·一二一	三八八
南師二·一二二	三六七
南師二·一二五	四五一
南師二·一三二	四三五
南師二·一三三	六六
南師二·一三七	二八九正
南師二·一三八	二八九反
南師二·一四一	二九五正
南師二·一四二	二九五反
南師二·一四四	二一七
南師二·一四七	四五〇
南師二·一四八	三九六
南師二·一四九	三九〇
南師二·一五〇	二三三
南師二·一五三	三七一
南師二·一五四	三六五
南師二·一五五	一五四
南師二·一五七	三八九

其他著録號	本書編號
南師二·一五八	四三一
南師二·一五九	三五七反
南師二·一六〇	三五六
南師二·一六一	三五六反
南師二·一六四	四三〇正
南師二·一六五	四三〇反
南師二·一六六	三九一
南師二·一六七	四六一
南師二·一七〇	一
南師二·一七一	三二五
南師二·一七二	三二六
南師二·一七三	三一〇
南師二·一七四	三〇五
南師二·一八九	一五七
南師二·一九三	三一二
南師二·一九七	一三四
南師二·二一六	一〇五
南師二·二二六	五二
南師二·二二七	五六
南師二·二二八	四〇一
南師二·二二九	九二
南師二·二三〇	一〇
南師二·二三二	一三
南師二·二三三	三二〇
南師二·二三四	二五一
南師二·二三五	四四
南師二·二三六	三九
南師二·二三七	四二四
南師二·二三八	九一
南師二·二三九	八七

其他著録號	本書編號
南師二·二四〇	四〇三
南師二·二四一	九四
南師二·二四二	一〇一
南師二·二四三	九八
南師二·二四四	九五
南師二·二四五	四一五
南師二·二四七	一一五
南師二·二五〇	四四一
南師二·二五一	二七九
南師二·二五二	一六七
南師二·二五三（不全）	二二二
南師二·二五四	四二七
南師二·二五七	二六九
南師二·二五八	二七七
南師二·二五九	四五五
南師二·二六〇	二〇七
南師二·二六一	一〇〇
南師二·二六二	三一八
南師二·二六三	四一
南師二·二六四	七五
南師二·二六五	三一九
南師二·二六七	二五四
南師二·二六九	二
南師二·二七〇	六

表七 本書甲骨綴合表

本書編號	綴合號	綴合者	備注	綴合出處
一三+四四五			綴後即合三五九三四（北珍六八〇）	
一五	合六一一六（珠一七三）	蔡哲茂		《綴集》第三九組
二二	合三五三八四（前一・二二・一、通纂四五）+合三八六一七（續二・四・八、北珍五五五）	李愛輝		《拼續》第五〇三則；《拼三》第七二五則
三二+一八四		蔡哲茂		《綴續》第四六一組
三六	北珍二九一七	李愛輝		《拼三》第七〇二則
三九	合三七七一一+北珍二八八一+合三七四〇五+合三七五二二+拾遺六一八	門藝、張宇衛、林宏明		《綴彙》第七一六組；《契合集》第二八〇例；《綴興集》第一一三則、第一六八則；《甲骨新綴第四二三至四二四例》第四二四例，先秦史研究室網站，二〇一三年六月二十六日
四八	合四三+合補三一六六+合一六一一六-合六三三三	方稚松、何會、黃天樹	「-」表示遥綴，下同	《拼三》第五九七、六〇一、六五一則
五六+三一七	合三八一六三（續四・一七・二、北珍一六二五）	蔡哲茂、門藝	宫國學三一七與合三八一六三綴後即合補一一六四五	《綴集》第二七九組；《綴彙》第七一五組
六一	合三四一〇（京二〇六四、北圖四五四四）	王紅		《拼四》第九八六則
六六	合八五九七（歷拓七五八+續存上三三七）-［合八六〇〇（前四・五〇・五）+合三七五〇（前五・一二・一）］	何會		《拼續》第四五五、四五六則
七二	合三七八六〇	蔣玉斌		《黄組甲骨新綴四組附一組》第一組，先秦史研究室網站，二〇一七年一月十二日
八四	合一三五七〇［簠貞二（不全）］	蔣玉斌		《蔣玉斌甲骨綴合總表》第一七四則，先秦史研究室網站，二〇一一年三月二十日
八五	合三五三八四（前一・二二・一、通纂四五）+北珍五〇五	李愛輝		《拼三》第七二五則
一〇八-一二一		嚴一萍		《國考》第五四頁
一一〇	合一四七七二	李愛輝		《甲骨拼合第三九〇至四〇〇則》第四〇〇則，先秦史研究室網站，二〇一七年十一月十七日
一一一	合三四九+合一四七三七	蔡哲茂、王子楊	宫國學一一一與合三四九綴後即合補四一三〇	《綴集》第一三〇組；《拼續》第四三〇則
一一六	合三七一六三（簠拓三四九、簠典七二）+合三五八一五	蔡哲茂、李愛輝	宫國學一一六與合三七一六三綴後即合補一一四一九	《綴集》第一六九組；《拼三》第七一四則
一二三	懷特B〇九〇九	蔡哲茂	綴後即合補二三七四	《綴集》第二五〇組
一二四	合一三六九二（合一七九八四、京津一六七二）	黃天樹	遥綴	《拼集》第五〇則

本書編號	綴合號	綴合者	備注	綴合出處
一二五	合集三二五六（前四・一六・六、山東三五二）	蔣玉斌		《甲骨新綴第一至一二組》第八組，先秦史研究室網站，二〇一一年三月二十日
一三二＋二二八			綴後即合七九一九（北珍一八三）	
一三六＋一四五			綴後即合三六八四九	
一三七	－［北圖一九八〇＋合一三五六四（虛六三五）＋安明三五七＋合一八七六五（虛一三九四）］－輯佚七七－［合一三八四三（善三五四六）＋合一〇五〇六（簠拓六九八、簠游一七、續三・三六・八）］	蔡哲茂、林宏明、劉影、李愛輝		《綴續》第五〇九組；《甲骨新綴第四三六例》，先秦史研究室網站，二〇一三年十二月十五日；《甲骨新綴第四三七、四三八、四三九例》第四三七例，先秦史研究室網站，二〇一三年十二月十八日；《甲骨新綴七組及相關整理》第四組；《拼五》第一一四七則；《甲骨拼合第三七七至三八三則》第三八一則，先秦史研究室網站，二〇一七年七月二十九日；《甲骨拼合第三八四至三八九則》第三八六則，先秦史研究室網站，二〇一七年十月十一日
一三八＋一四一－一四三	合三七八六二（續存九四二）＋合補一三〇八九（歷藏一六四九八）＋合三六八五七（簠地一五、簠拓六二二、續三・二〇・三）＋合補一二二五二（東大八五二）＋掇三一八二［合三六八五九（珠一三一四）＋珠一三一二］＋契合集二一三［史購二七七＋合補一二九八二（續存下九六〇）］＋合三六八四九［續三・一九・六（佚一七七）＋續三・二〇・一］＋合三六八七〇（歷拓六〇七二）＋合三六八七六－合三六八七七（簠拓六二五）＋合三六八六五（合三六八八九、簠拓六二八）＋宮國學一三八＋合三六八五二［簠地一六（簠拓六二〇、續三・二〇・二不全）＋宮國學一四一］＋合三六八六三－合三六八五八（續存下九四三）－宮國學一四三	董作賓、郭若愚、門藝、王恩田、林宏明、殷德昭		《黃組甲骨綴合十則（附綴合修正二則及綴合建議二則）》綴合建議第一則，先秦史研究室網站，二〇一六年十二月十五日
一四七＋一七六			綴後即合三六六六二（北珍九〇〇）	
一五三	合七八五九正（天壤閣八七＋宮國學一五三）＋合一四〇九七	李延彥		《拼三》第八〇五則
一五四＋二一九	中歷藏四五四－［合一八九九七（京人三九五）＋存補五・二六六・一＋合四〇一四（京二一八八、善一四三三五）］	張展、李延彥、張珊、李愛輝、林宏明		《拼三》第七七九則；《甲骨拼合第一則》，先秦史研究室網站，二〇一八年三月二十八日；《甲骨拼合第四一七至四二〇則》第四二〇則，先秦史研究室網站，二〇一八年四月二十三日；《計算機輔助綴合甲骨第二十一至二十二則》第二十一則，先秦史研究室網站，二〇二一年一月十六日
一五九	合三六六七五	門藝		《綴彙》第六七七組
一六〇＋一九九	合三六五九一（續三・二〇・五、簠遊四五＋簠拓六一二）＋北珍二九一九	劉影、李愛輝、張宇衛		《拼集》第九六則；《拼續》第五二五則；《綴興集》第八五則
一七四	合一八七九八（京人三七七）	蔣玉斌		《蔣玉斌甲骨綴合總表》第一八二組，先秦史研究室網站，二〇一一年三月二十日
一八〇	合三五八九二（續存下九六八）	許進雄	綴後即合補一〇九六二	《綴彙》第八三組

本書編號	綴合號	綴合者	備注	綴合出處
一八九	合一四二一七正(北珍一〇九六正)	林宏明	遥綴	《甲骨新綴第五〇一至五〇四例》第五〇三例，先秦史研究室網站，二〇一四年八月十七日
一九〇	合三六七五二(中歷藏一七九四)+合三七四一〇+合三六七七二	蔡哲茂、門藝		《綴續》第三七九組；《綴彙》第六八七組
二〇三	合三七八五四(前三・二八・三、通纂五九四、慶甲六・一七、山東七七九)	李學勤、蔣玉斌		《帝辛征夷方卜辭的擴大》，《中國史研究》二〇〇八年第一期，第十六頁；《黄類甲骨新綴四組附一組》附一組，先秦史研究室網站，二〇一七年一月十二日
二〇六	合一九一五二正(文捃一〇六二正、北圖二二五九正)	何會		《拼四》第九一一則
二一〇+三四七	合九五七二(續存下一六六、存補一・一〇四・一、掇三五、旅藏三三六)+合一七四六四(佚三四四、甲零一三九、北大一號九)+合九五八三(後下一二・七)	林宏明、何會、蔣玉斌		《醉古集》第一九二例；《契合集》第八四例；《拼續》第四五九則；《蔣玉斌甲骨綴合總表》第二八七組，先秦史研究室網站，二〇一一年三月二十日
二一二	合二六五八(簠拓五四八、簠人八六、續五・二六・一〇)+合八〇二八(安明一一二八)	林宏明、李愛輝		《契合集》第二三例；《甲骨拼合第四四一至四四五則》第四四一則，先秦史研究室網站，二〇一八年十一月二十八日
二二一	合二六三三一［粹一三四七、善九一六二、京三五〇七(不全)］	齊航福		《拼集》第一八八則
二三〇	合八五六三(前六・三四・三)	何會		《拼續》第四三六則
二三四	合三二八八〇	彭裕商	綴後即合補一〇七一七	《綴彙》第五八三組
二三六	合五八六〇(前六・四六・五)	蔡哲茂	遥綴，綴後即合補二三三〇	《綴集》第三一一組
二五〇	合補一二六三〇+合補一二五八七(上博二四二六・一一八九)	張宇衛		《綴興集》第一〇二、一一〇則 按：劉影曾在《宫國學》二五〇上端加綴合三九一四七［簠雜一四、簠拓八八八、續六・三・四(不全)］(《拼續》第三四二則)，似張宇衛綴合更優，參《綴興集・綴合釋文與校釋》第六四頁。
二五一+二七四	合三七八六七［合補一一四六九；北珍一三六七+通纂七九三(前三・二八・四)］-合補一〇九五一(天理S六九一)-合三五七五一(續存上二四六三、合補一一〇〇三乙)-合三五八八四(前一・一九・五、通纂六九、合補一一〇〇三甲)-合三五六七二(寧二・一二〇)+合三六一八七(寧二・一二四)+合三八二四七(安明三〇五二)+合補一二八九一(東文研四六一)	董作賓、殷德昭、白光琦、王恩田	宫國學二五一與二七四綴後即北珍一三六七	《甲骨綴合新編》第三〇〇則；《周祭卜甲復原第一、二組》第一組，先秦史研究室網站，二〇一四年六月十二日；《黄組甲骨新綴第二〇至二三則》第二十一則，二〇一四年六月十一日；《周祭卜甲復原第七、八、九組》第八組，先秦史研究室網站，二〇一四年七月二日 按：李發曾在合三七八六七下加綴合三八九六五(簠雜一五)(《黄組甲骨新綴一則》，先秦史研究室網站，二〇一二年五月三日)。根據黄組腹甲卜旬卜辭的「先右後左，先内後外，先下後上」順序(參常玉芝《晚期龜腹甲卜旬卜辭的契刻規律及意義》，《考古》一九八七年第十期)，合三七八六七下應爲「癸丑卜」「癸酉卜」。另外，合三七八六七爲周祭卜旬卜辭，而合三八九六五爲普通卜旬卜辭，且兩版「旬」字寫法不類，故此綴合似不成立。本書暫不取。
二五三+二五九		白玉峥		《綴彙》第五九〇組
二五四+二五八		張宇衛		《綴興集》第六九則

本書編號	綴合號	綴合者	備注	綴合出處
二五六	合補五一〇九（中歷藏一一九四）	蔡哲茂		《綴續》第三九九組
二六一	合三九三四一（南明八二〇、明續二七五二）+合三九四〇四（中歷藏一八三一）	白玉峥、林宏明		《綴彙》第四六〇組；《契合集》第三三〇例
二六四	合一四七九一	李愛輝		《拼五》第一一四〇則
二六七	合三九〇〇五（珠二一三）	林宏明		《契合集》第一六二例
二七八+四〇八			綴後即合一七九九七正（北珍一六三）	
二八七	合三〇三三七（簠典九五、簠拓三三三、續二·二四·六）	何會		《拼續》第四四一則
二九四	合六四六五（旅藏一七九）	白玉峥	綴後即合補三三二一	《綴集》第二九組
三〇〇	合七四五七	林宏明		《甲骨新綴第八七三至八七六例》第八七五例，先秦史研究室網站，二〇一九年十二月十日
三〇一	合一〇一四三（簠拓六四、北珍一二一二）	林宏明		《契合集》第三二例
三〇二	合五九七七	劉影		《拼集》第一一五則
三〇五	合一六五六五	宋雅萍		《背甲新綴五十六則》，先秦史研究室網站，二〇一三年六月一日
三一一	前七·二·二		綴後即合一三八六九	
三一八	北珍六五三	李愛輝		《拼續》第五〇四則
三二七+三四四		張展		《計算機輔助綴合甲骨第二十一至二十二則》第二二則，先秦史研究室網站，二〇二一年一月十六日
三三三	合五六二六（善一九九五三）	李延彥		《拼續》第五七〇則
三四〇	合補一二四二（懷特九六二）	林宏明		《甲骨新綴第五七一至五七九例》第五七三例，先秦史研究室網站，二〇一五年六月十日
三四五	合一六一八五（前四·四二·三）－合五六一八（龜一·二六·八）	蔡哲茂		《綴集》第一七三組
三五九	合一一七〇六正反（上博一七六四七·三九八正反）	林宏明		《契合集》第四五例
三六九	合補一九六一	蔡哲茂		《〈甲骨文合集〉新綴第六至八則》第六則，先秦史研究室網站，二〇〇九年十月九日
三七一+三八一		李愛輝		《拼五》第一一〇二則
四〇〇	合一六七六〇+英藏一五九八+合一六六七二（續存上九三八、善一〇六〇六）+合一六七〇五+合一六七一四（安明四七〇）+合一六六九六（簠雜三九、簠拓八六五、續四·四五·五）+合補四八三五（天理六四二）	常玉芝、林宏明、張軍濤	宮國學四〇〇與合一六七六〇綴後即合補四八三六	《綴彙》第二七八組；《甲骨新綴第五六六至五六八例》第五六六、五六七例，先秦史研究室網站，二〇一五年五月四日；《賓組卜旬腹甲新綴五則》第一、二則，先秦史研究室網站，二〇一八年十二月十日；《賓組卜旬腹甲新綴三則》第一則，先秦史研究室網站，二〇一八年十二月十五日

本書編號	綴合號	綴合者	備注	綴合出處
四〇二	合一八三八四(後下二一・一五)+山東六三二	蔡哲茂		《綴集》第三五〇組
四〇四+四三七		林宏明		《甲骨新綴第八六二至八六三例》第八六二例，先秦史研究室網站，二〇一九年八月二十六日
四〇七	合三六八五〇+合三七九二一(京五四九三、掇二一三九、合三六九二一)+合補一三一四四(東大八一一)	孫亞冰、門藝		《〈合集〉試綴一則》，先秦史研究室網站，二〇一四年一月一五日；《綴彙》第七五六組
四一一	合三七三八六	蔣玉斌		《蔣玉斌甲骨綴合總表》第二五二組，先秦史研究室網站，二〇一一年三月二十日
四一六	合補一二五二二(中歷藏一八六三)	門藝		《黄組新綴第一一二至一一三組(附校重二組)》第一一三組，先秦史研究室網站，二〇一一年八月三十一日
四三一	合七二四五		遥綴，綴後即合補九〇一	《綴彙》第五四三組
四三四	合一三四九九	李愛輝		《甲骨拼合第四四一至四四五則》第四四二則，先秦史研究室網站，二〇一八年十一月二十八日
四三六	合補六三六七正+北珍二一八七正	劉影、李愛輝		《拼續》第四七九則；《拼四》第八六九則
四三八	合一四〇四二正(京二〇四二、善五三三七正、續存上一〇六二)+合補一〇〇八+合補三八五正	李延彦、劉影		《拼集》第三二二、三二三則；《拼四》第八六八組
四四一	合四一七四八(英藏二五二八)	林宏明		《契合集》第一八七例
四五二	合一九五九〇(安明三〇四三)	李愛輝		《拼五》第一一四三則
四五四	北珍二四五五	何會		《拼續》第四五〇則

表八　本書事類索引表

類別	本書編號
人物（王、貞人、貴族、職官等）	五、一〇、一二、一六、一九、二〇、二一、二二、二四、二五、二六、二七、二八、二九、三〇、三二、三三、三四、三五、三六、三九、四〇、四一、四二、四三、四五、四六、五一、五四、五七、五九、六一、六三、六四、六九、七一、七二、七三、七五、七六、七七、七八、八一、八五、八六、八七、八八、八九、九〇、九一、九二、九四、九五、九六、九七、九八、九九、一〇〇、一〇一、一〇二、一〇三、一〇四、一〇六、一〇八、一〇九、一一七、一二三、一二四、一二五、一二六、一三一、一三二、一三三、一三四、一三六、一三七、一三八、一四〇、一四一、一四二、一四四、一四五、一四七、一四八、一四九、一五一、一五二、一五三、一五四、一五七、一五八、一六〇、一六一、一六二、一六三、一六五、一六六、一六七、一六八、一六九、一七〇、一七二、一七三、一七四、一七五、一七六、一七七、一七八、一七九、一八〇、一八一、一八三、一八四、一八五、一八六、一八七、一八八、一九〇、一九一、一九二、一九四、一九六、一九七、一九八、一九九、二〇〇、二〇一、二〇二、二〇四、二〇七、二〇八、二一〇、二一二、二一三、二一四、二一五、二一六、二一七、二一九、二二〇、二二一、二二二、二二三、二二六、二二七、二二八、二二九、二三〇、二三二、二三三、二三七、二三八、二三九、二四二、二四三、二四四、二四五、二四六、二四七、二四九、二五〇、二五一、二五二、二五三、二五四、二五六、二五七、二五八、二五九、二六〇、二六一、二六二、二六六、二六七、二六八、二六九、二七〇、二七一、二七二、二七三、二七四、二七五、二七六、二七七、二八六、二八七、二八九、二九〇、二九二、二九三、二九四、二九五、二九六、二九八、三〇一、三〇二、三〇三、三〇四、三〇五、三〇七、三一一、三一三、三一六、三一八、三一九、三二〇、三二七、三二八、三三〇、三三二、三三四、三三六、三三九、三四〇、三四一、三四三、三四四、三四五、三四六、三四七、三四八、三四九、三五一、三五二、三五四、三五六、三五九、三六一、三六二、三六三、三六四、三六六、三六七、三六八、三六九、三七一、三七二、三七四、三七五、三七九、三八〇、三八七、三八八、三八九、三九〇、三九一、三九二、三九三、三九四、三九六、三九七、三九八、四〇〇、四〇一、四〇二、四〇三、四〇五、四〇八、四〇九、四一〇、四一二、四一四、四一五、四一六、四一九、四二五、四二七、四二八、四二九、四三一、四三三、四三四、四三八、四四三、四四四、四五〇、四五一、四五二、四五四、四五五、四五七、四五九、四六〇、四六四、四七一
軍事（征伐、戰争、軍隊）	一五、三〇、三一、四〇、一〇六、一三七、一九〇、一九三、一九五、二〇一、二〇三、二〇四、二一四、二一九、二二三、二二五、二二九、二三一、二三六、二四二、二四三、二四六、二七九、二八四、二八六、二八七、二九一、二九二、二九四、三三八、三四三、三四八、三六〇、三六三、三六九、三七三、三八六、三八七、三九四、三九六、三九八、四〇二、四〇六、四一〇、四一四、四二六、四四一、四四三、四七一
方域（地名、國族名、方位等）	一五、二〇、二五、三〇、三一、四〇、五五、六六、七一、一〇六、一二五、一三六、一三八、一四一、一四二、一四三、一四五、一四六、一四七、一四九、一五一、一五六、一五七、一五八、一五九、一六〇、一六一、一六二、一六三、一六四、一六五、一六六、一六七、一六九、一七〇、一七六、一七九、一八二、一八六、一九〇、一九一、一九四、一九七、一九八、一九九、二〇〇、二〇二、二〇四、二〇八、二一一、二一三、二一七、二一九、二二〇、二二三、二二五、二二八、二二九、二三〇、二四一、二四三、二四六、二四七、二六四、二八五、二九二、二九三、二九四、三〇二、三〇七、三二三、三三一、三三三、三三七、三三八、三三九、三四八、三五〇、三五六、三五七、三六〇、三六四、三六九、三七〇、三八二、三八六、三八七、三八九、三九〇、三九三、三九五、三九八、四〇四、四一〇、四三一、四四三、四五二、四七一
貢納與徵賦	五一、七六、一〇九、一三三、二八七、二八九、二九六、三〇三、三〇七、三三六、三四九、三五二、三五九、三六一、三七五、四一七、四三三
社會生産（農業、畜牧業、手工業、商業）	七〇、七四、一一〇、一二一、一三四、一五三、二九六、二九七、二九八、三〇〇、三〇一、三〇二、三五〇、三五七、四〇二、四〇四、四一〇、四二八、四四〇

類別	本書編號
出行（巡行、田游、田獵）	三九、七一、九九、一四六、一四九、一五〇、一五五、一五六、一五八、一五九、一六〇、一六一、一六二、一六三、一六四、一六五、一六六、一六七、一六八、一六九、一七〇、一七一、一七六、一七九、一八二、一八六、一九〇、一九一、一九八、一九九、二〇二、二〇八、二〇九、二一〇、二一一、二一二、二一三、二一五、二一六、二二〇、二二二、二三九、二四五、二四七、三〇三、三〇七、三一三、三八五、三九二、三九五、四一一、四三一、四五二
天象與氣象（星象、卜雨、卜風等）	三八、四九、五二、五六、八〇、八三、八四、一三五、一三九、二〇九、二三五、二三九、二四〇、二八四、三〇三、三〇四、三〇五、三〇六、三〇七、三〇八、三〇九、三一〇、三一一、三一二、三一四、三一六、三一七、三二一、三二二、三二三、三二四、三二五、三二六、三二七、三二八、三二九、三三〇、三三一、三三二、三五三、三五五、三八三
建築（城邑、宫室、宗廟、道路等）	九、八四、一五三、一八九、三五一、四三四
占疾問夢（疾病、生育、身體、夢幻等）	三〇、六九、二一七、三一一、三四一、三五三、三六六、三六七、三八八、四三六
祭祀祝禱（犧牲、受祭者、祭法、祭儀、祭日等）	五、九、一〇、一一、一二、一三、一四、一五、一六、一七、一八、一九、二一、二二、二三、二四、二五、二六、三〇、三三、三五、三六、三七、三八、三九、四二、四三、四四、四六、四七、四八、四九、五〇、五一、五三、五五、五七、五八、五九、六〇、六一、六三、六四、六五、六六、七〇、七二、七三、七四、七五、七六、七七、七八、七九、八二、八四、八五、八六、八七、八八、八九、九〇、九一、九二、九三、九四、九五、九六、九七、九八、一〇一、一〇二、一〇三、一〇四、一〇五、一〇六、一〇七、一〇八、一〇九、一一〇、一一一、一一二、一一三、一一四、一一五、一一六、一一七、一一八、一一九、一二〇、一二一、一二二、一二三、一二四、一二五、一二六、一二七、一二八、一二九、一三〇、一三一、一三二、一三四、一三五、一四八、一五二、一五七、一七三、一七四、一七五、一八〇、一八五、一八七、一八九、一九七、二〇五、二〇六、二一五、二一八、二二三、二二六、二二八、二三三、二三四、二三八、二四一、二四三、二四八、二五一、二五五、二六四、二七八、二八〇、二八五、二八九、二九三、二九五、二九六、二九八、三〇〇、三〇一、三〇二、三一三、三二〇、三二九、三三一、三三三、三三四、三三七、三三八、三三九、三四〇、三四二、三四四、三四五、三五一、三五二、三五七、三六一、三六四、三六五、三七〇、三七一、三七二、三七四、三七九、三八〇、三八一、三八二、三八四、三九三、四〇一、四〇三、四〇五、四〇八、四一五、四一九、四二一、四二三、四二四、四二六、四二七、四二八、四四〇、四四五、四四六、四四七、四四八、四五〇、四五三、四六三、四六五、四六六、四六七、四六八
平民、奴隸與人牲	一一、二五、三七、八四、一一一、二一九、二四六、二六四、三七六
卜旬卜夕	二〇、二七、二八、二九、三二、三四、四一、四四、四五、五四、八一、一〇〇、一三六、一三八、一四〇、一四一、一四二、一四三、一四四、一四五、一四七、一七二、一七七、一七八、一八〇、一八一、一八三、一八四、一八八、一九二、一九六、二〇〇、二〇七、二二一、二二七、二三七、二四四、二四九、二五〇、二五一、二五二、二五三、二五四、二五六、二五七、二五八、二五九、二六〇、二六一、二六二、二六五、二六六、二六七、二六八、二六九、二七〇、二七一、二七二、二七三、二七四、二七五、二七六、二七七、二八一、二八二、二八三、三〇五、三〇七、三一五、三一八、三一九、三二八、三五九、三六八、三九九、四〇〇、四〇七、四一六、四三五、四五一、四五五、四五七
文字習語（兆序辭、用辭、占辭、兆辭、干支、其他單字及殘字）	一、二、三、四、五、六、七、八、六二、六七、六八、二一四、二八八、二九九、三三五、三五八、三七七、三七八、四一八、四二〇、四二二、四三〇、四三二、四三七、四三九、四四二、四四九、四五六、四五八、四六一、四六二、四六九、四七〇
習刻、僞刻、無字	一、三、九四、九六、一〇〇、一〇四、二六三、三五四、四一三、四一七
記事刻辭	五一、七六、一〇九、一三三、二八七、二八九、二九六、三〇三、三〇七、三三六、三四九、三七五、四三三

表九　本書人名、地名、官名索引表

		名稱	本書編號
人名	商王 商族	王	五、一〇、一二、一六、一九、二〇、二一、二二、二四、二五、二六、二七、二八、二九、三〇、三二、三三、三五、三六、三九、四一、四二、四三、四五、四六、四九、五四、五五、五七、六三、六四、六九、七二、七三、七五、八五、八六、八七、八八、八九、九〇、九一、九二、九四、九五、九六、九七、九八、九九、一〇〇、一〇一、一〇二、一〇三、一〇四、一一一、一二二、一三六、一三八、一四〇、一四一、一四二、一四四、一四五、一四七、一四九、一五一、一五七、一五八、一六〇、一六一、一六二、一六三、一六四、一六五、一六六、一六七、一六八、一六九、一七〇、一七三、一七六、一七七、一七八、一七九、一八〇、一八一、一八四、一八五、一八六、一八七、一八八、一九〇、一九一、一九二、一九四、一九八、一九九、二〇〇、二〇二、二〇七、二〇八、二一〇、二一五、二二二、二二七、二三八、二三九、二四四、二四五、二四七、二四九、二五一、二五三、二五四、二五五、二五七、二五八、二五九、二六六、二六八、二六九、二七〇、二七一、二七二、二七三、二七四、二七五、二七七、二八六、二九四、二九五、三一八、三一九、三二〇、三三〇、三三二、三四四、三四六、三六六、三七九、三八七、三九〇、三九二、三九四、三九六、三九八、四〇一、四〇三、四一五、四一六、四二七、四二八、四四三、四五二、四五五、四五七、四五九、四六〇
		我	二八六、二八九、二九二、三〇一、三三四、三四八、三四九、四一四、四三四
		余	七二、三八二、四五四
	貞人	王	六一、二〇一、二〇四、二一四、二一七、二三七、二五〇、二六〇、二六一、二六二、二六七、三七四、四一二
		自	三九三
		宂	二五、五三、五九、一二四、一二六、一三二、一三四、一三七、二二八、二二九、二五六、二九三、二九四、三〇三、三四七、三六一、三七二、三八七、三九二、四〇二
		㱿	三〇、五一、七一、一七二、二二〇、二八六、三五九、三九一、三九六、三九七、三九八、四一九、四三四
		[illegible]	四四四
		永	二五一、二七四、二八九、三三〇、四三三
		争	一〇八、一二四、一三一、一五二、一九四、一九七、二二六、二三一、三三九、四〇〇、四二五、四三一

		名稱	本書編號
人名	貞人	韋	五三、三〇一、三五二、三五四
		𡆥	三四、二九六、三〇三、三一三、三六九、三七一、三八九
		亘	四九、二四六、二九五、三一六
		允	三二八
		事	八一、三〇七、三二七、三四四、三六八、四〇九、四五一
		盧	三〇五
		出	七七、一九六
		祝	七八、一九八
		旅	一四八、二二一
		口	一〇五
		即	三五一
		喜	三〇四
		尹	四〇五
		何	一八三、二〇九
		⺈	二七六
		彽	四一四
	貴族	自般	三四三、四五〇
		般	五九
		雀	二一七
		从	三〇七
		盡	二二三
		逆	二二三
		戠	二九二
		沚戠	二三〇
		[illegible]	一五三
		[illegible]	二三三、四六四
		[illegible]	二八六

名稱	本書編號	類別
甾	二八六	人名・貴族
彡	二八六	人名・貴族
龟	二一五	人名・貴族
八	四七一	人名・貴族
矣	三四三、三七一	人名・貴族
旱	一七四、二一九、二四三、三四五、三四八、三六一、三六二、三六三	人名・貴族
則	三六七	人名・貴族
乘	三八七	人名・貴族
望乘	四二九	人名・貴族
甫	二二五	人名・貴族
冓	二一三	人名・貴族
畫	二三二	人名・貴族
集	二一四	人名・貴族
戋	二四二	人名・貴族
彭	一三四	人名・貴族
雀	三一一	人名・貴族
殸	二八九	人名・貴族
昷	三三六	人名・貴族
邑	三七五	人名・貴族
斫	三四三	人名・貴族
永	一一七	人名・貴族
侢	三五六	人名・貴族
匽	二九六	人名・貴族
冢	四一〇	人名・貴族
豪	三三九（或爲地名）	人名・貴族
窒	三六四（或爲地名）	人名・貴族
卯	四〇八	人名・貴族
子㚧	二一六	人名・貴族
子商／商	一二五、一七五	人名・貴族

名稱	本書編號	類別
子效	七一	人名・貴族
子雝	二五	人名・貴族
子漁	三〇	人名・貴族
子［媚］	二六四	人名・貴族
賈	三八〇	人名・貴族
多馬羌	一五四、二二九	人名・貴族
射朋	四〇二	人名・貴族
昜伯㑧	三九六	人名・貴族
婦	七六	人名・婦女
婦某	一三三、四一九、四三八	人名・婦女
婦丙	三四九	人名・婦女
婦寶	五一	人名・婦女
婦好／［婦］好	二九〇、二九四、二九五	人名・婦女
婦鼠	二一七	人名・婦女
婦姘／婦井	一〇九、二二二、二九六、二九八、三〇一、三〇二	人名・婦女
婦瓚	三〇三	人名・婦女
婦宅	三五二	人名・婦女
妌	五九	人名・婦女
永	三〇三	人名・史官
岳	五一	人名・史官
収	三七五	人名・史官
箙	三五二	人名・史官
木	三九〇	國族名
屮	四一〇	國族名
彡	二一四	國族名
束	三三三	國族名
缶罥	三九八	國族名
迺／多迺	三八九	國族名
羌	二一九、二四六、二六四	國族名
尸	二九四	國族名

類別	名稱	本書編號
國族名	下危	三八七
國族名	舟	三三八
國族名	戉	三六九、三八六
國族名	丂	四七一
國族名	方	三四八
國族名	人方／人[方]	一九〇、二〇〇
國族名	土方／土[方]	二三〇、二九二、三八七
國族名	𢀛／𢀛方	一五、三一、五五、一九七、二二五、二三〇、二九二、三六〇
國族名	㸚方	三六〇
國族名	某方	四四三
神主名·祖先	大甲	三一、二五一
神主名·祖先	大乙	三七
神主名·祖先	大丁	三八
神主名·祖先	大丁奭妣戊	三九
神主名·祖先	大戊	三五
神主名·祖先	祖甲	一三、一四、四七、一七三
神主名·祖先	祖乙	一〇、一一、一五、一六、三七、二〇六、三二〇
神主名·祖先	祖丁	五五
神主名·祖先	四祖丁	一二
神主名·祖先	康祖丁	一七、二二
神主名·祖先	康某	二〇五
神主名·祖先	祖辛	五五
神主名·祖先	妣己	七六
神主名·祖先	妣庚	六〇
神主名·祖先	妣某	一一四、一四八
神主名·祖先	父甲	四九
神主名·祖先	父乙	三〇
神主名·祖先	父丁	三五二
神主名·祖先	父某	二七八、三四六
神主名·祖先	母丙	七四

類別	名稱	本書編號
神主名·祖先	母庚	七〇、七四
神主名·祖先	母辛	七七、七八
神主名·祖先	母癸	八二
神主名·祖先	兄戊	六九
神主名·祖先	毓某	三七
神主名·祖先	武乙	二二、二四、二九、三六、二〇五
神主名·祖先	下乙	三七〇
神主名·祖先	外丙	四六
神主名·祖先	丁	四八、七〇、八四、一〇八、一二一、一二六、三三三、四四六、四四七
神主名·祖先	丁妻二妣己	二五
神主名·祖先	中丁	二三
神主名·祖先	中丁奭妣己	四二
神主名·祖先	武丁	一八
神主名·祖先	雍己	九二、四〇一
神主名·祖先	南庚	六三
神主名·祖先	文武	九
神主名·祖先	亥	一一一
神主名·祖先	成	二二三
神主名·祖先	唐	一九七
神主名·祖先	黄尹／[黄]尹	五一、五三、三四八
神主名·祖先	上甲	二四、三七、三八一
神主名·祖先	羌甲／羌[甲]	四四、二五一、二七四
神主名·祖先	夒	三七一
神主名·祖先	河	二二六、二八五、四二六
神主名·祖先	多祖先	七二
神主名·即世貴族	子吕	一〇七
神主名·即世貴族	子	二八九
神主名·神名	目	七〇、三〇〇
神主名·神名		三〇
地名·建築	文武宗	九

名稱	本書編號	類別
父丁	三五一（「父丁」宗廟省稱）	地名·建築
邑	一五三、一八九、四三四	地名·建築
南室	八四	地名·建築
[illegible]	二〇四	地名·地域
[illegible]	三五七	地名·地域
[illegible]	二〇二	地名·地域
𡈼	四三一	地名·地域
[illegible]	二四七	地名·地域
八	二四三	地名·地域
佌	二〇二	地名·地域
窐	三六四（或爲人名）	地名·地域
䑒	四五二	地名·地域
白	二〇	地名·地域
呈	一六二	地名·地域
朿	三八二	地名·地域
丹	六六	地名·地域
鬥	二一七	地名·地域
𠂤	四〇	地名·地域
𠂤允	一五七	地名·地域
夫	一七九	地名·地域
甫	一二五	地名·地域
方	二〇四	地名·地域
雇	三〇	地名·地域
行	二四一	地名·地域
員	二〇二	地名·地域
牛	三〇二	地名·地域
刃	二一七	地名·地域
靳	二二八	地名·地域
[illegible]	七一	地名·地域
[illegible]	三九八	地名·地域

名稱	本書編號	類別
庭	三五〇、三五六	地名·地域
[illegible]	三二三	地名·地域
雝	一六〇、一六七、一九九、二〇八	地名·地域
小雝	一四六	地名·地域
斿	三〇七	地名·地域
[illegible]	三九三	地名·地域
[illegible]（鴑）	四〇四	地名·地域
叕	二二三	地名·地域
亩	二二〇	地名·地域
休	一九八	地名·地域
胥	二五、一九八	地名·地域
[illegible]	一九一、三三九（或爲人名）、三九五	地名·地域
[illegible]	一四七、一五一、一五六、一五九、一六〇、一六一、一六四、一七〇、一七六、一七九、一八二、一九九	地名·地域
叀/[illegible]	三九、一六五、一六七、二〇〇	地名·地域
魯	一三六、一三八、一四一、一四二、一四三、一四五、四五二	地名·地域
宫	一五八、二一一	地名·地域
喪	一九〇、二一三	地名·地域
商	一九〇、一九四	地名·地域
香	一九〇	地名·地域
樂	一九〇	地名·地域
𦎫	一六七	地名·地域
梌	一六三、一六五、一六九	地名·地域
壴	一四九、一六六、一六九、一九一	地名·地域
我東鄙	二九二	地名·地域
眉北沘	二〇四	地名·地域
某沘	一〇六	地名·地域
東	一〇九	地名·地域
東方	二九三	地名·地域
西	二八五、三三一、三七〇	地名·地域

名稱	本書編號
官名	
射	一〇六、四〇二
犬	二一九、三四〇
瞽	三四一、四一二
亞	四〇、三八八
小臣	三〇七、四〇二
宀	五〇
多宀	三七
多馬	一五四、二二九

引書簡稱及參考文獻

《鐵》 劉　鶚《鐵雲藏龜》，抱殘守闕齋石印本，一九〇三年。

《續》 羅振玉《殷虛書契續編》，集古遺文影印本，一九三三年。

《佚》 商承祚《殷契佚存》，金陵大學中國文化研究所叢刊甲種影印本，一九三三年。

《鄴初》 黄　濬《鄴中片羽初集》，北京尊古齋影印本，一九三五年。

《考墳》 中國社會科學院考古所藏原墳室拓本。

《文捃》 曾毅公《甲骨文捃》，中國社會科學院歷史所藏拓本。

《南師》 胡厚宣《戰後南北所見甲骨録》，上海來薰閣書店石印本，一九五一年。

《京》 胡厚宣《戰後京津新獲甲骨集》，群聯出版社，一九五四年。

《存補》 胡厚宣《甲骨續存補編》，天津古籍出版社，一九九六年。

《續研》 嚴一萍《殷虛書契續編研究》，（臺北）藝文印書館，一九七八年。

《合》 郭沫若 主編《甲骨文合集》，中華書局，一九七八至一九八二年。

《東文研》 ［日］松丸道雄《東京大學東洋文化研究所藏甲骨文字》，（東京）東京大學東洋文化研究所，一九八三年。

《國考》 嚴一萍《北京大學研究所國學門所藏甲骨文字考釋》，（臺北）藝文印書館，一九九一年。

《山東》 劉敬亭《山東省博物館珍藏甲骨墨拓集》，齊魯書社，一九九八年。

《合補》 彭邦炯、謝濟、馬季凡《甲骨文合集補編》，語文出版社，一九九九年。

《北珍》 李鍾淑、葛英會《北京大學珍藏甲骨文字》，上海古籍出版社，二〇〇八年。

《宫國學》 故宫博物院《故宫博物院藏殷墟甲骨文·馬衡卷〔貳〕〔叁〕附編　國學門甲骨刻辭拓本》，中華書局，二〇二二年。

《合集來源表》 胡厚宣 主編《甲骨文合集材料來源表》，中國社會科學出版社，一九九九年。

《綴集》 蔡哲茂《甲骨綴合集》，（臺北）樂學書局，一九九九年。

《綴續》 蔡哲茂《甲骨綴合續集》，（臺北）文津出版社，二〇〇四年。

《拼集》 黄天樹 主編《甲骨拼合集》，學苑出版社，二〇一〇年。

《拼續》 黄天樹 主編《甲骨拼合續集》，學苑出版社，二〇一一年。

《醉古集》 林宏明《醉古集——甲骨的綴合與研究》，（臺北）萬卷樓圖書股份有限公司，二〇一一年。

《綴彙》 蔡哲茂《甲骨綴合彙編》，（新北）花木蘭文化出版社，二〇一一年。

《契合集》 林宏明《契合集》，（臺北）萬卷樓圖書股份有限公司，二〇一三年。

《拼三》 黄天樹 主編《甲骨拼合三集》，學苑出版社，二〇一三年。

《拼四》 黄天樹 主編《甲骨拼合四集》，學苑出版社，二〇一六年。

《拼五》　黄天樹 主編《甲骨拼合五集》，學苑出版社，二〇一九年。
《綴興集》　張宇衛《綴興集——甲骨綴合與校釋》，（臺北）萬卷樓圖書股份有限公司，二〇二〇年。

蔡哲茂《〈北京大學珍藏甲骨文字〉辨僞舉例》，中國社會科學院歷史研究所先秦史研究室網站，http://www.xianqin.org/blog/archives/1534.html，二〇〇九年七月七日。
蔡哲茂《〈甲骨文合集〉新綴第六至八則》，中國社會科學院歷史研究所先秦史研究室網站，http://www.xianqin.org/blog/archives/1683.html，二〇〇九年十月九日。
蔣玉斌《蔣玉斌甲骨綴合總表》，中國社會科學院歷史研究所先秦史研究室網站，http://www.xianqin.org/blog/archives/2305.html，二〇一一年三月二十日。
蔣玉斌《甲骨新綴第一至十二組》，中國社會科學院歷史研究所先秦史研究室網站，http://www.xianqin.org/blog/archives/2306.html，二〇一一年三月二十日。
蔣玉斌《黄類甲骨新綴四組附一組》，中國社會科學院歷史研究所先秦史研究室網站，http://www.xianqin.org/blog/archives/8187.html，二〇一七年一月十二日。
李愛輝《甲骨拼合第三七七至三八三則》，中國社會科學院歷史研究所先秦史研究室網站，http://www.xianqin.org/blog/archives/8750.html，二〇一七年七月二十九日。
李愛輝《甲骨拼合第三八四至三八九則》，中國社會科學院歷史研究所先秦史研究室網站，http://www.xianqin.org/blog/archives/9264.html，二〇一七年十月十一日。
李愛輝《甲骨拼合第三九〇至四〇〇則》，中國社會科學院歷史研究所先秦史研究室網站，http://www.xianqin.org/blog/archives/9371.html，二〇一七年十一月十七日。
李愛輝《甲骨拼合第四一七至四二〇則》，中國社會科學院歷史研究所先秦史研究室網站，http://www.xianqin.org/blog/archives/10088.html，二〇一八年四月二十三日。
李愛輝《甲骨拼合第四四一至四四五則》，中國社會科學院歷史研究所先秦史研究室網站，http://www.xianqin.org/blog/archives/11070.html，二〇一八年十一月二十八日。
李學勤《帝辛征夷方卜辭的擴大》，《中國史研究》二〇〇八年第一期。
劉　影《甲骨新綴七組及相關整理》，《中國文字研究》第二十四輯，上海書店，二〇一六年。
林宏明《甲骨新綴第四二三至四二四例》，中國社會科學院歷史研究所先秦史研究室網站，http://www.xianqin.org/blog/archives/3015.html，二〇一三年六月二十六日。

林宏明《甲骨新綴第四三六例》，中國社會科學院歷史研究所先秦史研究室網站，http://www.xianqin.org/blog/archives/3492.html，二〇一三年十二月十五日。
林宏明《甲骨新綴第四三七、四三八、四三九例》，中國社會科學院歷史研究所先秦史研究室網站，http://www.xianqin.org/blog/archives/3499.html，二〇一三年十二月十八日。
林宏明《甲骨新綴第五〇一至五〇四例》，中國社會科學院歷史研究所先秦史研究室網站，http://www.xianqin.org/blog/archives/4274.html，二〇一四年八月十七日。
林宏明《甲骨新綴第五六六至五六八例》，中國社會科學院歷史研究所先秦史研究室網站，http://www.xianqin.org/blog/archives/5186.html，二〇一五年五月四日。
林宏明《甲骨新綴第五七一至五七九例》，中國社會科學院歷史研究所先秦史研究室網站，http://www.xianqin.org/blog/archives/5269.html，二〇一五年六月十日。
林宏明《甲骨新綴第八六二至八六三例》，中國社會科學院歷史研究所先秦史研究室網站，http://www.xianqin.org/blog/archives/12176.html，二〇一九年八月二十六日。
林宏明《甲骨新綴第八七三至八七六例》，中國社會科學院歷史研究所先秦史研究室網站，http://www.xianqin.org/blog/archives/12369.html，二〇一九年十二月十日。
門　藝《黄組新綴第一一二至一一三組（附校重二組）》，中國社會科學院歷史研究所先秦史研究室網站，http://www.xianqin.org/blog/archives/2443.html，二〇一一年八月三十一日。
宋雅萍《背甲新綴五十六則》，中國社會科學院歷史研究所先秦史研究室網站，http://www.xianqin.org/blog/archives/2973.html，二〇一三年六月一日。
王恩田《周祭卜甲復原第一、二組》，中國社會科學院歷史研究所先秦史研究室網站，http://www.xianqin.org/blog/archives/4084.html，二〇一四年六月十二日。
王恩田《周祭卜甲復原第七、八、九組》，中國社會科學院歷史研究所先秦史研究室網站，http://www.xianqin.org/blog/archives/4119.html，二〇一四年七月二日。
殷德昭《黄組甲骨新綴第二〇至二三則》，中國社會科學院歷史研究所先秦史研究室網站，http://www.xianqin.org/blog/archives/4079.html，二〇一四年六月十一日。
殷德昭《黄組甲骨綴合十則（附綴合修正二則及綴合建議二則）》，中國社會科學院歷史研究所先秦史研究室網站，http://www.xianqin.org/blog/archives/7646.html，二〇一六年十二月十五日。
張軍濤《賓組卜旬腹甲新綴五則》，中國社會科學院歷史研究所先秦史研究室網站，http://www.xianqin.org/blog/archives/11115.html，二〇一八年十二月十日。

張軍濤《賓組卜旬腹甲新綴三則》，中國社會科學院歷史研究所先秦史研究室網站，http://www.xianqin.org/blog/archives/11149.html，二〇一八年十二月十五日。
張　珊《甲骨拼合第一則》，中國社會科學院歷史研究所先秦史研究室網站，http://www.xianqin.org/blog/archives/10030.html，二〇一八年三月二十八日。
張　展《計算機輔助綴合甲骨第二十一至二十二則》，中國社會科學院歷史研究所先秦史研究室網站，http://www.xianqin.org/blog/archives/15058.html，二〇二一年一月十六日。
李宗焜《甲骨文字編》，中華書局，二〇一二年。
香港中文大學中國文化研究所劉殿爵中國古籍研究中心，漢達文庫（甲骨文），http://www.chant.org/。